SV

Randall Kenan
DER EINFALL DER GEISTER

Roman

Aus dem amerikanischen Englisch
von Eva Bonné und Aminata Cissé

Suhrkamp Verlag

Die Originalausgabe erschien 1989 unter dem Titel
A Visitation of Spirits bei Grove, New York.

Erste Auflage 2022
Deutsche Erstausgabe
© der deutschsprachigen Ausgabe Suhrkamp Verlag AG, Berlin, 2022
© 1989 by Randall Kenan
Alle Rechte vorbehalten. Wir behalten uns auch eine Nutzung des Werks
für Text und Data Mining im Sinne von § 44b UrhG vor.
Umschlaggestaltung: Anzinger und Rasp, München
Umschlagfoto: golubovy / Getty Images
Satz: Dörlemann Satz, Lemförde
Druck: CPI books GmbH, Leck
Printed in Germany
ISBN 978-3-518-43081-1

www.suhrkamp.de

DER EINFALL DER GEISTER

Für sie, die einen Weg fand,
wo kein Weg war

meine Mutter,
Mrs Mary Kenan Hall

und in memoriam

Maggie Williams Kenan
Leslie Norman Kenan
Roma Edward Kenan
Eric Robert Simmons

»Ist das Leben der Geister so kurz?«, fragte Scrooge.
»Mein Leben ist sehr kurz auf dieser Erde«, sagte der Geist, »es endet noch in dieser Nacht.«
»In dieser Nacht noch!«, rief Scrooge.
»Heute um Mitternacht. Horch, die Zeit nahet schon.«
                Charles Dickens, *Eine Weihnachtsgeschichte*

Um einen Dämon zu rufen, muss man seinen Namen kennen. Einst haben die Menschen davon geträumt, aber nun ist es auf andere Weise wahr geworden.
                William Gibson, *Neuromancer*

WEISSE MAGIE

Aber der HERR ist in seinem heiligen Tempel.
Es sei stille vor ihm alle Welt!
Ich freute mich über die, die mir sagten:
Lasset uns ziehen zum Hause des HERRN ...

8. Dezember 1985 • 8:45 Uhr

»Oh Gott, oh Gott«, sagte sie.

Als sie an dem Morgen das erste Mal auf dem Rasen ausgerutscht und gestürzt war, hatte er ihr aufhelfen wollen, aber sie hatte ihn abgewehrt und sich mühsam wieder aufgerappelt. Doch schon nach wenigen Schritten war sie erneut hingefallen.

»Oh Gott, oh Gott.«

Nun saß sie mit gesenktem Kopf und geschlossenen Augen im von Raureif bedeckten Gras, auf halber Strecke zwischen ihrem Haus und Jimmys Auto.

»Alles in Ordnung, Tante Ruth? Soll ich dir helfen?«

Jimmy stand keinen halben Meter von seiner Großtante entfernt und zögerte. Er trat einen Schritt vor und beugte sich hinunter, aber da öffnete sie die Augen und warf ihm einen Blick zu, der ihm einen kalten Schauder über den Rücken jagte.

»Mir geht es gut! Lass mich in Ruhe! Ich komme alleine wieder hoch. Gib mir einen Moment.«

Jimmy trat widerwillig zurück und schaute zu, wie sie ihren Gehstock in die Erde rammte, als wäre er ein Pflock. Sie kam auf die Knie, stellte einen Fuß auf und hielt inne.

»Nun hilf ihr doch, Junge«, rief Zeke vom Auto aus.

Er saß auf dem Beifahrersitz des blauen Oldsmobile, beugte sich aus dem Fenster und beobachtete die alte Frau ungeduldig. Wie sie trug er seine beste Sonntagskleidung. Der Fedora auf seinem Schoß war wahrscheinlich so alt wie er selbst.

»Ich brauche keine Hilfe, Ezekiel Cross!«

»Doch, brauchst du, Ruth. Lass dir von dem Jungen helfen.«

»Ich stehe seit zweiundneunzig Jahren auf eigenen Beinen, und ich ...«

»Ja, aber es sieht aus, als hättest du nun deine Schwierigkeiten damit.«

Der Stock rutschte wieder ab, und Ruth ging mit einem Ruck und einem resignierten Seufzer zu Boden.

Diesmal leistete sie keinen Widerstand, als Jimmy sie sanft auf die Beine zog und ihre Kleidung abklopfte. Ganz kurz stand sie reglos da, und obwohl die Luft eisig war, hatte sie Schweiß auf der Stirn. Sie setzte einen Schritt vor wie ein Kalb, das seine neuen Beine ausprobiert, und näherte sich dann langsam, aber zunehmend sicher dem Auto.

»Das Alter«, murmelte sie vor sich hin. »Bloß das Alter.«

»Brauchst du Hilfe beim Einsteigen, Tante Ruth?«

Ohne Jimmy zu beachten, stellte sie den Stock in den Fußraum, klammerte sich an den Türrahmen, als fürchte sie, von einer plötzlichen Windbö mitgerissen zu werden, und ließ sich dann mit dem Kopf voran auf die Rückbank sinken. Die Beine zog sie unter großen Anstrengungen nach. Keuchend und schnaufend wischte sie sich den Schweiß von der Stirn und bedeutete Jimmy ungeduldig, die Tür zu schließen.

Jimmy stieg wortlos ein, zog die Tür zu und fuhr los, immer dem Schotterweg folgend.

»Kalt heute, was?«, fragte Zeke gähnend.

»Ja, aber im Wetterbericht haben sie gesagt, es soll bald wärmer werden. Und sogar regnen.«

Ruth grunzte. Sie starrte über die leeren Felder, die gefalteten Hände auf dem Schoß wie zwei schwere Lappen.

Auf dem Acker zu ihrer Linken hatte sich ein Schwarm aus schwarzen Vögeln mit rotgeränderten Flügeln niedergelassen. Als das Auto vorbeifuhr, stiegen sie krächzend und tschirpend in die Höhe wie ein einziger Körper, wie ein durchsichtiges, schwarzes, vom Wind gelüpftes Tuch, und alle Flügelspitzen blitzten purpurrot. Die schwarze Wolke waberte über das Auto und in den Wald auf der anderen Straßenseite, wo sie sich an die Äste hängte wie dunkler Christbaumschmuck.

»Es wird nicht regnen, es wird schneien.«

»Glaubst du, Tante Ruth?«

»Tsss.« Zeke drehte sich im Sitz um. »Du weißt, dass es im Dezember nie schneit.«

»Tsss«, imitierte Ruth ihn. »Glauben. Ob ich das glaube? Junge, ich mit meinen über neunzig Jahren werde ja wohl wissen, ob es bald schneit oder nicht. Du siehst doch diesen Himmel, und dann noch die Stärlinge auf dem Feld ... wartet's nur ab. Außerdem spüre ich es in den Knochen.« Sie schwenkte den Kopf und sah aus dem Fenster.

»Herrgott, Ruth, tu doch nicht so, als wüsstest du alles, nur weil du über neunzig bist.«

»Tja, werd du erst mal neunzig, dann sehen wir weiter.«

»Da fehlen mir nur sechs Jahre.«

Kurz darauf kamen sie an einer langen Reihe Autos vorbei, die am Straßenrand vor einer Einfahrt standen. In der Einfahrt selbst und vor einem weißen Nurdachhaus parkten weitere Wagen. Überall tummelten sich Menschen.

Neben dem Haus stieg Rauch auf. Die Männer hatten sich vor der Scheune versammelt, die Frauen standen ein paar Meter vom Haus entfernt unter einem Schutzdach.

Zeke wurde munter. »Schlachttag! Wusstet ihr, dass Bud Stokes heute Schweine schlachtet?«

»Nein.«

»Das war ja klar«, schimpfte Ruth. »Wie könntest du hier leben und nichts davon wissen, wenn einer seine Schweine schlachtet? So neugierig, wie du immer bist.«

»Soll ich anhalten?«, fragte Jimmy mit einem Blick auf die Uhr.

»Nein.« Ruth drehte den Kopf zur Seite. »Ich habe für die nächsten zweiundneunzig Jahre genug tote Schweine gesehen. Außerdem will ich die Reise möglichst schnell hinter mich bringen. Ich mag keine langen Autofahrten.«

»Onkel Zeke?«

Zeke blickte so sehnsüchtig zu dem geschäftigen Treiben auf dem Hof hinüber wie ein Seemann aufs Meer. »Du hast sie gehört, Junge. Fahr weiter.«

Nach kurzer Zeit bogen sie von der unbefestigten Straße auf den Highway ab.

ADVENT
(oder: Der Anfang vom Ende)

Sie waren schon einmal bei einer Schweineschlachtung dabei, oder? Es gibt sie nicht mehr so häufig wie früher. Die Leute züchten einfach keine Schweine mehr.

Früher hielt praktisch jeder, der in diesem kleinen Ort in North Carolina ein Stückchen Land besaß, mindestens ein oder zwei Schweine. In den kalten Monaten Dezember und Januar wurde geschlachtet, gesalzen, geräuchert und gepökelt. Damals war so ein Schwein eine tolle Sache, immerhin kam man damit über den Winter. Aber das wissen Sie natürlich, oder?

Erinnern Sie sich noch, wie aufgeregt die Kinder am Schlachttag waren? Sie rannten hin und her und knabberten an den Grieben. Ein schwarz-loher Mischling und ein deutscher Schäferhund balgten sich knurrend und bellend um einen blutigen Fleischbrocken. Die Leute eilten von hier nach dort. Die Männer standen vor dem Schweinekoben, die Frauen an langen Tischen unter dem Schutzdach, und in einer Ecke des Hofs kochte und brodelte das Wasser in riesigen, mit Eichen- und Kiefernholz befeuerten Eisenkesseln. Der schwere Duft von Salbei und Pfeffer und gekochtem Fleisch und Blut hing in der Luft. Ich bin mir sicher, Sie haben den Geruch immer noch in der Nase.

Erinnern Sie sich an die zwei oder drei Frauen draußen auf dem Acker? Er ist unbestellt, während sich überall sonst der erste Winterroggen aus der harten Erde schiebt. Sie stehen um ein Loch herum, das die Männer am Vortag ausgehoben haben, ein Loch so tief und breit wie ein Grab. Die Frauen stehen an der Kante. Eine hält Gedärme in ihrer Hand, die aussehen wie nackte, monströse Raupen. Sie drückt die Schlingen von oben nach unten aus, wieder und wieder, sodass der faulige Inhalt ins Loch fällt; und wenn sie fertig ist, hält sie die Öffnung des Fleischsacks der zweiten Frau hin, die heiß dampfendes Wasser aus einem Eimer schöpft und hineingießt. Der Darm wird sanft geschaukelt, hin und her, hin und her wie ein mit Wasser gefüllter Ballon, und zum Schluss wird die trübgraue Brühe in das stinkende Erdloch entleert. Die Frauen reden ununterbrochen, ihre Gesichter sind entspannt, ihre Finger geschickt, ihre Schürzen mit Fäkalien beschmiert, und aus dem Loch steigt Dampf auf wie aus einem riesigen, übelriechenden Kochtopf.

Sicherlich hat Ihnen jemand von dem riesigen Wasserbottich über dem Feuer erzählt, an dessen Seiten bläuliche Flammen emporschlagen. Der schwere Kadaver muss eingetaucht, Haut und Haare verbrüht werden. Vier Männer, jeweils zwei an einem Kettenende, wuchten ihn, hepp, in den Bottich und ziehen ihn dann durchs kochende Wasser, rundherum, rundherum, bis sich die Borsten mit der Hand entfernen lassen. Die Kreatur wird herausgeholt und die Borsten werden von der Haut geschabt, bis sie so rosig weiß leuchtet wie der Bauch eines toten Fischs. Die Männer binden die Hinterfüße zusammen, spießen sie auf ein Holzstück, schleifen das Tier zur alten Räucherkammer, stemmen es in die Höhe und hängen es an einen Pfahl.

Anschließend nimmt jemand ein großes, silbriges Messer und zieht eine gerade, dünne Linie über den Schweinebauch, vom Rektum bis hinunter an die Kehle. Dann setzt er zu einem tiefen Schnitt an, und mit einem nassen, reißenden Geräusch, das an eine platzende Wassermelone erinnert, zerfällt das Tier in zwei Hälften. Die weichen Organe ergießen sich wie ein Schwall Erbrochenes; in hauchdünnen, glänzenden Säckchen liegen sie am Boden und warten darauf, eines nach dem anderen herausgetrennt zu werden. Das restliche Blut tropft in langen, zähen Fäden aus der Schnauze und färbt das braune Wintergras darunter dunkelrot. Aber natürlich haben Sie das alles schon einmal gesehen ...

Währenddessen hantieren die Frauen unter dem Schutzdach mit Messern, mit Fleischwölfen, mit Löffeln und Gabeln. Auf den schmierigen Tischen stehen Salz und Pfeffer und Gewürze, Schüsseln mit blutigen Fleischstücken für die Wurst, Schüsseln mit gekochter Leber für die Pastete. Erinnern Sie sich noch an den satten, berauschenden Geruch von köchelndem Fleisch und Gewürzen? An die Stimmen der Frauen? Ihr Geplapper ist pausenlos und ungehemmt, schwillt an und verebbt. Erinnerungen und Gerüchte, Kommentare und Klagen, hin und her, vor und zurück und rundherum, ein Rhythmus, ein Gesang, eine chaotische Symphonie.

Über den Schweinepferch muss ich Ihnen wohl nichts erzählen? Es handelt sich um einen eingezäunten Platz mit an die Scheune angebautem Stall. Die Schweine sind im Koben eingesperrt. Und die Männer stehen draußen am Zaun, plaudern, tratschen, prahlen, schimpfen in der Kälte. Ihr Atem steigt in die Höhe, schließt sich über ihren Köpfen zu einer Wolke zusammen und verweht.

Vielleicht überreicht ein älterer Mann einem Jungen ein Gewehr und sagt ihm, er solle keine Angst haben, sich Zeit lassen, genau zielen. Die Männer betrachten einander und den Jungen mit so etwas wie kollektivem Stolz, während der Alte durch das Gatter tritt und mit einiger Anstrengung die drei Bretter vom Eingang des Schweinekobens entfernt. Mit einem Bohnenstock hält er die Schweine auf Abstand, alle bis auf das größte, das er ins Freie treibt: He, Schwein! Whoa! Los jetzt, raus mit dir! Das Schwein, ein altes, grobschlächtiges, braunes Tier, trottet auf den Hof hinaus, stolpert über eins der Bretter und stößt, als es bäuchlings auf dem Boden landet, einen tiefen, allzu menschlich klingenden Seufzer aus. Der Mann schlägt ihm den Stock auf den Hintern, woraufhin es grunzend und quiekend wieder auf die Beine kommt. Es läuft am Zaun entlang und beäugt die wartenden Männer argwöhnisch.

Dann bleibt es abrupt vor dem Jungen mit dem Gewehr stehen, der sich reglos und breitbeinig aufgebaut hat, und fast könnte man sagen, es ähnelte einem Nashorn oder einem Elefanten kurz vor dem Angriff. Es grunzt abermals und stößt seinen dampfenden Atem in die kalte Luft, bewegt sich aber nicht mehr. Seine Augen sind winzig, sein Blick ebenso böse wie verwirrt. Der Junge zielt genau und sehr langsam, lässt sich Zeit. Er drückt ab. Ein Schuss kracht, das Schwein zuckt schnaubend zusammen, und Sie hören den Knall und sehen, wie auf der breiten Fläche zwischen den Augen ein roter Punkt erscheint. Das Schwein bäumt sich auf wie ein Pferd, es bockt und wirft den Kopf herum, aber nicht oft. Wundersamerweise landet es auf den Vorderläufen, wenn auch nur für den Bruchteil einer Sekunde, dann kippt es zur Seite, schlägt mit einem dumpfen Knall auf den Boden und stößt aus, was man ein Todesröcheln nennen könnte. Es dauert nur einen Moment. Seine Augen starren ins Nichts, seine Atmung geht schleppend, der rote Punkt auf der Stirn verläuft. Der Mann zieht ein langes, silbriges Messer, nähert sich dem sterbenden Haufen, greift das Fleisch unter dem großen Kopf, setzt mit ruhiger Hand einen tiefen, langen Kehlschnitt und durchtrennt die Schlagader. Sämiges, dunkelrotes Blut quillt heraus, ergießt sich über seine Hände und Schuhe und dampft in der kalten Dezemberluft. Das Schwein zappelt, zittert und bebt, seine zuckenden Beine stoßen in die Luft wie die eines träumenden Hundes, bis es nach wenigen Minuten erschlafft in der roten Pfütze liegt.

Aber Sie haben das alles schon mal gesehen, oder? In Ihrer Kindheit? Vielleicht.

Diese Lebensweise ist natürlich verschwunden. Es wäre gar nicht so leicht, hier noch einen Schweinekoben zu finden, geschweige denn ein Schwein. Nein, heutzutage kaufen die Leute ihre Würstchen bei A&P, ihre Leberpastete bei Winn-Dixie und ihren luftgetrockneten Schinken bei Food Lion. Kein Mensch isst mehr eingelegte Schweinsfüße, und Kutteln sind ...

Aber die Geister von damals sind hartnäckig. Die Schweineställe mögen leer sein, trotzdem hört man eine Herde. Sie zertrampelt die Rasenflächen und Blumen, seltenen Sträucher und fremden Bäume vor den neuen Häusern der zugezogenen Familien. Eine geisterhafte Herde, die nur darauf wartet, geschlachtet zu werden.

29. April 1984 • 11:30 Uhr

… Was wollte er sein?

Zunächst war Horace überzeugt, er wollte sich in ein Kaninchen verwandeln. Aber dann … nein. Zwar waren Kaninchen flink wie Kieselsteine, die über einen Teich titschen, doch eben auch leichte Beute, die zu schnell in die Klauen eines Fuchses oder eines Falken geriet. Eichhörnchen tappten in jede Falle. Mäuse und Waldratten waren wunderbar klein, am Ende aber vielleicht kleiner, als er sein wollte. Die Köpfe von Schlangen ließen sich zu leicht zerquetschen, außerdem mochte er die Vorstellung nicht, bäuchlings über Zweige, Exkremente und Speichel kriechen zu müssen. Hunden fehlte eine körperliche Anmut, wie er sie sich wünschte. Und er sehnte sich vor allem nach Anmut. Wenn er sich also schon die Mühe machte, sich zu verwandeln, sollte er sie auch bekommen. Schmetterlinge waren zu schwach, Opfer der Winde. Er liebte die Geschicklichkeit von Katzen, besonders die geschmeidigen, fließenden, gleitenden Bewegungen der afrikanischen Großkatzen, aber er sollte eine Gestalt annehmen, die in die sumpfigen Wälder von North Carolinas Südosten passte. Er hatte nicht vor, von hier fortzugehen.

Nein, ehrlich gesagt, wünschte er sich vor allem, fliegen zu können, das wurde ihm jetzt klar. Wie ein Vogel. Er hatte es schon immer geahnt. Er setzte sich hin, um in Ruhe über seine Optionen nachzudenken, ein Entscheidungsritual, das es Wirklichkeit werden ließ. Ein Vogel.

Als er wieder aufstand, krampfte sein Magen sich vor Aufregung zusammen. Ein Vogel. Jetzt musste er sich nur noch für die Art entscheiden. Die Ordnung. Die Gattung. Er wusste genau, welches Buch aus der Schulbücherei er jetzt brauchte, er kannte das Regal und hatte die Ausgabe praktisch vor Augen, jetzt in diesem Moment – leicht schräg, eingeklemmt zwischen einem Band über Vogelhäuschen, den niemand je in die Hand genommen hatte, und einer Abhandlung über das Eiersammeln; er konnte sogar den Winkel sehen, in dem das Buch dort steckte. Hatte die Bibliothekarin Mrs Stokes ihn nicht immer damit aufgezogen, dass er sich in der Bücherei besser auskannte als sie selbst? Und hatte sie damit nicht recht?

Er hatte auf der Mauer am äußersten Rand des Schulgeländes gesessen, hinter dem Footballfeld, das sich jenseits der Turnhalle und des Hauptgebäudes erstreckte. Er hatte allein sein und ungestört nachdenken wollen. Aber nun verspürte er neuen Auftrieb, denn endlich wusste er, wie er seine restliche Zeit auf Erden verbringen würde. Nicht als gequälter Mensch, sondern als freier Vogel, der sich in die Lüfte schwingt, aufsteigt, niederschießt und über die Maisfelder und Tabakplantagen gleitet, auf denen er, obwohl er erst sechzehn war, gefühlte Jahrzehnte lang geschuftet hatte wie ein Sklave. Bald wäre er nicht mehr an jene menschengemachten Gesetze und Regeln gebunden, die ihn ständig straucheln ließen und mit denen er ohnehin nicht einverstanden war. Dies war seine Chance. Er war auf den Text eines alten Mystikers gestoßen, eines Mönchs und Gottesmannes, und dort hatte er die Lösung gefunden. Es war so simpel, dass er sich wunderte, warum bislang niemand darauf gekommen war. Aber wie auch? Der arme alte Jeremia, die arme alte Julia verschwinden ganz plötzlich; alle sind verzweifelt und machen sich Sorgen, sie suchen und sie warten. Irgendwann wird die vermisste Person für tot erklärt, und die dummen Leute wenden sich wieder ihrem Alltag zu und merken nicht, dass die alte Julia sich in einen Aal verwandelt hat und auf den Grund des tiefen blauen Ozeans geschwommen ist, um nachzusehen, was es dort gibt. Kein moralisches Gesetz schreibt vor, dass man ein Mensch bleiben muss. Und er wollte keiner mehr sein.

Die Pause war vorüber. Die anderen liefen zurück ins Gebäude, gleich fing die dritte Stunde an. Er beschloss, sie zu schwänzen. Was machte das schon? In ein paar Tagen würde er ein Wesen der Lüfte sein. Dann könnte er am Physikraum vorbeifliegen und hören, wie Mrs Hedgeson ihren monotonen Vortrag über Elektronen abspulte; er könnte sich auf ein Fenstersims hocken und zuschauen, wie seine Mitschüler im Biologieunterricht eingelegte Frösche sezierten und in der Spanischstunde über die eigene Zunge stolperten; er könnte über der Schulkapelle schweben, die auf dem Footballfeld unbeholfen ihre Aufstellung übte und dabei in die funkelnden Instrumente stieß. Unbehindert, ungebunden, frei.

Als er durch den Flur lief, wurde ihm plötzlich klar, dass er keine Entschuldigung dabeihatte. Was, wenn der stellvertretende Schulleiter ihm begegnete und eine sehen wollte? Aber nein. Er war Horace Thomas Cross, die, wie sein Freund John Anthony es nannte, Große Schwarze Hoffnung. Er war ein Musterschüler. Oder zumindest war er einer gewesen. Wo andere beiseitegenommen und getadelt wurden, durfte er unbehelligt weitergehen. In Gedanken sah er seine Cousine Ann mit dem Zimtlächeln, er hörte ihre heisere Flüsterstimme: Weißt du es denn immer noch nicht, Horace? Du bist der Scheißheiland.

In der Bücherei traf er niemanden außer die alte Mrs Stokes, die am Zettelkasten stand, ihm knapp zunickte und dabei wissend lächelte. Wenn sie nur wüsste – ihr graues Haar würde schlagartig weiß. Zielstrebig lief er in den richtigen Gang, blieb vor dem richtigen Regal stehen, zog das richtige Buch heraus und nahm es, obwohl er in der großen Bücherei allein war, zu den Lesetischen im hinteren Teil mit. Er setzte sich an ein Fenster mit Blick auf den breiten, leicht abschüssigen, frühlingsgrünen Rasen, der weiter hinten in ein Kiefernwäldchen überging.

Das Buch war schwer und hatte einen weißen Leineneinband mit eleganter Goldprägung: *Enzyklopädie der Vögel Nordamerikas*. Er kannte die gestochen scharfen Fotografien, die akkuraten Diagramme und seitenlangen Beschreibungen seit der Grundschule. Weil man Nachschlagewerke nicht ausleihen durfte, hatte er schon stundenlang an diesem Tisch gesessen und sich über Zugrouten schlau gemacht, über die Funktion von Schwanzfedern, Brutzeiten …

Schon als er das Buch aufschlug, schoss ihm das Blut in den Kopf, und der Anblick der ersten Farbtafeln beflügelte seine Fantasie, die losstampfte wie eine Lokomotive: Möwen, Kraniche, Eulen, Störche, Truthähne, Adler. Er blätterte weiter, schneller und schneller. Welcher Vogel sollte es sein? Spatz, Zaunkönig, Eichelhäher. Nein, *größer*. Stockente, Schneehuhn, Fasan. *Größer*. Gans, Schwan, Kormoran. *Größer*. Fischreiher, Graureiher, Kondor. Er blätterte immer weiter und sein Herz schlug schneller, von der Auswahl wurde ihm schwindelig. Rabe, Dohle, Amsel. Krähe …

Als er merkte, dass er in dem Buch blätterte wie ein Verrückter, schlug er es zu. Mrs Stokes sah erschrocken auf und schenkte ihm dann ihr knappes, wissendes Lächeln.

Er schloss die Augen und versuchte, auf anderem Weg zu einer Entscheidung zu kommen. Er dachte an das Land: an die Sojafelder rings um das Haus seines Großvaters, an die Wälder, die diese Felder wiederum umgaben, an hohe, stämmige Sumpfkiefern. Er dachte an kilometerlange Highways, an den Asphalt, der die einst von Maultierhufen in die Landschaft geschlagenen Pfade bedeckte, an einen Strand, sandiges Weiß, das Meer, trüb und aufgewühlt, Schaum, Gischt, wieder das Weiß, an den Geruch von Fisch und fauligem Holz. Er dachte an lange Winter, wenn der Waldboden von einem braun-schwarzen Flickenteppich aus vertrockneten Kiefernnadeln bedeckt ist. Er dachte an den Himmel, nicht an einen blauen Bilderbuchhimmel mit ein paar Schleierwolken, sondern an einen schwarzen, bösen Gewitterhimmel, stürmisch und hasserfüllt, an Gottes Zorn, Donner und prasselnden Regen. Er dachte an alte und neue Häuser aus Backstein und aus Holz, hoch und niedrig, an vom Schimmel geschwärzte Dächer, an Schornsteine, Blitzableiter und Fernsehantennen. Er versuchte, zu denken wie ein Vogel, wie *der* Vogel, der er sein würde. Und als er ein Kaninchen durch ein braunes Roggengrasfeld flitzen sah, als er sah, wie Krallen das weiche, braune Fell durchbohrten, wusste er es.

Er hatte es natürlich schon vorher gewusst. Als er auf das Buch mit dem Pakt gestoßen war, den der alte Mönch mit dem Dämon geschlossen hatte, war ihm klar geworden, dass er, sollte er sich unwiderruflich und bedingungslos verwandeln, am liebsten ein Rotschwanzbussard wäre. Er beugte sich wieder über das Buch, schlug die Ordnung der Greifvögel auf und hielt kurz beim Adler inne, aber ein Adler war natürlich kitschig, viel zu auffällig und außerdem nicht in North Carolina heimisch. Er blätterte zum Bild seines zukünftigen Ichs weiter und musste lächeln. Das Tier hockte mit an den Hals gezogenen Flügeln und mörderischem Blick auf einem Zaunpfahl. Oft hatte er den starken Vogel im Flug bewundert, wenn er über den Feldern kreiste wie ein Geier, und dann wieder nicht wie ein Geier, denn die Ratte, das Kaninchen oder der Waschbär, auf die er es abgesehen hatte, waren nicht tot – noch nicht.

Das kleine Herz schlug Sechzehntelnoten, wenn die Krallen das zappelnde Tier fester als ein Schraubstock hielten, wenn die Flügel schlugen wie ein Hammer und die Sonne verdeckten wie ein Armageddon. Dann ein Stich in den Hals und ein Schwall heißen, klebrigen Bluts. Der Geschmack nach rohem Fleisch. Er hatte ein bisschen Mitleid mit dem kleinen Säuger, dessen Schwanz da in den Todeskrallen hing, trotzdem war er jetzt schon ganz aufgeregt.

Er drehte sich um, sah zum Wald hinüber und stieß einen Seufzer aus. Es war der Seufzer eines alten Mannes, resigniert, schicksalsergeben und viel zu alt für einen Sechzehnjährigen. Horace stand auf und brachte das Buch zurück. Die Klingel verkündete das Ende der dritten Stunde. Er überlegte sich, dass er nie wieder in diesem Gang und vor diesem Regal stehen würde; er würde keines dieser Bücher mehr lesen. Er musste schlucken, nicht vor Traurigkeit, sondern vor Stolz. Er hatte einen Ausweg gefunden, den niemand sonst kannte. Mrs Stokes nickte wissend. Er zwinkerte ihr zu, ging hinaus und drehte sich nicht noch einmal um.

Während der restlichen Unterrichtsstunden saß er da, ohne sich Notizen zu machen, er hörte gar nicht zu, seine Anwesenheit war nur noch eine Formsache, ein Abschied. Niemand störte ihn. Wie er gemerkt hatte, hielten die anderen sich seit Wochen von ihm fern; sie tuschelten hinter seinem Rücken und fanden sein Verhalten wahrscheinlich eigenartig. Aber das war ihm egal. Bald wäre das alles vorbei.

Auf dem Heimweg im Bus fühlte er eine tiefe Ruhe. Nie wieder Leichtathletik. Bis zu den Sommerferien dauerte es nur noch zwei Wochen, aber er hätte das Training ohnehin geschwänzt. Er lehnte sich zurück und sah den anderen beim Herumalbern zu. Die Mädchen waren ins Lästern vertieft, die Jungs vertrieben sich die Zeit mit Angeben, Armdrücken und Kartenspielen. Draußen vor dem Fenster zog die Landschaft vorbei, über die er sich bald erheben würde. Bald, ganz bald.

Während er aus dem Fenster sah, spürte er ganz kurz einen Zweifel in sich aufsteigen. Hatte er den Verstand verloren? War er versehentlich hinter die Kulissen des logischen Denkens geraten und in einem fernen, verstörenden Fantasiereich verschollen? Allein der Gedanke ließ ihn erschaudern. Nein, natürlich war er nicht verrückt geworden; er war ein sehr rationaler Mensch, bewandert in Mathematik und Naturwissenschaften. Trotzdem glaubte er an eine unsichtbare Welt der Erzengel, der Propheten und wiederauferstandenen Toten, eine Welt, die ihm von der Wiege an gepredigt worden war und die er, weil er nicht anders konnte, so wenig hinterfragte wie die Schwerkraft oder die Zeitrechnung. In seinem Kopf ergaben die beiden gegensätzlichen Welten keinen Widerspruch. Und jetzt brauchte er nicht die Welt der Zahlen und Dezimalstellen, sondern die der Erlöser und Wunder. Er brauchte Glauben statt Fakten; Magie statt Mathematik; Erlösung statt Wissenschaft. Der Glaube würde ihn retten – nicht nur der Glaube, sondern der Glaube an den Glauben, der schon Daniel, Isaak und die Frau am Brunnen gerettet hatte. Ich bin zurechnungsfähig, überlegte er, strich alle Falten in seinem Denken glatt und packte die Angst bei den Hörnern. Ihm blieb keine Alternative, das sagte er sich immer wieder. Kein anderer Ausweg.

Sobald er zu Hause war, ging er in sein Zimmer und schloss die Tür hinter sich. Sein Großvater war nicht da, aber er wollte nicht riskieren, dass ihm jemand in die Karten sah. Wie im ganzen Haus roch es in dem Raum nach Kiefer, nach Farbe und Dielenlack und Fensterrahmen aus Zypresse, nach oft geölten Eichenmöbeln und Staub, der sich in den Vorhängen verfing, ein ländlicher Staub, der von Äckern und unbefestigten Straßen hereinwehte – aber vor allem roch es nach Kiefer, immerzu. Die alten Leute nannten den Baum Herzkiefer. Das härteste Holz überhaupt, besser als Eiche. Der Geruch, er hatte ihn sein Leben lang eingeatmet, war einundsiebzig Jahre alt und drang durch die vielen alten Schichten aus weißer Farbe, durch die lückenlos lackierten Bodenbretter und den Staub. Für ihn war der Geruch gleichbedeutend mit Gebeten, Geburt, Gelächter und Tränen, mit Tanz, Schweiß, Arbeit, Sex und Tod.

Von den weißen Zimmerwänden blickten seine vielen Freunde herab. Über dem Bett hing der Zauberer – ein Hexer und Obermagier. Seine durchdringenden, allwissenden Augen waren von einem geheimnisvollen Blau. Der üppige schwarze Haarschopf darüber stand für Männlichkeit, die schneeweißen Strähnen an den Schläfen für Weisheit. Der lange, rote Umhang flatterte im Wind, dramatisch wie ein Donnerschlag. Seine Haltung – man konnte sofort erkennen, dass er gerade zauberte, denn seine Hände waren von einem elektrisch blauen Glühen umgeben – erinnerte an einen Tiger vor dem Sprung. Sein Körper war schlank, aber sehr muskulös. Er trug hautenge, blaue Leggings und eine blaue Tunika mit dem ägyptischen Anch auf der Brust. An einer Kette um seinen Hals baumelte ein riesiges Amulett mit einem halb geöffneten Auge.

An der anderen Wand hing ein riesiges, grünes Mann-Monster, so muskelbepackt, dass es wirkte wie ein grüner Klumpen mit übergroßen, nackten Füßen. Es war mit einer zerschlissenen lila Hose bekleidet und geiferte wie ein Tier. Da war auch eine Frau in einem Büstenhalter aus Adlerschwingen, die über einem gläsernen Flugzeug schwebte und ein goldenes Lasso schwang; ein Wikinger mit langen, gelben Haaren, Muskelwülsten und eisblauen, bedrohlich funkelnden Augen, dessen Hammer so groß war wie er selbst; ein Mann mit spitzen Katzenohren in einem nachtblauen Anzug mit Fledermausemblem auf der Brust, dessen Umhang sich noch dramatischer blähte als der des Zauberers. Da waren Poster von kleinen Wesen mit dick behaarten Zottelfüßen, runden Bäuchen und riesigen Pfeifen, dazu Raumschiffskizzen und Baupläne von Kampfsternen, Sternenkarten und Schaubilder der Planeten, eine Liste mit Dämonennamen und Bilder von Greifen, Kraken und Gorgonen.

Überall im Zimmer lagen Zettel verstreut. Auf dem Bett, auf dem Boden, auf dem Schreibtisch, auf der Kommode und auf dem Nachttisch. Und die Bücher erst. Gestapelte, aufgeschlagene, mit Markierungen versehene Bücher. Alte und neue Bücher in Farbe oder Schwarz-Weiß. Halb gelesene, achtlos umgedrehte Bücher, deren Rücken zur Decke zeigten. Junge, ärgerte sein Großvater sich oft, kannst du in deinem Zimmer nicht für Ordnung sorgen? Wie soll das werden, wenn sie dich in die Armee stecken? Da erlauben sie solchen Quatsch nicht. Aber die Einsen und Einsplussen auf seinem Zeugnis dämpften den großväterlichen Befehl – Räum endlich dein Zimmer auf, Junge – immer wieder zu einem Grummeln, vorwurfsvollen Blicken und missbilligendem Kopfschütteln.

Wie alle anderen durfte Horace sich aus der Schulbücherei stets nur drei Bücher auf einmal ausleihen. Aus diesem Grund hatte er sich zusätzlich in der Bezirksbibliothek von Crosstown und in der örtlichen Bücherei von Sutton angemeldet. Dazu kamen die Buchclubs: der Buch-des-Monats-Club, der Geschichtsbuchclub, der Science-Fiction-Buchclub ... Er lieh sich Lesestoff von seinen Lehrern und von Freunden, und sobald er in einer größeren Stadt war – Wilmington, Kinston, Goldsboro –, kaufte er sich ein Buch, meistens in der Taschenbuchausgabe. Viele davon hatte er gelesen, manche sogar öfter als einmal; andere, vor allem die Sachbücher, las er nur kapitelweise und suchte sich heraus, was ihn am meisten interessierte, von chinesischer Frühgeschichte über Schiffbau bis hin zu den Biografien berühmter Erfinder und großer Wissenschaftler. Aber das war Vergangenheit; mittlerweile konzentrierte er sich auf das Okkulte.

In seinem Zimmer lagen Bücher mit Titeln wie *Schwarze Magie – weiße Magie, Die Kunst der Mystik, Hexen, Voodoo, Die Dunkle Kunst, Religionen der Dritten Welt, Eine Geschichte der Magie, Zauberer in der Bibel, Grays Verzeichnis des Bizarren und Skurrilen* oder *Dämonenkunde* herum. Und in einem davon hatte er den Schlüssel gefunden. Er hatte ihn wochenlang wieder und wieder überprüft, Querverweise verfolgt, Verbindungen gezogen, Fakten gesammelt und den perfekten Zauberspruch noch perfektioniert. Er bewohnte nicht mehr ein Kinderzimmer in einem alten Farmhaus an einer Schotterstraße im tiefen Wald, sondern den abgelegenen und geheimnisvollen Unterschlupf eines Zauberlehrlings, der kurz davor war, ins Reich der Mystik vorzudringen. Die Wände bestanden nicht mehr aus Holz, sondern aus alten, grob behauenen Bruchsteinen. Er blätterte nicht mehr in Taschenbüchern und Leihgaben aus der Bibliothek, sondern in staubigen Schriftrollen und stockfleckigen Wälzern.

Es war so simpel. Die Einfachheit des Ganzen war überwältigend. Allein die Vorstellung, dass die Tortur eigentlich keine Tortur war – nicht für diejenigen, die lesen und eigenständig denken konnten und sich nicht fürchteten. Er überflog seine Liste. Auf den ersten Blick wirkte sie wie ein Einkaufszettel, erst bei näherem Hinsehen fielen die Merkwürdigkeiten auf. Für welches Kuchenrezept brauchte man Katzenurin und den

Kopf eines Kolibris? Die Liste war lang und kompliziert, die Beschaffung der Zutaten erforderte besondere Sorgfalt und manchmal auch einen gewissen Einfallsreichtum. Allein sie zusammenzustellen hatte weit über einen Monat gedauert. Wie konservierte man den schalen Atem einer Hexe über siebzig? Woher bekäme er den gemahlenen Zahn eines Leviathan? Nachdem er ausreichend viele Rezepte und Rituale verglichen hatte, kam er zu dem Schluss, dass es in Ordnung wäre, den Hexenatem durch ein paar abgeknipste Nagelreste zu ersetzen und den Zahn eines Seeungeheuers durch den eines Hais. Ganz bestimmt würden die Ersatzmaterialien ihren Zweck erfüllen, mit einer Ausnahme vielleicht. Die wichtigste Zutat war der Körper eines Babys von höchstens drei Jahren. Er konnte sich nicht entscheiden, ob mit »Baby« unbedingt ein Menschenkind gemeint war oder ob auch ein Tierjunges infrage käme. Das Problem hatte ihm viele schlaflose Nächte und finstere Träume beschert, in denen er sich mitten in der Nacht in ein fremdes Haus schlich und einen Säugling entführte, der ihm arglos in die Augen sah und dabei friedlich am Daumen nuckelte. In seinem Traum sang er dem Kind etwas vor, *Schlaf, Kindlein schlaf*, während er ihm das Daunenkissen aufs Gesicht drückte und es in den weißen Tod schickte, und wenn er das Kissen dann im schummrigen Mondlicht beiseitezog, sah ihn das Kind immer noch unverwandt an, diesmal mit leicht verwirrtem, unstetem Blick und Sabber auf den immer noch lächelnden, leicht geöffneten Lippen. Wenn er aus dem Traum aufwachte, steckte ein Stöhnen in seiner Kehle; er hatte kalten Schweiß auf der Stirn und sein Herz klopfte panisch, denn er fürchtete den Zorn des einzig wahren Gottes. Eine solche Sünde zu begehen, nur um endlich frei zu sein, war Wahnsinn, doch war es nicht auch ein Eintauchen, Abtauchen, Ertrinken in Magie, ein Versuch, jener anderen

Sünde zu entkommen, die er in Menschengestalt garantiert begehen würde?

In der Überzeugung, dass die Zaubersprüche funktionieren und ihn befreien würden, nahm er den Stoffbeutel mit den mächtigen Talismanen an sich, verließ das Zimmer und lief über die Kieferndielen zur Hintertür hinaus. Hinter dem Haus und jenseits des Rasens lag eine Apfelplantage mit Bäumen, die die Mutter seines Großvaters gepflanzt hatte, noch bevor das Haus gebaut worden war. Früher war der ganze Garten ein Gehege für Hühner gewesen, die mit ihrem pausenlosen Scharren die nackte Erde freigelegt hatten. Nach dem Tod seiner Großmutter hatte sein Großvater beschlossen, sich von den Hühnern zu trennen und Gras auszusäen. Er schnitt es einmal pro Woche, von Mai bis Anfang Oktober, und mit jedem Sommerregen war es grüner und dicker geworden.

Um diese Jahreszeit trugen die Apfelbäume erste blassgrüne, kaum daumengroße Früchte. Im August würden sie fast so groß sein wie eine Faust, und so rot wie Rosen. Die Leute nannten sie Milchorangen, denn sie waren klein und herb und ließen sich höchstens zu säuerlichem Apfelkuchen verarbeiten. Im Juli pflückte er hin und wieder eine vom Baum und dachte daran, wie er als Kind dafür ausgeschimpft worden war: Junge, von den grünen Äpfeln kriegst du Bauchschmerzen. Dir wird hundeelend! Er hatte die grünen Äpfel trotzdem gegessen, und wie durch ein Wunder bekam er nie Bauchschmerzen davon. Er liebte den säuerlichen Geschmack, der ihm wie Zitronensaft den Mund zusammenzog, die Beschaffenheit des weißen Fruchtfleischs und das laute Knacken beim Hineinbeißen. Bei der Erinnerung überkam ihn eine Woge der Traurigkeit, denn plötzlich wurde ihm bewusst, dass Vögel nicht in Äpfel beißen können. Vögel picken, und selbst das nur, wenn sie Hühner sind und Fallobst finden.

Dann wiederum würde er sich an Eichhörnchen und Kaninchen laben. Er würde die grünen Äpfel gegen die Aussicht auf das ewige Leben eintauschen.

Es dämmerte. Die Tage waren länger geworden, sodass ihm noch genug Zeit für die Vorbereitungen blieb. Er wusste, dass sein Großvater erst spät nach Hause kommen würde. Den Scheiterhaufen hatte er schon am Vortag präpariert: ein Blech für die Zutaten, darunter ein paar Scheite altes, vor Terpentin triefendes Kiefernholz und auch etwas Eiche und Hickory. Teer, weil man für einen der Zaubersprüche Pech brauchte. Er leerte den Beutel über dem Scheiterhaufen und ging noch einmal die grausige Zutatenliste durch. Die Plastiktüte mit dem Kadaver des eigenhändig getöteten Kätzchens war schwer vor Nässe, das schwarze Fell verfilzt und stumpf. Er nahm ein Streichholz und steckte alles in Brand. Das Feuer kam nur langsam in Gang, aber nach einer Weile – er hatte ein bisschen Stroh dazwischengestopft – züngelten, rülpsten, furzten und zuckten die Flammen so heftig, dass es ihn beinahe erregte. Schwarzer Teerqualm kroch an den Apfelbäumen hoch und stand dann wabernd darüber.

Er begann, eine archaische Beschwörungsformel aus Wörtern zu singen, deren Bedeutung er nicht kannte, die aber vermutlich sehr wirkmächtig waren. Er hatte sie verschiedenen Zeremonien, Ritualen, Beschwörungen und Hexereien entnommen und neu kombiniert. Sie klangen deutsch und französisch und lateinisch und griechisch, und weil er außer etwas Schulspanisch keine Fremdsprachen beherrschte, hatte er sich für den Gesang einen besonderen Akzent überlegt, der wie eine Mischung aus Hochdeutsch und Französisch klingen sollte. Zwischendurch schlug ihm der Gestank des brennenden Tierkadavers entgegen – ein grünlicher, übler Gestank nach Eingeweiden und Haaren und getrocknetem Urin und

Exkrementen. Die widerlichen Dämpfe ließen ihn würgen, doch er sang weiter, tapfer und in seinem eleganten Akzent.

Nachdem er die Formel drei Mal gesungen hatte, um die Asche zu heiligen und sich vor dem Dämon zu schützen, den er heraufbeschwören würde, warf er den Zettel mit dem Spruch und die Zutatenliste ins Feuer, wankte hinter den nächsten Apfelbaum und würgte in heftigen Krämpfen, bis ihm Tränen in die Augen stiegen. Er schleppte sich zu dem Wasserhahn am Pumpenhaus. Das Häuschen stand über einem Brunnen, aus dem seine Urgroßmutter das Wasser früher in einem hölzernen Bottich heraufgeholt hatte. Es schmeckte unverändert nach der Quelle, süß und bitter und stark eisenhaltig. Zuerst spülte er sich den Mund aus, dann trank er einen großen, bittersüßen Schluck, und zuletzt wusch er sich das Gesicht, um sich ein wenig abzukühlen. Er setzte sich auf die Hintertreppe und schaute zu, wie das Feuer langsam herunterbrannte. Am Himmel, eben noch hoch, blau und von dünnen weißen Schleiern durchzogen, hatten sich jetzt Wolken in der Farbe von Teerqualm zusammengebraut. Er spürte einen Knoten im Magen und fürchtete sich vor dem, was sie ihm, dem angehenden Mystiker, womöglich sagen wollten.

Etwa eine Stunde später, als vom Feuer nur noch eine knisternde Glut übrig war, ging er wieder hin und schob die schwelende Asche zusammen. Nun war alles für den Moment seiner Verwandlung bereit. Er kehrte noch einmal ins Haus zurück und räumte sein Zimmer so ordentlich auf wie noch nie. Er stapelte die Bücher kerzengerade, heftete lose Blätter ab, faltete seine Kleidung und legte sie in die Kommode. Um die Leihgaben aus der Bücherei machte er sich keine Gedanken; das gehörte alles zu seinem Verschwinden dazu. Er war aufgeregt und nervös. Er fragte sich, ob er seinem Großvater eine Nachricht hinterlassen sollte: Granddaddy, ich bin verwandelt worden, wir sehen uns bei der Entrückung. Aber nein; sein Großvater würde es für einen schrägen, geschmacklosen Scherz halten. Sicher wäre er verwirrt und besorgt, und später, wenn sein Enkel tatsächlich spurlos verschwunden war, würde er auf seltsame, bizarre Gedanken kommen, denn schließlich ahnte er nichts von der strahlenden, wundervollen Wahrheit.

Er trat an den Aschehaufen, der nun völlig weiß und nicht mehr ganz so heiß war. Er schob ihn abermals zusammen und ging wieder ins Haus, um den letzten Schritt zu vollziehen. Inzwischen war sein Großvater zurückgekommen. Er wollte wissen, warum Horace das von den Tanten vorbereitete Essen nicht angerührt hatte. Horace sagte, er habe keinen Hunger, ging in sein aufgeräumtes Zimmer und legte sich im Dunkeln aufs Bett. Er wusste, er würde nicht einschlafen, trotzdem stellte er sich den Wecker auf eine Viertelstunde vor Mitternacht. Nach einer Weile tauchte sein Großvater im Türrahmen auf und fragte: Was hast du da draußen gemacht, Junge? Es stinkt, als hättest du Reifen oder so was verbrannt. Er antwortete: Nur ein paar alte Holzlatten, die mir beim Rasenmähen im Weg waren. Der Großvater stand eine Weile schweigend da und stierte ins Dunkel. Seine Silhouette zeichnete sich im Küchenlicht ab. Sicher würde er Horace jetzt fragen, ob er sich krank fühle; aber dann drehte er sich wortlos um und ging zurück in die Küche. Horace hörte, wie der alte Mann den einen Teller abwusch, das Rumpeln in den Rohren, das Plätschern des Wassers, das Klirren, als der Teller ins Trockengestell gesetzt wurde, das Öffnen und Schließen der Kühlschranktür. Er hörte, wie das Licht erlosch – seine Augen waren die ganze Zeit geschlossen –, und auch das leise Klirren der Metallkette, die wie ein Pendel gegen die Glühbirne schlug; und dann waren er und das ganze Haus in eine dunkle, samtige Stille eingeschlossen. Er hörte, wie sein Großvater auf die Veranda schlurfte, sich in den Schaukelstuhl sinken ließ und losschaukelte, sodass die Verandabretter in einem trägen Rhythmus ächzten. Wenn der Arzt seinen Großvater nicht dazu überredet hätte, den Kautabak aufzugeben, hätte Horace jetzt bestimmt gehört, wie der Saft zielsicher in den Azaleenstrauch platschte.

Grillen und Frösche und Zikaden zirpten, und es klang wie das Klopfen von tausend kleinen Herzen. Eine Turteltaube saß irgendwo tief im Wald und gurrte, und auf einmal dachte er nicht mehr an die Vögel, das Fliegen und die Freiheit, sondern an seine eigene Menschlichkeit, an sein Fleisch und sein Blut und sein bald vergangenes, bald verändertes Leben. Er dachte an die unbewegte Stille, die man den Tod nennt, und inwiefern sie sich von der blauen Einsamkeit unterscheidet, die er jetzt und hier empfand, auf diesem Bett, eingehüllt in dumpfe Geräusche und weiches Schwarz.

Nach etwa einer Stunde hatte sein Großvater ausgeschaukelt, stand auf und kam wieder herein. Hinter ihm knallte die Insektentür. Tja, sagte er, gute Nacht. Und nach einer Pause fragte er dann doch noch, ob es Horace wirklich gut gehe. Horace bejahte schnell, zu schnell und mit brüchiger Stimme. Der Großvater sagte nichts mehr und schlurfte in sein Zimmer, ohne Licht zu machen. Horace hörte, wie der alte Mann seine Kleidung ablegte, seinen Pyjama anzog – den hellblauen, glaubte Horace, den er jeden Sommer trug und den die Tanten immer mit zu viel Stärke bügelten – und sich ins Bett legte. Dann ging das Licht an, und Horace hörte das Rascheln von hauchdünnen Buchseiten. Er wusste, es war die Bibel vom Nachttisch, das einzige Buch, das der alte Mann je las, ausgenommen den *Ladies Birthday Almanac* (der genaugenommen eine Zeitschrift war). Kurz nachdem das Buch wieder auf den Nachttisch zurückgelegt worden war, erlosch das Licht, der

Großvater stieß einen gedehnten, beinahe frustrierten Seufzer aus, und dann war nur noch das Geräusch der Außenwelt zu hören, diese leise, nächtliche Naturmusik.

Er hatte sich vorgenommen, nicht auf den Wecker zu achten, aber dann hatte er doch einen Blick riskiert, um sich zu vergewissern, dass er lief. Der Wecker lief. Horace lag unbeweglich da und dachte an weiße Asche. Irgendwann stand sein Großvater noch einmal auf, um zur Toilette zu gehen. Früher hatte Horace die Geräusche des Hauses für Geister gehalten – manche davon hielt er bis heute für Geister –, die ein und aus und durch die Zimmer schweben. Und dann war es fast so weit. Er erhob sich fünf Minuten vor dem Weckerklingeln, holte eine Kerze aus der Schublade und schlich zur Hintertür hinaus.

Die Kerze, eine ganz normale, weiße Haushaltskerze, hatte er am vergangenen Sonntag vor dem Gottesdienst unter der Kanzel versteckt und danach heimlich wieder herausgeholt. Er konnte sich also ziemlich sicher sein, dass sie ausreichend gesegnet war. Draußen im Freien zündete er sie mit einem Streichholz an. Ihr Licht war schwach, trotzdem blendete es seine an die Dunkelheit gewöhnten Augen. Ein Windzug spielte mit der Flamme und blies sie schließlich aus. Horace steckte die Kerze in die Tasche und machte sich ans Werk.

Der Mond war nicht voll – für das Ritual war ein Vollmond nicht zwingend vorgesehen –, aber die große Sichel hinter den dicken Wolken spendete ihm genug Licht. Die Asche war jetzt nur noch warm, der Kern glimmte schwach. Er rührte mit einer Kelle darin herum, und nachdem er exakt die Menge abgemessen hatte, die er für die Pulvermischung brauchte, trug er sie auf einer Schaufel in die Mitte des Obstgartens und streute ein Muster auf den Boden. Das komplizierte, gezackte Emblem war im Grunde eine Kombination aus dem europäischen Kreis der Macht und einer amerikanischen Figur, die er den Hopi zurechnete. Nach elf Gängen und elf Kellen war das Muster seiner Ansicht nach vollständig. Wind hob an, aber Horace war so in die Aufgabe vertieft, dass er ihn kaum spürte. Zum Schluss setzte er sich ins Zentrum des Entwurfs – ganz vorsichtig und ohne die Aschelinien zu berühren – und zündete abermals die Kerze an, wobei er seinen Körper als Windschutz brauchte.

Es war nach Mitternacht, davon war er überzeugt. Die Stunde, in der die Dämonen ungehindert über die Erde wandeln. Er versuchte, an nichts mehr zu denken als den Namen des Großen Dämons. In der Geschichte, die er gelesen hatte, war der gute Mönch dem Dämon entgegengetreten und hatte ihm seinen Willen aufgezwungen – dem großen, wilden Dämon, der einen schmächtigen Jungen wie Horace mühelos zerquetschen konnte. Doch er war bereit, bewaffnet nicht mit der Rüstung der Gerechten und dem Schutzschild der Wahrheit, sondern mit einem uralten Wissen, das mächtiger war als alles andere. Es hatte den Dämon schon einmal in Ketten gelegt, und Horace sollte verdammt sein, wenn es nicht ein zweites Mal klappte.

Die Brise wurde zu einer Bö, was er als Zeichen dafür wertete, dass der Zauber funktionierte. Etwas Asche wehte ihm ins Gesicht, aber er konzentrierte sich, konzentrierte sich, konzentrierte sich auf den Namen der Namen. Er ging auf die Knie und sprach den furchtbaren Namen laut aus, und seine Brust hämmerte, als würde sein Herz gleich herausspringen und flüchten. Als die Wolken sich vor die Mondsichel schoben, hielt er es für Seine finstere Ankunft. Während er immer wieder und mit vor Schreck geweiteten Augen den Dämonennamen sagte, wunderte sich ein anderer Teil seines Verstandes, wie das Wesen wohl aussehen mochte. Groß, vielleicht noch größer als die Apfelbäume oder sogar die Kiefern. Rot und grimmig, mit langen, gelben Zähnen und faulig stinkendem Atem. Aber nein – er war einer der großen Dämonen, Mitglied von Satans Hohem Rat, dem inneren Zirkel. Vielleicht würde er die Gestalt eines Zentauren haben oder eines riesigen Feuervogels; vielleicht käme er als Schlange oder als zotteliges Biest daher. Oder sogar als Mensch, als der Teufel, über den Pastor Hezekiah gepredigt hatte; nicht mit Hörnern und Mistgabel, sondern in einem weißen Anzug und mit einem attraktiven Gesicht, weißen Zähnen und dem für Teufel so typischen Lächeln.

Horace begann wieder zu singen. Der Name wurde zu einem Mantra, das jede Bedeutung verlor; ein schöner Name mit weichen Vokalen und fremdartigem Klang. Er wiederholte ihn immer weiter. Die bohrende Angst in seinem Unterleib ließ langsam nach, und zum ersten Mal überhaupt gestattete er sich einen Gedanken daran, wie albern das alles war, wie dumm und pubertär und verzweifelt und peinlich und verrückt. Es gab keinen Mönch, der ein Dorf rettete, indem er den Dämon in Ketten schlug und erst wieder freiließ, als er gehorchte; in der Tat gab es keine Dämonen, die auf der Erde wandelten, weder nach Mitternacht noch zu irgendeiner anderen Stunde; und falls doch, hätte er nicht die geringste Ahnung gehabt, wie er sie dazu bringen konnte, ihn zu verwandeln. Und alle Menschen, die spurlos verschwanden, waren entweder weggelaufen oder einfach gestorben, so wie er sterben würde.

Zunächst traf es ihn wie ein sanfter Kuss, erst hier, dann dort, sachte, aber unverkennbar: Regen. Kurz darauf goss es in Strömen. Wasser und noch mehr Wasser. Die Kerze war längst erloschen. Er saß da und das Wasser durchweichte ihn, floss ihm in Augen und Mund. Es war ein Streich, das erkannte er jetzt, ein raffinierter Streich, den er sich selbst gespielt hatte.

Er war sechzehn Jahre alt, stand mitten in der Nacht im strömenden Regen und rief uralte Dämonen an, die ihn retten sollten – vor sich selbst? Er bemerkte, dass er weinte; in seinen Augen brannten heiße Tränen. Zitternd sackte er in sich zusammen, und schließlich streckte er sich auf der nassen, kalten Erde aus. Sie war nicht gefroren wie im Winter, sondern nur oberflächlich kalt, so kalt wie das Meer, wenn man sich im Juli nach Einbruch der Dunkelheit ins Wasser wagt.

Er merkte nicht, wie der Regen aufhörte und die Wolken die Mondsichel freigaben. Er lag einfach nur da, zitternd und nass, selbst sein Schluchzen war verebbt und hatte nichts hinterlassen als ein hohles Gefühl von Erschöpfung und Orientierungslosigkeit. Ein Gefühl wie ein Sturz in den Brunnen, und tagelang niemand, der zur Rettung kommt. Es war die Angst vor der schrecklichen, unvermeidlichen, jetzt schon offenbarten Zukunft.

Eine Stimme. Wo? In seinem Kopf? In seinen Gedanken? Seiner Seele? Er hörte einen Chor, eine himmlische Schar wie jene, die Jesus in einer sternenklaren Nacht auf Erden willkommen hieß, damals in Bethlehem, und gleichzeitig hörte er die Stimme eines runzligen, schmerzgeplagten Greises, die Stimme der Schmerzen und der Qualen und des Kummers, die Stimme der Lust und des Hasses und der vom Krieg verwüsteten Landschaft, wo der Wind in den Bäumen pfeift und wispert, die Stimme der Weisheit, uralt, allwissend, die Stimme der Einfalt, der Unwissenheit und des kindlichen Glücks. Eine Stimme. Eine einzelne Stimme.

Und die Stimme sagte: Komm.

Der Himmel, ein klassischer Frühlingshimmel nach einem kurzen Regen, wirkte jetzt höher, weiter, klarer. Die Frösche waren nass und glücklich und quakten fröhliche, laute Lieder. Er lächelte, schob eine Hand in den Schlamm, in das aufgeweichte Gras, wo die Asche zerlaufen war, und beschmierte sich das Gesicht, als müsste er sich erst wieder mit seiner Haut bekannt machen. Er lächelte in einem fort, und sein Ausdruck war so leer wie seine Seele. Steh auf, sagte die Stimme, und er stand auf und zog sich nackt aus, er gehorchte der Stimme, er riss sich die Kleider vom Leib, als stünden sie in Flammen, und suhlte sich in den Ascheresten wie ein Schwein, unschuldig und voller Hingabe. Die Stimme befahl ihm, ins Haus zu gehen und das alte Gewehr seines Großvaters zu holen. Er gehorchte, kam zurück, stand im Mondlicht auf der Wiese, sah zum Wald hinüber und wartete auf weitere Anweisungen. Die Stimme sagte nur: »Geh«, und er ging los. Sein Körper war von zerlaufener Asche und Schlamm besprenkelt, seine Haut kühl, aber nicht kalt, und er lauschte, lauschte auf die Stimme, denn anscheinend konnte nur sie ihn erlösen. Erlösen? War es das jetzt? Jenseits aller Hoffnung, jenseits des Glaubens? Nur irgendwie überleben. Leben.

Sah er die Eule im Sinkflug oder die fliehende Waldratte, die sich direkt neben seinen nackten Füßen in eine Rinne stürzte? Er war jetzt nur noch mit spirituellen Dingen beschäftigt. Alles war genau so, wie man es ihm gepredigt hatte, seit er auf der Welt war. Man hatte ihn gewarnt. Es gibt arme, böse Geister, die von uns Besitz ergreifen und uns zu widernatürlichem Handeln zwingen. Nun verstand er: Er war von einem solchen bösen Geist besessen, und der Regen war ein Zeichen und ein Beweis dafür, dass er nicht gereinigt werden konnte. Warum noch kämpfen?, fragte sein Verstand.

Also hörte er auf die Stimme, und die Stimme war alt und jung, gut und böse. In sie setzte er sein ganzes Vertrauen. Die Stimme befahl ihm zu marschieren, und so marschierte er, umgeben von Naturgeistern, Kobolden, bösen Feen und Werwölfen – Anomalien, wie er selbst eine war. Sie sprangen mit einer wilden, ungezähmten, höllischen Freude um ihn herum, weil er seine Verdammnis akzeptiert hatte, dieses köstliche Schicksal, und auf einmal war er glücklich, so unglaublich glücklich, er hielt das Gewehr vor sich wie einen kühlen Phallus und war zum ersten Mal seit vielen Monaten wieder froh, denn er wusste, die Stimme würde sich um ihn kümmern, sie würde ihn lehren und ihn retten, und auf einmal stellte sich eine wollüstige Empfindung ein, derb und gefährlich, er schwelgte darin, er schwelgte in allem, was sich gut anfühlte, er marschierte wie der Anführer einer diabolischen Bande und lauschte auf die Befehle der Stimme, der einen Stimme, die sagte: Geh, und er ging, Seite an Seite mit Teufeln, die Starkbier soffen, durch die Felder trampelten und im Licht der Mondsichel auf Baumkronen und in Bachläufen tanzten, sie trieben es miteinander und schlugen sich gegenseitig blutig, brutaler als Kampfhähne, sie beschmierten einander mit Exkrementen, zuckten, grabschten, bissen zu und stießen Schimpfwörter und Gotteslästerungen aus, alles unter Johlen und lautem Gelächter, und er lächelte und machte mit, denn dies war seine Erlösung, endlich würde er Frieden finden, und während er immer weiterging, war er sich der Waffe bewusst, er hielt sie fest umklammert und war froh, endlich frei zu sein, falls frei das richtige Wort war, um seinen Zustand zu beschreiben; und als er da so allein die Straße entlangstolzierte, dämmerte ihm etwas, und ein kleiner, immer noch funktionierender Teil seines Verstandes dachte, obwohl es dafür natürlich zu spät war, viel zu spät: Vielleicht hätte ich statt des Kätzchens ein Baby nehmen sollen.

SCHWARZE GEISTERBESCHWÖRUNG

Wer da will, der komme ...

James Malachai Greene • Bekenntnisse

Einer meiner Professoren im Priesterseminar hieß Schnider. Philip Schnider. Wir nannten ihn Rabbi. Er selbst fand das lustig, war er doch ein christlicher Jude und damit eine seltene Spezies. Seinerzeit erschien es mir wie die faszinierendste Kombination auf der Welt.

Manchmal fragte ich ihn, wie und warum – hauptsächlich warum – er Christ geworden sei. Er antwortete mit der Offenherzigkeit eines Mannes, der eine große Geschichte zu erzählen hat: »Nun, Jimmy, das war ganz einfach.«

Er war klein, aber nicht dick – bei uns zu Hause würde man »wohlgenährt« sagen –, hatte eine Brille und üppiges, widerspenstiges schwarzes Haar. Manchmal erinnerte er mich an Fotos von Einstein, die ich irgendwo gesehen hatte. Seine Stimme war leicht heiser, und er setzte sie auf eine Art und Weise ein, die unsere Aufmerksamkeit erregte und auch hielt – die perfekte Stimme für einen Dozenten. »Mein Vater war Physiker«, erklärte er. »Er hat am Manhattan-Projekt gearbeitet, jedenfalls glaube ich das. Ich war damals noch zu jung, um es wirklich zu verstehen. Jedenfalls verließ er meine Mutter, als ich etwa vier Jahre alt war. Genau. Besser gesagt, hat meine Mutter ihn vor die Tür gesetzt.«

Er drückte seine Zigarette aus und sah seufzend beiseite, ins Nichts. »Weißt du«, fuhr er nach einer Weile fort, »alle Menschen brauchen ein gewisses Maß an Gesellschaft. Und wenn man sie hier nicht bekommt, sucht man sie dort. Genau das hat meine Mutter getan. So ein Mensch war sie. Keine Egoistin, versteh mich nicht falsch; sie wusste einfach nur, was sie tun musste, um zu bekommen, was sie brauchte. Und Junge, ich sage dir, sie hat nicht lockergelassen.«

Mehr hatte er auf die Frage, warum er seinem Glauben abgeschworen hatte und zum Christentum konvertiert war, anscheinend nicht zu sagen. Nicht Tränen ließen seine Augen so glasig werden, sondern Erinnerungen. Mir war das alles sehr unangenehm. Sein Lächeln war so resigniert und geistesabwesend wie das eines Menschen, der sich an eine lustige Situation mit einem längst verstorbenen Freund erinnert. Ich wagte kaum, das Schweigen zu brechen.

Gab es in seiner Familie denn noch andere Christen?

Nein.

Und seine Frau?

Er hatte nie geheiratet.

An dem Punkt gab ich es auf. Auf keinen Fall wollte ich aufdringlich erscheinen. Doch meine Fragen schienen ihn kein bisschen zu stören; es war ihm einfach nicht so wichtig, über das Wann und Warum seiner Konvertierung zu sprechen. Ich fand das seltsam, auch wenn er mir im Laufe der Zeit zu verstehen gab, dass es sich um eine sehr private Angelegenheit handelte. Er war ein Theologe, kein Missionar; er wollte lehren, nicht bekehren. Außer, es ging um mich.

Damals wohnten Anne und ich noch in Durham. Ich arbeitete als Lehrer in Cary, und in den Sommermonaten belegte ich Kurse für mein Theologiestudium. Ich besuchte das Southeastern Seminary in Old Wake Forest, einem Vorort von Raleigh. Anfangs glaubte ich, sein gesteigertes Interesse an mir hätte einen sexuellen Hintergrund, was mich skeptisch machte. Dabei war die Sache alles andere als sexuell. An einem Tag Ende Juli schlug er ein gemeinsames Mittagessen vor. Ich vermutete, dass es mit meiner letzten Hausarbeit über Kierkegaard zu tun hatte. Er unterrichtete vor allem Hermeneutik, in den Augen der meisten dort der *steinige* Weg. Zusätzlich hielt er Vorlesungen über Religionsphilosophie und frühe Kirchengeschichte. Er hatte ein einziges Buch über eine eher obskure theologische Bewegung im Spanien des achtzehnten Jahrhunderts geschrieben. Ich lieh es mir aus der Bibliothek aus, las es aber nie zu Ende. Es war viel zu speziell und langweilig. Vor allem langweilig. Er war ein mitreißender Dozent, aber weit davon entfernt, ein großer Autor zu sein.

Wir saßen draußen auf dem Seminargelände an einem der Picknicktische unter den beiden alten Platanen. Aus irgendeinem Grund wirkte das Gras auf dem Campus immer ein wenig übertrieben grün. Möglicherweise war es heilig. Wir hatten beide unser eigenes Mittagessen mitgebracht.

»Du«, sagte er und zupfte sich ein Stückchen Birne aus den Zähnen, »du, Greene, wirst einmal ein großer Theologe sein. Willst du wissen, warum?« Er sprach in diesem besonderen New Yorker Akzent, den ich ebenso angriffslustig wie charmant finde, ebenso ruppig wie entwaffnend.

Bevor ich antworten konnte, fuhr er fort: »Weil du über eine ganz erstaunliche Neugier verfügst. Du bist von Herzen neugierig. Weißt du, was ich meine? Das ist wirklich eine Gabe. Versteh mich nicht falsch, es gibt hier eine Menge neugierige Studenten. Aber die sind es eben nicht von Herzen. Macht das Sinn? Sie sind intelligent, klar, einige von ihnen sind womöglich intelligenter als du – obwohl du natürlich alles andere als dumm bist. Dennoch haben die anderen nichts von einem Teilhard de Chardin, einem Niebuhr oder einem Bonhoeffer. Verstehst du? Sie haben keinen Wissensdurst. Keinen *echten* Wissensdurst. Den haben heutzutage nur noch die wenigsten Menschen.«

Er aß das letzte Birnenstück. »Ich übrigens auch nicht.« Er

zerrte sein Taschentuch heraus und wischte sich über Gesicht und Hände.

»Sie wollen Gott nicht *kennen*, falls du mich richtig verstehst. Nicht auf die alttestamentarische Weise, nicht wie die Propheten oder David oder Josef.« Er hielt inne und sah mich leicht verlegen an. »Aber ich wette, das weißt du längst?«

Die Frage war ernst gemeint, aber ich hatte keine Antwort. Ich wollte wissen, wie er auf so etwas kam ... lag es an meinen Fragen im Unterricht? An meinen Hausarbeiten? An meinem Gesicht?

Doch er redete schon weiter: »Ich meine jetzt nicht diesen basisdemokratischen, fundamentalistischen Mist – gegen den ich gar nichts habe, alles ist besser als diese angepassten, provinziellen Möchtegernchristen, die jeden Sonntag Dienst nach Vorschrift machen, versteh mich bitte nicht falsch ... was ich meine, ist rein und kraftvoll, aber in manchen Menschen, und ich habe das selbst erlebt, kann es sich in etwas Gefährliches verwandeln. Weißt du, es ist ein Talent wie jedes andere auch. Verstehst du, was ich meine?«

Nein, dachte ich, ich habe keine Ahnung. Was er sagte, entsprach nicht jener Lehrbuchtheologie, auf die ich einfach die Hegel'sche Logik anwenden konnte. Auf mystischen Hokuspokus, der stark jenem Aberglauben ähnelte, mit dem ich aufgewachsen war, war ich nicht vorbereitet – zumindest nicht aus dem Mund eines Mannes, der doch eigentlich das »aufgeklärte« theologische Establishment vertrat. Ich fühlte mich überrumpelt. Ich lächelte so verständnisvoll wie alle braven Schwarzen Jungs aus den Südstaaten, die Prediger werden wollen, während er sich eine weitere Zigarette anzündete. Er war Kettenraucher, oder wenigstens rauchte er mehr als jeder andere Mensch, den ich bis dahin kennengelernt hatte.

»Ich will damit nur sagen, dass du von hier wegmusst. South

Eastern ist nicht schlecht für ein Jahr, aber mal im Ernst. Warum versuchst du es nicht an der Union oder in Princeton oder wenigstens an der Duke, um Gottes willen ...«

Und dann sagte er: Ja, ich solle mich verdammt noch mal aus dem Süden »verpissen« (er war kein Geistlicher, trotzdem war es mir unangenehm, aus dem Mund eines angesehenen Theologen solche »Unflätigkeiten« zu hören, die er großzügig einstreute, egal bei welchem Thema, von Jesus bis Isebel). New York. Boston. Chicago. San Francisco. Philadelphia. Washington. (Obwohl er meinte, Washington liege für seinen Geschmack noch zu weit südlich.) Geh in den Norden, junger Mann. In den Norden.

Diesen Ratschlag wiederum konnte ich verstehen. Er war weder mystisch noch abergläubisch. Mein Bruder Franklin hatte vor kurzem sein Jurastudium an der Howard abgeschlossen und war in eine Washingtoner Kanzlei eingestiegen, meine Schwester Isador machte gerade in Berkeley ihren Doktor in Architektur. Von beiden hörte ich stets dieselbe Leier. Zieh aus North Carolina weg. Mach, dass du da rauskommst – geradeso, als stünde der Bundesstaat in Flammen. Als würde der Allmächtige dort Feuer regnen lassen wie in Sodom und Gomorra, um die Menschen für all die bösen Taten zu bestrafen, die auf dem Boden der Südstaaten begangen worden waren.

Ich sah das vollkommen anders und fasste meine Haltung in einer simplen Frage zusammen: »Wenn wir alle ›machen, dass wir da rauskommen‹ – wer bleibt dann noch?«

Franklin gab natürlich Anne die Schuld. Angeblich hielt mich nicht mein hochmütiger Wunsch, Gottes Willen zu erfüllen und zwischen Tabakfeldern und Schweineställen seine Schäfchen zu hüten, hier im »Klan-Land« fest, sondern ein hochmütiges, hellhäutiges, reiches Nordstaatenmädchen mit militanter Ausdrucksweise und warmer Muschi, das aus seinem mächtigen Streitwagen herabgestiegen war, um den Süden, den großen, bösen, blutigen Süden, zu missionieren; angeblich hatte sie mich umschmeichelt, gehirngewaschen und unter ihre Fuchtel gebracht, und nun glaubte auch ich, mein Platz sei hier, hier unten in den Schützengräben, wo ich das Evangelium predigte, während sie Sandwiches, Verbandszeug und Munition verteilte und tatsächlich glaubte, es gäbe hier gottverdammt noch mal, wie Franklin es auf seine typisch derbe Weise ausdrückte, etwas zu retten.

In manchen Momenten denke ich, dass Franklin gar nicht so unrecht hat.

Bei Annes Beerdigung versuchte er, sich bei mir zu entschuldigen, nicht mit Worten, sondern so, wie es zwischen Brüdern üblich ist. Er hat nie so getan, als könnte er Anne leiden. Sie merkte es und brauchte nicht so zu tun, als wäre es ihr egal. Doch eigentlich glaube ich, dass nur die Umstände sie zu Gegnern machten. Beide pflegten ihre Feindschaft mit einer gewissen Lust, als spielten sie lediglich Rollen in einem Stück: er der ruppige Große, der kein Blatt vor den Mund nahm und nur das Wohlergehen seines kleinen, schwächeren Bruders im Sinn hatte; sie die starke, schlagfertige Ehefrau, die ebenfalls kein Blatt vor den Mund nahm, fest zu ihren Überzeugungen stand, dem Schwager stets höflich lächelnd entgegentrat, aber keine Einmischung duldete. Manchmal vermutete ich, dass die beiden angesichts ihrer vielen Reibungspunkte ein spektakuläres Paar abgegeben hätten ... vielleicht sogar ein besseres als Anne und ich. Doch nach der Beerdigung stellte er es noch einmal klar: Jetzt, wo sie dich alleingelassen hat, hält dich hier nichts mehr. Jetzt kannst du gehen.

Ich frage mich immer öfter, ob er recht hatte und ob der wahre Grund für meine »Mission« nur meine Angst war.

Anne besaß echten Mut. Sie ließ ihr bequemes Leben in Upstate New York, ihre Familie und ihre Freunde hinter sich, zog in den hinterwäldlerischen, schwülwarmen Süden und setzte sich dafür ein, dass mit dem x-ten Kind schwangere Frauen, die in Trailern ohne fließendes Wasser lebten, im Winter Milch und eine Heizung hatten und dass greise Männer und Frauen genug zu essen und eine Transportmöglichkeit zum Arzt bekamen, oder überhaupt nur einen Arzt.

Anne war nicht romantisch veranlagt, ich schon.

So wie Horace. Und da war noch mehr. Seine verfluchte Neugier ... eine Neugier, die von Herzen kam.

Ich träume ständig von ihm und von jenem Morgen. Immer wieder frage ich mich, ob ich anders hätte reagieren können. Was ich hätte sagen sollen. Wenn nicht an dem Tag, dann davor, lange Zeit davor ... aber das ist wohl nur der Romantiker in mir.

Der Morgen, mein Morgen, beginnt für gewöhnlich mit Überlegungen wie diesen. Mit scharfen, klaren Eindrücken, die mir meine Vergangenheit und Gegenwart verdeutlichen; oder mit anderen Bildern, dunkel und verschwommen, die meine Unentschlossenheit und meinen Zweifel symbolisieren. Normalerweise stehe ich um fünf auf. Nicht dass es mir leichtfallen würde, aber ich mag die frühen Morgenstunden vor der Dämmerung. Der dunkle Wald draußen vor dem Fenster kommt mir fast heilig vor, besonders wenn ein dünner Nebel zwischen den Stämmen steht.

Aber die Aussicht genieße ich erst, nachdem ich ein wenig herumgelaufen bin, ein Glas Orangensaft getrunken, ausgiebig geduscht, mich angezogen und den Kaffee aufgesetzt habe. Ich setze mich auf die Veranda und warte auf die Sonne. Ich analysiere meine Träume von Anne und Horace. Von meiner Großmutter. Es ist, als wäre ich ein Mathematiker, der über die Gleichung des ewigen Lebens nachdenkt. Warum? Wie?

Unser Haus. Als wir es kauften, war es eine seit fünf Jahren leerstehende Ruine am Waldrand, keine vierhundert Meter von dem Ort entfernt, an dem ich aufgewachsen bin. Vorher hatte es den Crums gehört. Josiah Crum (er hatte eine der Greene-Schwestern geheiratet, Virginia) hatte es um 1910 und mit der üblichen Unterstützung der Nachbarn selbst erbaut. Im Laufe der Fünfzigerjahre zogen seine sieben Söhne einer nach dem anderen aus. Josiah starb 1966. Im Jahr 1970 steckten die Söhne Tante Virginia in ein Altersheim, wo sie noch drei Jahre durchhielt. Und dann wurde das Haus erst wieder von einem Menschen betreten, als wir es den Söhnen 1975 abkauften.

Von dem Geld, das wir in die Renovierung investieren mussten, hätten wir mühelos einen Neubau bezahlen können. Aber Anne hatte sich in das Haus verliebt, vor allem in seine Lage; es steht abseits der Straße am Waldrand, am Ende eines schmalen Wegs, der durch ein Sojafeld führt. Sie mochte die umlaufenden Veranden und die uralte Sumpfkiefer im Vorgarten. Sie steckte viel Liebe und Arbeit in den Umbau, strich und schmirgelte, bastelte Blumenkästen und suchte Möbel und Vorhänge aus. Ich war wirklich überrascht, wie mühelos sie die Verwandlung von der radikalen Städterin zur Provinzhausfrau meisterte. Im Nachhinein muss ich sagen, dass alles ein bisschen zu reibungslos vonstatten ging, fast so, als hätte sie ein vorgefertigtes Szenario umgesetzt und sich bis zu ihrem Tod ihren persönlichen Mythos erschaffen. Der Mythos bestimmte über die Anzahl und Art der Orte, an denen sie leben wollte, und ihren gesamten Lebensstil, von ihren Weihnachtsgeschenken bis hin zur Farbe ihrer Badezimmerwände. Für sie gab es keine Oberflächlichkeiten. Sie liebte die Gestaltungsmacht über ihr Leben wirklich. Sie setzte ihr gesellschaftliches Engagement fort, und es fügte sich nahtlos zwischen ihre Fahrten in die Gärtnerei, den Baumarkt und zur Post ein. Es ging ihr bis zur letzten Minute gut. Sie war erfüllt. Manchmal strahlte sie vor Tatendrang. Ihr Leben verlief glatt und war so verdammt idyllisch, dass es mich manchmal verunsicherte.

»Ach, du brauchst nur zu predigen und mit mir zu schlafen«, sagte sie dann. »Gott ist im Himmel, der Kuchen ist im Ofen, und ich muss Mrs Williams zum Sozialamt fahren.« Sie küsste mich flüchtig und schwebte hinaus.

Inzwischen bin ich ganz gut darin, die Uhrzeit am Licht abzulesen; ich weiß immer, wann es Zeit ist, von der Veranda aufzustehen und ins Haus zu gehen. Ich schenke mir noch einen Kaffee ein und gehe ins Arbeitszimmer. Die Uhr zeigt halb sieben an. Anfangs machte das Haus mich unruhig, der Geruch, die Einrichtung – von den gehäkelten Kissenbezügen über den bläulichen Wohnzimmerteppich bis zu den Messern und Gabeln in der Küche. Überall Anne, seit drei Jahren. Voll und ganz Anne. Als könnte sie jeden Augenblick hereinkommen, geschäftig und voller neuer Ideen, im Mund ein Stück Brot, im Haar einen Bleistift und in der Hand eine Liste. Manchmal denke ich, ich sollte die Zimmer umdekorieren, neue Möbel anschaffen, die Wände in einer anderen Farbe streichen … oder einfach ausziehen. An dem Punkt höre ich normalerweise auf zu denken.

Ich richte meine Aufmerksamkeit auf die Sonntagspredigt. Es gab einmal eine Zeit, als ich meine Sonntagspredigten am Samstagabend schrieb. Ich hatte nie den Eindruck, dass die Gemeinde einen Unterschied bemerkte – ich war geübt darin, am Samstagabend eine ziemlich gute Predigt zusammenzuschustern. Aber *ich* bemerkte einen Unterschied. Jetzt ist es, als wollte ich die Predigt schreiben, die ich selbst gern hören würde. Keine perfekte Predigt, sondern eine, die perfekt zu mir passt.

Ich blättere in der Bibel, lese, mache mir Notizen, fertige einen Entwurf an. Ich verbiete mir alle Gedanken an die Gegenwart, an die jüngere Vergangenheit oder an die ungewisse Zukunft. Ich denke nur an Gott und sein Wort.

Auf dem morgendlichen Weg zur Arbeit schaue ich meistens bei Tante Ruth vorbei. Normalerweise ist sie schon wach und sitzt auf der Veranda. Wir unterhalten uns kurz.

Für gewöhnlich bin ich um halb acht in der Schule, noch vor den Lehrern. Nur Mrs Just ist meistens schon da; das verräterische Klacken ihrer Schreibmaschine hallt durch die leeren Flure.

Nach und nach trudeln die Lehrkräfte ein, und die Kinder, und dann kann der Tag offiziell beginnen. Ich drehe meine übliche Morgenrunde und teile dabei die obligatorischen Tadel und Verwarnungen aus. Die Lehrer kommen zu mir, um Themen wie Unterrichtsdisziplin, Sachleistungen und Beurlaubungen zu besprechen. Ich lese die wöchentlichen, zweiwöchentlichen und vierteljährlichen Schulprotokolle, füge meine Korrekturen ein und lasse sie abtippen. Ich empfange den Schulaufseher des County, den stellvertretenden Superintendenten und einen Vertreter der Bildungsbehörde. Ich telefoniere mit dem Vorsitzenden des Elternbeirats und erkläre ihm, warum die Schulleitung keine zusätzlichen Abendveranstaltungen erlaubt. Ich treffe mich mit dem Leiter der Schulkapelle, um Beschwerden über einzelne Lehrer nachzugehen und den Zustand der Instrumente zu prüfen. Ich höre mir die Klagen des Cafeteriapersonals über verspätete Lieferungen an, über Lehrer, die glauben, sie könnten sich einfach einen Nachschlag nehmen, und über die zu kurzen Pausen zwischen den einzelnen Klassen. Ich gebe dem Hausmeister Mr Thomas eine Liste aller Mängel, die in dieser Woche behoben werden müssen, von kaputten Fensterrahmen über verstopfte Toiletten bis hin zu durchgebrannten Glühbirnen; ich treffe unseren Coach und wir besprechen die Aufstellung des Basketball- und Footballteams für die kommende Saison und seine Ausrüstungswünsche; ich verfasse Briefe an Eltern, deren Kinder schlecht mitarbeiten, und Empfehlungsschreiben für Ehemalige ...

Wenn der letzte Lehrer davongefahren ist, Mrs Just die Abdeckung über die Schreibmaschine gestülpt und die Schule verlassen und der Hausmeister den Kopf zur Tür hereingesteckt hat (»Schönen Tag noch, Mr Greene«), sitze ich am Schreibtisch und schreibe noch immer Briefe. Irgendwann treibt der Hunger mich dazu, den Stift fallen zu lassen, nachzusehen, ob alles abgeschlossen ist, und mich auf den Heimweg zu machen.

Zu der Tageszeit denke ich oft über die Ironie meiner Stellung nach. Ich bin der erste Schwarze Direktor der Einrichtung, und der erste Schwarze Integrationsschulleiter im gesamten County. Folglich finde ich es ein bisschen ironisch, dass das Gebäude an eine alte Plantage erinnert, an einen aufgeblasenen Südstaatentraum mit roter Backsteinfassade, weißen Säulen unter einem breiten Verandadach, einer symmetrischen Fassade und hohen, weißgerahmten Fenstern, einer weitläufigen, leicht abschüssigen Rasenfläche, die sich majestätisch bis an die Straße erstreckt, und langen Reihen aus kegelförmigen Zypressen, die die Auffahrt bis an die hohen, schweren Eingangstüren säumen. Das Gebäude, diese gefängnishaft anmutende Stätte des Lernens, ist keine sechzig Jahre alt, wirkt in mancher Hinsicht aber sehr viel älter – überall Spinnweben,

Risse im Putz und durchhängende Balken. Und ich bin der Herr des Ganzen, denke ich bei mir, während ich von Klassenraum zu Klassenraum gehe und mich vergewissere, dass kein Fenster offen steht.

Doch das Triumphgefühl verlässt mich, sobald ich um die Schule herumgehe und auf dem Rasen mit dem aufgemalten Baseballfeld stehe, der als Pausenhof und Sportplatz dient. Ich sehe den Wald dahinter und werde traurig ... ich rufe mir die Szene nie bewusst in Erinnerung, ich starre auch nicht hinüber, aber ich weiß, wenn ich hinschaue, ist sie da. Es reicht, den Wald zu sehen, den Ort des Geschehens. Manchmal erscheint er mir kalt und unbegreiflich, wie ein Schauplatz des Unkontrollierbaren. Wenn ich hineinsehe, erkenne ich Vergeblichkeit und Verschwendung, als wäre selbst die Luft dort schal und faulig. Meistens stehe ich einfach nur da.

Deprimiert drehe ich mich zum Gehen um, und manchmal glaube ich, die Stimmen der Kinder zu hören, die viele Kilometer von hier in ihrem Zuhause am Tisch sitzen, den Eltern von ihrem Schultag berichten und dabei Hühnchen und Erbsen zerkauen.

Ort: Der Schulhof hinter der Tims Creek Elementary School.
Zeit: 30. April 1984, 7:05 Uhr

Über den Bäumen im Osten geht die Sonne auf. Das Licht glitzert auf dem taunassen Gras. JIMMY *steht am Rand einer langgezogenen Rasenfläche hinter einem großen, roten Backsteingebäude mit weißen Fensterrahmen. Auf der anderen Seite, am Waldrand, geht* HORACE. *Er trägt einen langen, marineblauen Wollmantel und nichts darunter, keine Hose, keine Schuhe und kein Hemd. Der Mantel ist nicht zugeknöpft.* HORACE *hat ein Gewehr dabei. Er winkt* JIMMY *heran.* JIMMY *zögert zunächst, geht dann aber langsam auf* HORACE *zu.* HORACE *kommt* JIMMY *entgegen, ein eigenartiges, fast clowneskes Lächeln im Gesicht.*

JIMMY (*verwirrt*): Horace? Was ... Was tust du hier? Was hast du an? Was willst du mit Onkel Zekes Gewehr? Ist dir klar, dass du dir Tuberkulose holen kannst, wenn du hier so halbnackt rumläufst? Hast du den Verstand verloren?
HORACE (*richtet die Waffe auf* JIMMY): Ja, ich glaube ... er hat den Verstand verloren. An mich!
JIMMY (*verärgert*): Was ist mit deinem Gesicht passiert? Horace, ist das ein Spiel?
HORACE (*lächelnd*): Leider nicht, kleiner Prediger.
JIMMY: Horace, ich finde ...
HORACE: Nur zur Info, Chef. Erstens: Mein Name ist nicht Horace. Zweitens: Mir ganz egal, was du findest.
JIMMY (*erst zögerlich, dann spöttisch*): Ach nein? Wie lautet denn Ihr Name ... Sir?
HORACE: Das wüsstest du wohl gern.
JIMMY (*hält ungläubig inne*): Horace, ich bin jetzt wirklich nicht in der Stimmung für so was. Treib es nicht zu weit. Würdest du mir bitte erklären ...
HORACE: Nein. Ich werde dir gar nichts erklären, Kumpel.
JIMMY: Horace! Verdammt noch mal!
HORACE: Ah-ah-ah. Horace ist nicht zu Hause.
(Sie stehen minutenlang da. JIMMY *kneift die Augen zusammen, als suche er nach einer Erklärung für diesen seltsamen Auftritt. Schließlich schüttelt er den Kopf und wendet sich achselzuckend ab.)*
JIMMY: Okay, Horace. Mach, was du willst. Wenn du den Häuptling der Apachen geben willst oder was auch immer, dann nur zu; du kannst gern weiter Theater spielen und

unhöflich sein und so tun, als würdest du mich nicht verstehen, aber ich ...

(HORACE *läuft um* JIMMY *herum.* HORACE *richtet die Waffe auf* JIMMYS *Gesicht.*)

HORACE: Nein, kleiner Prediger. (*Pause.*) Komm mit in den Wald.

JIMMY (*zischelnd*): Bist du verrückt geworden?

HORACE (*lächelnd*): Mehr als das, mein Lieber. Man könnte sagen, verrückt ist ein zu schwaches Wort für das, was ich bin.

(HORACE *zeigt mit dem Gewehr in den Wald.* JIMMY *stößt den Lauf wütend beiseite und will weitergehen.* HORACE *rammt* JIMMY *das Gewehr in den Bauch.* JIMMY *krümmt sich und fällt auf die Knie.*)

JIMMY (*um Atem ringend*): Ich bringe dich um.

HORACE: Leere Versprechungen. Steh auf.

JIMMY: Horace, was soll das? Der Spaß ist vorbei. Okay?

HORACE (*gereizt*): Steh auf, Prediger. Los.

(HORACE *zieht* JIMMY *am Jackenkragen hoch.*)

HORACE: Hör zu, mein Lieber. Erstens, mein Name ist nicht Horace. Okay? Horace kommt nicht zurück. Zweitens bin ich es gewohnt, meinen Willen zu kriegen. Wenn ich also sage: geh, dann gehst du.

(JIMMY *und* HORACE *starren einander lange an.* JIMMY *wird sichtlich nervös, weil er merkt, dass* HORACE *es ernst meint.* HORACE *tritt einen Schritt zurück und zeigt wieder in den Wald.* JIMMY *setzt sich nach einigem Zögern in Bewegung.*)

JIMMY: Wenn du nicht Horace bist, wer bist du dann?

HORACE (*lacht*): Nun, Legion heiße ich nicht, denn wir sind nicht viele. Aber sicher weißt du es auch so, Prediger.

(JIMMY *dreht sich abrupt um und sieht* HORACE *an. Aus seinem Blick spricht Wut und Ungläubigkeit.*)

JIMMY: Oh, komm schon, Horace. Wenn du glaubst, ich

würde auf diesen Besessenen-Schwachsinn reinfallen, hast du dich geirrt. Ich weiß nicht, was du vorhast, junger Mann, aber was immer du angestellt hast – die Sache dem Teufel in die Schuhe zu schieben, wird nicht funktionieren.
(HORACE *hebt die Waffe. Sein Blick ist ruhig und gelassen. Er spannt den Abzug, die Mündung des Gewehrlaufs ist keine fünf Zentimeter mehr von* JIMMYS *Kopf entfernt.*)
HORACE: Predige ruhig weiter. Oder du machst, was ich sage. Denn wenn du mir weiter auf die Nerven gehst, blase ich dir das Hirn raus. So einfach ist das. Hast du mich verstanden, Prediger?
(JIMMYS *Augen werden weit vor Entsetzen. Er schluckt.*)
JIMMY: Ich soll glauben, mein Cousin wäre besessen? Von einem Dämon?
HORACE: Ja. So was in der Art.

Für mich allein bereite ich keine aufwendigen Mahlzeiten zu. Nicht selten esse ich abends einfach aus der Dose. Wenn ich keine weiteren Termine habe, keine Diakoniesitzung, keinen Gebetskreis, keine Seelsorge und keine Kuratoriumssitzung, versuche ich zu lesen. Augustinus und Erasmus lese ich immer noch gern. Manchmal auch Freud, Jung oder Foucault. Schwarze Geschichte: Franklin, Quarles, Fanon. Gelegentlich Belletristik. Meistens döse ich nach spätestens neunzig Minuten ein, nur um gegen elf wieder aufzuwachen und mir die Spätnachrichten anzusehen. Danach geht es zurück ins Bett, anscheinend der Hauptgrund dafür, am Morgen überhaupt aufgestanden zu sein.

8. Dezember 1985 • 9:30 Uhr

Hoch oben spannte sich der weißgraue, trostlose Winterhimmel auf wie die Hand Gottes, fern und weit, während das Gebläse unter mechanischem Dröhnen und Rauschen den Neuwagengeruch von Kunststoff, Metall und Gummi im Innenraum verströmte. Ezekiel Cross saß stumm da und beobachtete die vorbeiziehende Landschaft. Er rieb sich die kalten Hände, hielt sie vor die Lüftungsschlitze und pustete darauf, aber es half nichts. Gott, werden diese Hände denn niemals warm? Anscheinend ist jeder neue Wintertag eine Plage für diesen Körper. Die Gelenke klemmen, der Rücken tut höllisch weh und der Körper wärmt ums Verrecken nicht auf.

Der Weg nach Fayetteville ist ziemlich leicht zu finden. Man nimmt den Highway 50 in nördlicher Richtung bis nach Warsaw, wechselt dann auf den Highway 24 durch Clinton und weiter bis nach Fayetteville. In Fayetteville, erinnerte er sich, musste man gleich links abbiegen (in eine Straße, deren Namen er, falls er ihn je gekannt hatte, nicht mehr wusste), und so kam man direkt zum Veteranenkrankenhaus, wo sein Cousin Asa Cross im Krankenbett lag. Anscheinend hat der Krebs es auf uns alle abgesehen. Ich erinnere mich noch an eine Zeit, als es das Wort Krebs nicht gab, zumindest nicht meines Wissens. Die Leute sind einfach gestorben. Er musste daran denken, dass allein im letzten Jahr sechs Einwohner von Tims Creek gestorben waren, fünf davon an Krebs. Alle waren in seinem Alter gewesen oder jünger. Emma Frazier zum Beispiel – sie wurde achtundsiebzig. Oder nicht? Mal nachdenken, ich glaube, sie wurde 1906 geboren, ja, das kommt hin, sie war sechs Jahre jünger als ich. Und dann noch Carl Jones, der wurde nicht älter als neunundfünfzig, und auch ...

»Ich glaube, wir sollten tanken. Sam Pickett sagt, das ist die billigste Tankstelle zwischen hier und Fayetteville.«

Jimmy fuhr rechts ab und auf das Tankstellengelände mit dem hohen Sunoco-Schild, das sich eigentlich hätte drehen sollen, jedoch still stand. Wenn ich so drüber nachdenke, habe ich schon länger kein Tankstellenschild mehr gesehen, das sich dreht. Vielleicht wollen die Energie sparen?

»Braucht ihr irgendwas?« Jimmy sah Zeke und Ruth an und setzte die »Ich-bin-ein-Prediger«-Miene auf, die ihm seine Großmutter Jonnie Mae beigebracht hatte.

»Neeeeee«, machte Ruth, mehr Singsang als Wort, und dabei sah sie aus dem Fenster und rutschte ungeduldig herum. Zeke ahnte es jetzt schon, heute konnten sie sich auf ein Donnerwetter von dem Weibsbild gefasst machen.

»Nein, vielen Dank, Jim«, sagte er betont fröhlich, wie um seiner mürrischen Schwägerin etwas entgegenzusetzen. Seine Hände schmerzten noch immer vor Kälte. Er spürte einen Krampf in den Fingern und zuckte zusammen.

Jimmy stieg aus und tankte bleifrei. Vom Beifahrersitz aus konnte Zeke das Zischeln und Klicken des Zapfhahns hören, und das Spritzen und Schwappen des Benzins. Hinter dem Oldsmobile hielt ein grauer Pick-up, am Steuer ein Weißer, den Zeke noch nie gesehen hatte. Zeke reckte den Hals und warf einen Blick in den Rückspiegel, konnte aber kein Nummernschild erkennen. Ruth gab wieder ein ungeduldiges Schnalzen von sich.

»Was suchst du?«, fragte sie.

»Ich will nur mal sehen, wer das ist.«

»Musst du jeden Tom, Dick oder Peter, der aufkreuzt, kennen?«

»Ruth, sag, geht's dir nicht gut heute?«
»Doch, mir geht's gut. Warum fragst du? Sehe ich nicht gut aus? Geht's dir nicht gut? Grundgütiger, ich …«
»Ruth. Ruth! Tut mir leid, ich hab ja nur gefragt. War nicht böse gemeint.«

Sie stieß ein leises »Tse« aus und verlagerte abermals das Gewicht, wie eine Henne auf dem Ei. Er konnte ihr Gesicht im Rückspiegel sehen, gerunzelt und angespannt: böse – was macht diese Frau so böse? Ich an Jethros Stelle hätte auch gesoffen. So viel schlechte Laune kann kein Mann ertragen. Nach einer Weile muss man sie ausblenden … wieder schoss ein Schmerz durch seine Hand.

Nachdem Jimmy bezahlt hatte, stieg er wieder ins Auto und sie setzten die Reise fort. Im Laufe des Tages würden sie durch eine ganze Reihe von kleineren Städten und Siedlungen kommen, Dörfer und Gemeinden mit Namen wie Hankensville, Turkey, Bull Rush, Vander oder Roseboro. Doch meistens würden sie nur die Felder sehen, die sich kilometerweit zu beiden Seiten der Straße erstreckten, und Bäume, hohe Nutzwälder, hauptsächlich aus Kiefern. Was ihn dazu anregte, über Straßen nachzudenken. Er erinnerte sich. Früher waren sie ganz ohne befestigte Straßen ausgekommen, sie hatten nichts gehabt als Feldwege und Trampelpfade. Natürlich hatte es zwischen Fayetteville und Wilmington diese Holzplankenpiste gegeben, aber verflixt, da fuhr man doch lieber mit dem Zug, als über hundert Kilometer auf einem Maultierkarren zu hocken. Heutzutage fahren die Leute Auto, als wäre es das Selbstverständlichste von der Welt. Springen mal kurz ins Auto und fahren hierhin und dorthin, ohne sich je zu fragen, wie die Leute sich vor dem Au-to-mo-bil fortbewegt haben. Ich erinnere mich an das erste Auto, das ich je gesehen habe, einen Ford Model A. Der alte Geoffrey Hodder hatte sich einen gekauft, der weit und breit einzige Mann im ganzen County mit so viel Geld wie Ben Henry, der Halunke. Eines Tages war er damit durch Tims Creek gefahren, das Ding hat gespotzt und geknallt und mehr Staub aufgewirbelt als ein Pferd nach einem Schlangenbiss. Vor Henrys Gemischtwarenladen hat er angehalten, und alle Schwarzen und alle Weißen sind rausgelaufen, um einen Blick drauf zu werfen. Alle bis auf den alten Henry, der blieb einfach im Laden sitzen und guckte aus dem Fenster und tat so, als wär es ihm egal. Höllisch neidisch war der. Und ich glaube, so was Verrücktes wie damals hab ich nie wieder gesehen – wahrscheinlich erklärt das, wieso die Weißen so verdammt reich sind – man ahnt es nicht, aber Geoffrey Hodder hat die Leute doch tatsächlich rumkutschiert, Weiße und Schwarze, für einen Penny pro Kopf – ein Penny war damals ganz schön viel Geld – einmal die Straße runter und zurück – immer drei oder vier auf einmal. Und die Leute sind durchgedreht, es war wie auf dem Jahrmarkt. Sie waren in der Stadt, um einzukaufen – ich glaube, es war an einem Samstag, sonst wären nicht so viele Leute da gewesen – andererseits war der Samstag früher ein ganz normaler Werktag –, jedenfalls kamen immer noch mehr dazu, und die, die schon da waren, gingen nicht weg. Nur der alte Henry war stinksauer, weil er sich bloßgestellt fühlte, wo er nicht der Erste mit einem Automobil war und so weiter, dabei hat er genauso einen Reibach gemacht, die Leute haben gekauft wie blöd, die haben ihm die Sachen aus den Händen gerissen, sogar seine abgestandene saure Limonade, ungenießbar das Zeug, die anderen mussten es auch schrecklich gefunden haben, aber es war nun mal das einzige kalte Getränk, und weit und breit keine Wasserpumpe – es muss im Sommer gewesen sein, kurz vor der Tabakernte, ich weiß nämlich noch, dass Tante Sally Besuch von Tante Viola aus Wilmington hatte, sie waren gerade erst angekommen und schauten beim alten Henry vorbei, weil ich, bevor Papas Tabak reif für die Ernte war, in seinem Laden aushalf.

Ja, ich weiß das noch ganz genau, denn es gab auch einen Streit. Cyrus Johns und der alte Cicero Edmunds waren beide verrückt nach Amy Williams, die Kleine war eigentlich viel zu jung für zwei erwachsene Männer, aber ihre Familie war so arm, dass ihre Mutter versucht hat, sie loszuwerden und mit dem erstbesten Kerl zu verheiraten, der sie haben wollte. Aber vom Heiraten hatte das Mädchen gar keine Ahnung. Wenn sie wollten, konnten die Kerle sich ganz schön aufplustern. Cyrus war größer als Cicero, aber Cicero war breit und stark wie ein Maultier, und soweit ich mich erinnere, war Cyrus ebenfalls kein Schwächling. Cicero hatte also die Idee, Amys Fahrt zu bezahlen und sich gleich neben sie auf die Rückbank zu setzen, er hatte aber ganz vergessen, Cyrus zu fragen, was der von dem Arrangement hielt – und nein, er hielt davon nicht viel. Mein Gott, ich sehe die zwei noch vor mir (beide sind längst gestorben – Amy auch – am Ende haben alle drei jemand anderes geheiratet, obwohl mir irgendwer erzählt hat, und ich weiß nicht, ob ich es glauben soll oder nicht, dass sie später von jedem der Kerle ein Kind bekommen hat, weil ihr Mann nicht so dickköpfig war wie die beiden), und drum herum eine Staubwolke und spritzendes Blut, es sind sogar Stofffetzen geflogen – die Kleine war nur am Hopsen und Schreien: Aufhören! Sofort aufhören! Bitte, hört auf! Nun tu doch einer was, bitte! Aber natürlich war niemand dumm genug, sich da einzumischen, stattdessen haben die Männer – nein, Moment, soweit ich mich erinnere, waren da auch Frauen dabei – jedenfalls haben die Leute kleine Wetten abgeschlossen und Geld drauf gesetzt, wer die Schlägerei wohl gewinnt. Das ging eine ganze Weile so und hat das Fahrgeschäft vom alten Geoffrey natürlich erheblich behindert. Ja, aber es war sehr unterhaltsam. Die beiden Jungs waren groß und stark wie Ochsen und hätten bis zum Sonnenuntergang gekämpft, aber dann kam die alte Miss Lystra Edmunds, Ciceros Mutter, und die war genauso groß und Schwarz und stark wie ihr Sohn und schnappte sich eine Bohnenstange – wahrscheinlich war sie zum Laden gekommen, um mal nachzusehen, was das Geschrei und Gezeter und der Staub sollten, und da hat sie ihren Jungen mitten in der Schlägerei entdeckt – jedenfalls hat sie eine Bohnenstange genommen und ihm mit aller Kraft auf den Kopf geschlagen – und eins sag ich, das war mal eine wütende Schwarze Frau – mit der einen Hand hat sie ihn geschlagen und mit der anderen hat sie ihre Röcke gerafft, sie hat ihn gejagt und ließ sich nicht abschütteln, sie hat ihm immer wieder auf den Kopf geschlagen und gerufen: Liebst du den Herrn Jesus? Liebst du den Herrn Jesus? Hm? Tja, hoffentlich, denn ich werde dafür sorgen, dass du ihn heute noch zu sehen bekommst ...

»... Radio einschalte?«

»Hm? Was hast du gesagt, Jim?«

»Ich sagte: ›Stört es dich, wenn ich das Radio einschalte?‹«

»Junge, verflixt noch mal, es ist dein Auto. Du kannst einschalten, was du willst.«

»Dich, Tante Ruth?«

Zeke murmelte: »Meine Güte, wozu fragst du sie?«

»Was hast du gesagt, Ezekiel Cross?«

»Nichts, Ruth. Ich habe kein Wort gesagt.«

»Pff. Nein. Nein, Junge. Mir ist egal, was du machst«, sagte sie und sah aus dem Fenster. »Dreh es nur nicht zu laut auf. Meine Ohren können den Lärm nicht ertragen. Ich verstehe nicht, was ihr alle an ...«

»Nun, dann lasse ich es lieber ...«

»Nein, nein, schalt es ruhig ein, Junge. Nur nicht zu laut, das ist alles. Mehr verlange ich nicht auf dieser Welt.«

Unglücklich legte Jimmy den Schalter um, und aus den Lautsprechern dröhnte ein jaulendes Gitarrenriff wie eine Rakete, und dazu brüllte eine heisere, irre Stimme Töne, als wäre der Sänger – oder die Sängerin? – oben auf der Rakete und auf dem Weg zur Venus. Zeke fuhr zusammen.

»Also, Jim ...«, sagte Ruth.

»Tut mir leid, Tante Ruth.« Hastig drehte Jimmy das Radio leiser, dann suchte er einen anderen Sender. Dionne Warwicks seidenweiches Säuseln: *Walk on by. Walk on by, foolish pride. That's all that I have left so ...*

Seine Hände fühlten sich schon ein bisschen wärmer an, aber wieder schoss der Schmerz hindurch. Arthritis oder Rheuma, keine Ahnung, wo da der Unterschied ist. Schmerz ist Schmerz. Wenn die Leute sagen, sie wollen ewig leben, denken sie nicht dran, dass der Körper altert und irgendwann aufgibt. Dieser hier hält schon seit fast vierundachtzig Jahren durch. Vierundachtzig Jahre. Vierundachtzig ...

Für ihn war die Musik aus dem Radio tröstlich. Er mochte dieses Gesäusel, aber es gab nichts Besseres als ein gutes Kirchenlied. Er dachte an seinen Vater und wie gern der immer gesungen hatte. Er stellte sich seinen Vater praktisch immer nur singend vor. Papa hatte einen von diesen sehr tiefen Bässen. Ich glaube, wir waren beide enttäuscht, weil meine Stimme nicht ganz so tief war wie seine. Am liebsten machte er den Vorsänger, egal ob im Gebetskreis, bei Beerdigungen, im Gottesdienst oder auf dem Feld:

> *What have I to dread,*
> *What have I to fear,*
> *Leaning on the everlasting arms?*

I have blessed peace
With my Lord so near,
Leaning on the everlasting arms.

Der alte Thomas Cross war der zweite Vorsitzende des Diakonierates der First Baptist Church von Tims Creek gewesen, sein Vater Ezra – der Legende nach hatte die Familie Cross ihm in den 1870er Jahren, als die Sklaverei abgeschafft war, riesige Ländereien geschenkt – der erste. Er hatte sogar das Grundstück gestiftet, auf dem die Kirche steht. (Die Leute behaupten immer, wir hätten nur deshalb so viel Land, weil wir früher der Familie Cross gehörten, und die besaß im achtzehnten Jahrhundert fast halb North Carolina. Aber die Wahrheit ist, dass das meiste davon, tatsächlich eine beträchtliche Fläche, einem Mann, der Tausende und Abertausende Morgen Land besitzt, so viel Land, dass er selbst nicht einmal ein Fünftel davon mit eigenen Augen gesehen hat, nichts bedeutet. In den Dreißigerjahren haben wir natürlich fast drei Drittel davon verloren. Was wir heute besitzen, haben wir uns hart erarbeitet. Uns hat niemand was geschenkt.) Grandpa war bei der Emanzipationsproklamation höchstens dreizehn, denn früher hat er immer Geschichten davon erzählt, wie er als Junge auf dem Anwesen rumlief, als Lincoln in Crosstown war, um Geoffrey Cross zu treffen, weil der vor dem Bürgerkrieg Senator von North Carolina gewesen war. Angeblich hat er – wahrscheinlich hat er alles Mögliche dazuerfunden, egal ob die Geschichte nun wahr ist oder nicht – durch ein Fenster der großen Villa gespäht und Lincoln und den alten Geoffrey beim Zigarrerauchen und Pokern gesehen. Aber Grandpa war ein guter Geschichtenerzähler. Er erzählte die besten Lügen, die ich je aus dem Mund eines Mannes gehört habe, und nie musste er dabei lachen. Er erzählte uns, wie er nach Afrika und nach Europa und in alle Überseegebiete gesegelt war, und überall war es gleich schön, er erzählte von Bergen und grünen Hügeln und Kokospalmen am Strand, die Giraffen steckten die Köpfe durch, und da waren auch wilde Kannibalen mit Kleidern aus Menschenhaaren. Er erzählte von Fahrten auf dem Mississippi und Kämpfen mit Wilden und wie er in Kanada auf die Jagd gegangen war und einen Bären mit seinem Anglermesser hatte töten müssen ... und wir saßen mit offenem Mund da und glaubten ihm jedes Wort, obwohl wir natürlich wussten, dass Grandpa nicht weiter südlich als bis nach Wilmington gekommen war, und nicht weiter westlich als bis Fayetteville und nicht weiter nördlich als Raleigh, und auch das erst mit sechzig, frühestens ...

Dionne Warwicks Gesang ging in einen Song von James Taylor über: *Just yesterday morning they let me know you were gone* ... Der Klang der Gitarre weckte etwas Vertrautes in ihm, das sanfte Schrammeln, der entspannte Rhythmus. Er summte um des Summens willen, es hatte nichts mit der Melodie aus dem Radio zu tun, gar nichts, er versuchte gar nicht erst, die Töne zu treffen. Als er nach dem Tod seines Vaters Oberdiakon geworden war, hatte er es als seine Hauptaufgabe betrachtet, die Gemeinde durch den Gesang zu führen. Aber seine Lieder klangen anders als die seines Vaters, mehr nach gebratenem Fisch, Maisbrot und ... einem Schuss Maisschnaps. Die Lieder seines Vaters waren wie die Oktoberernte gewesen, wie Schweiß im August, ein bisschen traurig, ein bisschen tröstlich, eine wohltemperierte Freude. Eine Zeitlang hatte der Unterschied ihn beunruhigt, er hatte bis spät in den Abend dagesessen und darüber nachgedacht. Nicht weil sein Singen anders war, sondern weil er am Ende nicht war wie er, nicht genau wie er. Damit hatte er sich nur schwer abfinden können. Gleichzeitig hatte es ihn auf eine seltsame Weise erleichtert.

Thomas Cross war ein ernster Mann gewesen. Seine Augen – Zeke sah sie bis heute vor sich – hatten geleuchtet wie die eines wilden Tieres. Anscheinend konnten sie mehr aufnehmen als die Augen der anderen Menschen. Er sah die Leute nicht an, sondern in sie hinein, er sah einfach alles, und für ihn war es ganz selbstverständlich. Man hatte das Gefühl, dass man vor diesem Mann keine Geheimnisse haben konnte, unweigerlich schien sein Blick dorthin zu wandern, wo man seine übelsten Geheimnisse versteckte, und das Schlimme war, dass man nie wusste, ob er das, was er sah, guthieß, verachtete oder liebte ... bei ihm konnte man es einfach nie wissen. Nie. Manchmal hat er mich zu Tode erschreckt. Ich war gerade dabei, Holz zu hacken, einen Zaun zu reparieren oder die Schweine zu füttern, und wenn ich mich umdrehte, stand er da und sah direkt in meine Gedanken hinein, ich schwöre, er war wie der Teufel ... Manchmal habe ich vor Schreck aufgeschrien. Aber so war er nun mal. Schweigsam wie ein Häuptling. Er redete nicht viel und schlich sich an ... na ja, er ist natürlich nicht wirklich geschlichen, es war eher so, dass er sehr flink war. Man drehte sich um, und da stand er; man blinzelte einmal, und er war wieder weg. Früher hat Horace manchmal nach ihm gefragt, aber ich wusste nicht, was ich über ihn sagen sollte, außer dass er ein großer, starker, fleißiger Christ war, der ein rechtschaffenes Leben geführt hat, aber heute würde ich dem Jungen wahrscheinlich von diesen Augen erzählen, von dem Schleichen und davon, dass ich so sein wollte wie er ... damals. Ja, ehrlich. Ich habe versucht, ihn nachzuahmen – seine Haltung, seinen Gang, seine Sprechweise, ich habe sogar meine Stimme verstellt, damit sie tiefer und dunkler klang. Ich frage mich, ob er es je bemerkt hat.

Die Musik im Radio wurde ausgeblendet, und ein Moderator, ein Weißer, erzählte laut und überdreht von einem neuen

Kinofilm. Der hundertfünfzigste Anrufer konnte zwei Freikarten gewinnen. Zeke ärgerte sich, hörte nicht mehr zu und betrachtete die vorbeifliegenden Häuser: alte Holzhütten mit abblätterndem Anstrich, Neubauten aus Ziegeln mit leuchtend weißen Rahmen und Dächern wie aus Lebkuchen, Häuser mit strahlend weißer Verkleidung, rötliche Holzhäuser, quadratische, längliche, zweigeschossige Häuser, Häuser auf Hügeln und in Tälern, hübsche Häuser, hässliche Häuser ...
Ich weiß nicht mehr, ob Papa mich während des Hausbaus beachtet hat. Ich kann damals nicht älter als vierzehn gewesen sein, ein bisschen jünger als Horace. Ich, Papa und Jonnie Mae – Gott, sie war höchstens elf oder zwölf – mussten eine Woche im Zelt schlafen. Ich versuchte mehr denn je, zu sein wie er, oder vielleicht wurde es mir da zum ersten Mal bewusst. Miss Edna und die beiden anderen Kinder waren in Burgaw. Alle Nachbarn aus Tims Creek waren gekommen, um beim Fundament zu helfen – der alte Fred Wilson und Papa gossen es zusammen mit Papas Brüdern Louis und Frank und William Chasten und einer ganzen Menge anderer Leute –, und auch beim Schornstein. Damals waren die Leute viel hilfsbereiter als heute. Ich glaube, wenn heute jemand ein Haus selbst bauen wollte, würde er ziemlich allein dastehen. Der alte Herman Williams hatte uns das Holz billig besorgt, und die Fensterrahmen aus Zeder – heute müsste man für echtes Zedernholz wahrscheinlich ein Vermögen ausgeben – wurden extra aus Thomasville geliefert. Papa hat drauf bestanden, er hat gesagt, die Rahmen würden länger halten als das Haus, vielleicht sogar länger als der Schornstein.

Und es ging sogar ziemlich schnell. Fast jeder der Männer kannte sich mit Holz aus, also war alles ruckzuck aufgebaut. Und sobald das Gerüst stand, zogen Papa, Jonnie Mae und ich aus dem Zelt ins Haus um. Ein komisches Gefühl, zwischen Balken und Brettern zu schlafen und weder Wände noch ein Dach über dem Kopf zu haben. Kam mir vor wie ein Witz oder wie wenn man aus einem Traum aufwacht. Man öffnet die Augen und sieht seinen Vater hier Maß nehmen oder dort herumstehen. Zum Schluss wurde das Dach aufgesetzt, und danach war nicht mehr viel zu tun. Alle übrigen Arbeiten wollte Papa selbst erledigen, aber in so einem Haus gibt es natürlich immer was zu tun. Irgendwie hat er den Rest seines Lebens damit verbracht, die Sache zu Ende zu bringen.

»… die Tochter von Ida Mae?«

»Nein, Ma'am, habe ich nicht. Was ist denn mit ihr?« Durch den Rückspiegel warf Jimmy einen Blick auf Ruth.

»Keine Ahnung«, sagte sie. »Henrietta hat es mir heute Morgen am Telefon erzählt. Angeblich das, was sie schon mal hatte. Ich wette, sie ist wieder schwanger. Dieses Flittchen. Hat schon ein Kind und ist noch nicht mal mit der Schule fertig. Geschieht ihr nur recht, dass ihr ständig übel ist.«

»Tante Ruth!«, sagte Jimmy. Sein Tonfall verriet, dass er zu dem Thema nicht mehr sagen konnte oder wollte und dass sie es gut sein lassen sollte. Zeke gefiel Ruths Art nicht, aber noch weniger gefiel ihm Jimmys Angewohnheit, Ruth gegenüber in die Kinderrolle zu fallen. Eins habe ich von Papa gelernt: vor niemandem zu kuschen. Mein Sam hat es damit natürlich übertrieben, aber mein Enkel Horace … Meine Güte, er war wie Jimmy. Still. Höflich. Ist ja in Ordnung, wenn einer still ist, Papa war auch still. Und höflich, er war genauso ein Gentleman wie jeder andere auch. Mit einem Unterschied, er – da, er tat es schon wieder und erklärte seinen Vater zum Maß aller Dinge. Hatte er denn nicht längst seinen Frieden damit geschlossen, dass er nicht Thomas Cross war? Dass Ezekiel Cross zu sein in Ordnung war, absolut in Ordnung?

Aber Horace' Vater – ja, Sammy war ganz anders. Er war clever, und er hat seine Klugheit eingesetzt. Er war so verschlagen wie eine Katze. Hat sich kein bisschen für Bücher interessiert. Nein, was ihm gefiel, hatte zwei Beine, einen strammen Hintern und eine hübsche Pflaume. Er war verrückter nach den Weibern als jeder andere. Ich habe mir zu meiner Zeit auch die Hörner abgestoßen, und ich schäme mich nicht, es zuzugeben ... aber irgendwann war es damit vorbei, dem Herrn Jesus sei Dank. Doch Sammy ... Sammy. Sammy. Sammy. Sammy. Ich vermisse den Jungen. Ich vermisse seine große Klappe. Hat mich immer zum Lachen gebracht. Pa, hast du dich je gefragt, warum ein Schwarzer arm bleiben muss? Junge, lass mich in Ruhe mit deinem Quatsch. Weil er, wenn er reich wäre, weiß sein müsste, sonst würden die ihn umbringen. Sammy, hochgewachsen wie sein Großvater, Sammy, die Haut hatte er von seiner Mama, braun wie Kiefernnadeln, braun, Sammy steht im Tabakfeld und lacht, als wär er reich wie Rockefeller – Papa, hast du es denn nicht gehört? Du brauchst nicht mehr zu beten. Junge, mach dich wieder an die Arbeit. Nein, Pa, das hier ist die Hölle; du musst dir keine Sorgen machen, dich erwartet das ewige Leben – kannst du dir was Höllischeres vorstellen als ein Tabakfeld im August? Sammy, wie er seinen Schnaps trinkt, Sammy, wie er sich mit seiner Mutter streitet, Sammy, wie er den Frauen nachläuft und um drei Uhr morgens nach Hause kommt.

Junge, ich erlaube nicht, dass du unter meinem Dach wohnst und so ein sündiges Leben führst.

Ein sündiges Leben?

Jawohl! Reiß dich zusammen, wenn du bleiben willst.

Lass mich in Ruhe, Alter.

Junge, was fällt dir ein. Das ist mein Haus.

Pa, ich bin müde, ich muss schlafen.

Nein, mir kannst du das nicht bieten. Es gibt Regeln in diesem Haus, und solange du hier lebst, hältst du dich dran.

Ich bin erwachsen.

Dann zieh aus.

Ja, werd ich auch, gottverdammt.

Du sollst den Namen des Herrn nicht missbrauchen! Nicht in meinem Haus!

Oh, entschuldigen Sie vielmals, Diakon. Tut mir leid, dass ich den Namen Ihres geliebten Massa missbraucht habe. Aber für mich sieht es so aus, als wärst du hier derjenige, der sich missbrauchen lässt. Alter Idiot.

Du machst mich traurig, Junge. Richtig traurig.

Ja, ja. Wart's nur ab.

»... Zeke?«

»Hm? Was hast du gesagt, Jimmy?«

»Ich habe gefragt, ob du weißt, auf welcher Etage Asa liegt.«

»Nein, keine Ahnung. Ich weiß nur, dass er auf der Intensivstation ist. Die Frau hat es mir gesagt, aber ich hab's vergessen.« Zeke schnaubte. Sie waren kurz hinter Clinton, wo der Highway 50 vierspurig wurde. Es gab Überführungen, breite Kreuzungen, Ampeln und riesige grüne Schilder, von denen man ablesen konnte, wo man auffahren und wo man abfahren musste. Zu verwirrend für ihn. Zu viele Optionen und Informationen. Allein beim Anblick der Schilder fühlte er sich alt. Clinton ist mir über den Kopf gewachsen. War immer schon eine der größeren Städte hier, wahrscheinlich wegen des Holzhandels, aber längst nicht so groß wie Kinston und schon gar nicht wie Wilmington. Erst haben sie den Schlachthof und dann die große Du-Pont-Fabrik gebaut, und dann kamen plötzlich alle möglichen Fabriken und Lagerhallen dazu, Einkaufszentren (sie fuhren gerade an einem vorbei, zwischen den Neubauten thronte ein breiter, gedrungener Belk's Departement Store), ein Community College ... verdammt. Alles ändert sich, das steht mal fest. Grandpa pflegte immer zu sagen, wer mit Veränderungen nicht klarkommt, kommt mit dem Leben nicht klar. Was heißt das für mich? Ich habe immer wieder mein Grab vor Augen und wie ich drinliege. Mein Zuhause ist der Himmel, das weiß ich, der Herr sei gepriesen, aber trotzdem habe ich immer denselben Traum. Ich frage mich, ob er was zu bedeuten hat. In der Heiligen Schrift steht: Eure jungen Männer werden Visionen haben und eure Alten werden Träume haben. Aber dieser Traum ...

Die Temperatur im Wagen war genau richtig, endlich. Er ließ den Kopf auf die Brust sinken ... *eine Beerdigung* ... eine große Beerdigung, die Kirche ist voller Menschen, manche davon habe ich seit Jahren nicht mehr gesehen, nicht seit ich ein Junge war, einige waren schon alt, als ich geboren wurde, einige waren schon gestorben, bevor ich geboren wurde, und existieren nur in meiner Vorstellung, die Kirche ist die First Baptist, aber nicht die neue mit dem neuen Teppich, den weich gepolsterten Bänken, den leuchtend weißen Wänden und dem Klavier, sondern die alte von früher – nackte Holzdielen und kein Dach, hoch oben nur Balken, verstaubt und voller Spinnweben wie in einem Stall, Jesus wurde in einem Stall geboren, und die Kleidung der Leute ist fein, aber altmodisch, überall leuchtende Farben, Grün und Rot und Orange und Blau, niemand trägt Schwarz, niemand trägt einen Schleier und niemand weint, aber es lächelt auch niemand, alle sitzen nur still da, so still, ich meine Wasser zu hören, ein Gurgeln und Tröpfeln, aber ich kann nichts sehen, vielleicht höre ich den Jordan? Da ist ein Sarg, neu und hübsch, braun wie Messing, wie Kupfer, mit silbernen Beschlägen, und die Polsterung und die Kissen sind von einem warmen Hellbraun, das prima zum Sarg passt, ich sehe mich dort liegen, in dem Sarg, mein Gesicht ist hager und alt und dunkel, ich bin schwarz wie Kohle und doch kreidebleich, meine Lippen sind eingezogen und zu straff, meine Augen wölben sich unter den Lidern, die Wangenknochen sind zu spitz, viel zu spitz, wie die eines Apachen, ich liege in dem Sarg und sehe hinaus, immer hinaus, überall Blumen, leuchtende, buschige Chrysanthemen, Flieder, Lavendel und Rosen in Rot und Gelb, dazu weiße Lilien, die aber nicht duften, ich rieche nur Räucherwerk, Weihrauch und Myrrhe wahrscheinlich, aber genau kann ich es nicht sagen, denn ich kenne weder Weihrauch noch Myrrhe, ich weiß nur, das ist Weihrauch und Myrrhe, ich weiß es einfach, und ich betrachte die vielen Leute und die vielen Leute betrachten mich, Reverend Barden ist da und sein Vorgänger Reverend Hensen, und auch dessen Vorgänger Reverend Thomas und dessen Vorgänger Reverend Fitzhugh, und Jimmy natürlich, der jetzige Reverend, und da sind auch Ruth und ihr Mann Jethro und meine Schwester Jonnie Mae mit ihrem Mann William und den Kindern Rachel, Rose, Rebecca, Ruthester und Lester, aber niemand weint, und da sind Sammy und Horace und Retha. Aretha? Auf einmal sind wir alle draußen, das Wasser gurgelt und tröpfelt und tropft, obwohl ich es immer noch nicht sehen kann, das kann unmöglich der richtige Friedhof sein, auf dem Cross-Davis stehen längst nicht so viele Bäume, und immer noch riecht es nach Weihrauch und Myrrhe und immer noch habe ich das Tröpfeln im Ohr, da kommen Jimmy und Hezekiah Barden, um zu predigen, aber sie predigen nicht dasselbe, Jimmy predigt auf einer Hochzeit, wenn einer der Anwesenden etwas gegen diese Verbindung einzuwenden hat, dann spreche er jetzt oder schweige für immer, und Reverend Barden hält einen Weihnachtsgottesdienst ab, und es waren Hirten in derselben Gegend auf dem Felde bei den Hürden, die hüteten des Nachts ihre Herde. Und des Herrn Engel trat zu ihnen, und die Klarheit des Herrn leuchtete um sie; und sie fürchteten sich sehr. Und der Engel sprach zu ihnen: Fürchtet euch nicht! Siehe, ich verkündige euch große Freude, und eine Ratte, eine riesige, hungrige Ratte mit roten Augen, sitzt zu meinen Füßen, ich versuche zu schreien, aber niemand hört mich, niemand beachtet mich, der Chor verstummt und Retha kommt an den Sarg und drückt mir eine gelbe Chrysantheme ins Gesicht, und ich kann kein Blütenblatt spüren, kein einziges, dafür spüre ich, wie die Ratte an mir hochkrabbelt, durch das Hosenbein, Retha, oh, Retha, bitte halt sie auf, Liebling, bitte hol mich hier raus, Gott, o Gott, bitte, aber sie weicht zurück, sie lächelt nicht, sie weint nicht, Sammy und Horace kommen und klappen den Sargdeckel runter, stopp, Jungs, stopp, lasst mich raus, sofort, das ist kein Spiel, seht ihr denn die Ratte nicht? Außerdem seid ihr beide tot, du bist gestorben, Sammy, und du auch, Horace, Retha, du bist gestorben, bitte lasst mich nicht sterben, noch nicht, überlasst mich nicht diesen Predigern, die von nichts eine Ahnung haben, sie sehen mich an, aber sie hören mich nicht und lassen den Deckel runter, zwei Tote begraben einen Lebenden, über mir senkt sich der Deckel, o Gott, bitte nicht, klick. Nur das glucksende Wasser und die verdammte Ratte, die an mir hochkriecht.

»Hey, du bist doch nicht etwa eingeschlafen?«

Zekes Augen brannten, weil er sie zu lange geschlossen hatte. Er räusperte sich, seine Kehle war staubtrocken. »Nein ... nein, ich hab mir nur meine Augenlider von innen angesehen.«

»Und, ist alles in Ordnung damit?«

»Alles wie immer.«

Endlich wurde ihm warm. Das angenehme Summen und

Brummen und Schnurren des Motors hatte ihn eindösen lassen, sein Kopf fühlte sich an wie mit Watte ausgestopft.

Zu beiden Seiten der Straße ragten hohe Bäume auf, riesige Kiefern mit dichtem Unterholz. Sie befuhren eine Brücke über einen Sumpf, flach und schlammig und mit hohen Wassereichen, deren knorrige, verdrehte Wurzeln sich ins Ufer gruben. Die Straße schlängelte sich durch einen Wald, das Auto schaukelte und bockte. Zeke hatte Mühe, gegen die Müdigkeit anzukämpfen, er setzte sich auf und schüttelte den Kopf, fest entschlossen, nicht noch einmal einzuschlafen.

Retha. Ihr Traumbild hatte ein bittersüßes Gefühl hinterlassen. Ein Gefühl, das in den vergangenen Jahren immer öfter in ihm aufwallte. War ihre Ehe das gewesen, wofür er sie gehalten hatte? Oder hatte er es sich bloß so vorgestellt? Hatte er sich das alles nur ausgedacht? War es eine Illusion, mit der er sich selbst beruhigen wollte? Ein paar Jahre nach ihrem Tod hatte ihn zum ersten Mal die Befürchtung beschlichen, dass sie während ihrer Ehe vielleicht nie richtig glücklich gewesen war. Sie hatten geheiratet, als sie sechzehn gewesen war und er achtzehn. Retha war schwanger gewesen, nicht mit Sammy, sondern mit einem anderen Jungen, Thomas, der fünf Jahre später starb. Dann hatten sie ein Mädchen namens Edna bekommen, das nur ein Jahr alt wurde. Nach Sammy hatte Retha noch ein totes Kind zur Welt gebracht, einen Jungen, und dann keins mehr. Alle tuschelten, dass Zeke sich eigentlich weitere Kinder wünschte, und sie hatten recht damit. Und ja, er hatte Kinder von anderen Frauen – mal überlegen ... verdammt ... er war ein junger Mann von zweiundzwanzig Jahren gewesen, er hatte seine Bedürfnisse, nun ja, vielleicht nicht gerade Bedürfnisse, aber immerhin große Wünsche. Und wenn man sich etwas lange genug wünscht, wird es zu einem Bedürfnis. Ich schäme mich nicht, zuzugeben (ja doch, ich schäme mich), dass ich sie belogen und betrogen habe – ja, und es hat mir gefallen ... die kleine Pickett wusste einfach, wie man einen Mann glücklich macht. Manchmal hab ich bei mir gedacht, ich hätte *sie* heiraten sollen – nein, nein, nein, alter Mann, das ist falsch, so was darf man nicht denken.

Wahrscheinlich habe ich während meiner Ehe mit Retha zwei uneheliche Kinder gezeugt, eins mit der kleinen Pickett – und Retha wusste davon, da bin ich mir sicher – und eins mit Clara Davis. Mehr nicht. Ich war jung, Gott, was war ich jung. Noch keine fünfundzwanzig. So jung. Ich hab den Verstand, den Gott mir gab, nicht benutzt. Herr, du weißt, dass ich für die Schürzenjägerei um Vergebung gebeten habe, und wenn ich gebraucht wurde, war ich immer für die Jungs da. Nach Sammys Geburt hatte ich praktisch nur noch Augen für Retha ... und auch das ist gelogen. Aber ich hab Retha trotzdem geliebt, ich liebe sie immer noch. Retha hat mich bekehrt und zur Vernunft gebracht. Sie und Papa, auch wenn er sie anfangs nicht mochte.

Junge, was willst du mit der? Spindeldürre Beine und flacher Arsch – die wird dir keine strammen Kinder gebären. Die Mädchen vom anderen Flussufer ...

Es muss sein, Papa.

Warum?

Na ja ...

Glaubst du, durch eine Heirat kannst du sie zu einer ehrbaren Frau machen? Ist es deswegen? Du wärst nicht der Erste, der seinen Samen vergeudet, und du wirst nicht der Letzte sein. Bring uns den Jungen, sobald er auf der Welt ist, und Miss Edna und ich ziehen ihn auf.

Und was ist mit dem alten Davis? Glaubst du, er und seine Schrotflinte sind mit deinem Plan einverstanden?

Nun ...

Und außerdem, Papa. Ich denke … also, ich glaube, ich liebe sie.

Du denkst? Du glaubst? Du denkst, du liebst das arme Ding, und weil du *glaubst*, dass du sie liebst, musst du sie heiraten?

Ja, Sir.

Nun …

Unbedingt.

Aha. Und sie wird deinen Sohn zur Welt bringen?

Ja.

Na schön … wie gesagt, du bringst ihn her, sobald er geboren ist, denn ich glaube nicht, dass eine von da drüben weiß, wie man ein Kind aufzieht. Und du bist ein viel zu großer Narr. Lass mich dir eines sagen, Junge: Zu einer guten Ehe gehört mehr als Liebe. Dazu braucht es etwas anderes.

Was denn?

Das wirst du merken, wenn es so weit ist.

Papa?

Ja?

Warum sagst du, dass es ein Junge wird?

Weil ich es sage. Deshalb. Du verdammter Idiot.

Aber Retha war eine gute, fleißige Ehefrau. Wenn sie wollte, konnte sie besser kochen als Miss Edna. Papa hat nur ein einziges Mal was Nettes zu ihr gesagt, und das war nach einem ihrer Sonntagsessen – frittiertes Hühnchen, das sie in ihren so genannten Spezialteig getunkt hatte. Da waren alle möglichen Gewürze drin, die Kruste schmeckte besser als das Fleisch; und Pfannenbrot, luftig und locker, besonders gut zu frischem, frittiertem Wels. Sie hat einfache Gerichte gekocht, Saumagen, Rübstiel, Markerbsen, aber bei ihr hat alles geschmeckt wie nicht von dieser Welt. Pfirsich-Cobbler, Süßkartoffel-Pie. Ihre Buttermilchbiskuits an einem kalten Wintermorgen – ich kann sie bis heute riechen, herrlich leicht, mit Zuckerrohrsirup und knusprigem Speck, oh, dieser Speck, sie hat ihn so gebraten, dass er knusprig, aber nie verbrannt war. So einen Speck hätte Miss Edna niemals hingekriegt.

Nur ihre Arbeitswut fand ich manchmal beängstigend. Wahrscheinlich hab ich mir deswegen solche Sorgen um sie gemacht. Warum hat sie sich so abgerackert? Sie hat das ganze Haus gefegt und die Böden geschrubbt, sie hat Staub gewischt, Fenster geputzt und die Küche auf Hochglanz gebracht, und als wir dann endlich ein Badezimmer hatten, hat auch da alles geblitzt. Und immer am Kochen. Für zwei, dann für drei. Immer nur Arbeit. Auch auf dem Feld – Tabak bündeln, auslegen, die getrockneten Blätter sortieren. Der Mais musste geerntet und eingekocht werden. Die Gurken. Schweine züchten, mästen, schlachten und räuchern. Hühner aufziehen, Hühner schlachten, ausnehmen und zerlegen. Der Gemüsegarten: Kohl, Brechbohnen, Tomaten, Rüben, Ackersenf, Mais, Kürbis, Limabohnen. Alles wurde eingemacht und eingelegt, als wir dann einen Gefrierschrank hatten, auch eingefroren. Immer nur Arbeit. Anscheinend kannte sie nichts anderes. Ich weiß, ich habe das von ihr erwartet, sie sollte mir zur Seite stehen … ein Mann mit einer Farm braucht eine Gehilfin. Was soll er mit einer Frau, die nicht arbeiten will? Also bin ich dankbar. Trotzdem … irgendwie kann ich es nicht erklären. Vielleicht lag es an ihrem Gesicht. Wirkte sie verbittert? Nein, sie war keine verbitterte Frau, und verächtlich war sie auch nicht. War sie traurig? Vielleicht. Die Sache ist bloß die, sie hat nie ein Wort gesagt. Klar, wir haben über die Nachbarn geredet, über die Arbeit, aber hat sie je gesagt, wie es ihr geht? Hat sie jemals die Fassung verloren und mir gesagt, dass sie mich liebt? Oder dass sie mich hasst? Und was war mit mir?

Aber Horace, den hat sie geliebt – wie alt war er, als sie

starb? Zehn? Elf? Der Junge war ihre ganze Freude, von dem Tag an, als Sammy ihn nach Hause brachte, bis zu ihrem Tod. Ich konnte sehen, wie glücklich sie war. So lange hatte sie kein Kind mehr gehabt, das sie anfassen, im Arm halten, füttern und wickeln konnte. Die kleinen Dinge – ihn pudern, ihm Wörter beibringen, seine ersten Schritte beobachten. Als er älter wurde, unterstützte sie ihn beim Schreiben und Lesen. Er war ja so klug. Oh, sie war glücklich: Endlich hatte sie einen Enkel. Die Lehrer besuchten uns zu Hause, um ihr zu sagen, wie klug ihr kleiner Enkel war; oh, er machte sie glücklich.

Kann sein, dass ihr Tod den Kleinen sehr mitgenommen hat. Aber vielleicht sage ich das nur, um vom wahren Schuldigen abzulenken. Nein, in der Grundschule ging es dem Jungen gut. Ein bisschen still, ein bisschen schüchtern, und ständig am Lesen. Aber er war ein braves Kind. Hat uns nie Ärger gemacht. Und Jonnie Maes Töchter haben ihn unterstützt, wo sie nur konnten. Er war undankbar, das war sein Problem. Sein Leben war zu leicht. Sammy habe ich zur Arbeit gezwungen, und ich stand daneben und habe selbst gearbeitet. Zwei Männer bei der Arbeit. Ich hatte also eine ungefähre Ahnung, was in seinem Kopf so vor sich ging. Aber Horace? Klar, im Sommer hat er manchmal auf dem Tabakfeld ausgeholfen – als er älter wurde, hatte ich den Ackerbau praktisch aufgegeben und unser ganzes Land verpachtet – er hat ein bisschen gearbeitet, aber heute weiß ich, es war nicht genug. Als er gesagt hat, er will ins Leichtathletikteam, war ich froh, dass er sich endlich für was anderes interessiert als für die Bücher, natürlich habe ich gesagt, nur zu. Aber ab da hat er sich verändert. Also, in der Grundschule war es ja in Ordnung, weiße Freunde zu haben, das waren nicht in dem Sinne Freunde, sondern Schulkameraden. Alles war so, wie es sich gehörte. Aber auf der South York High School fing er dann plötzlich an, mit weißen Jungs »abzuhängen«. Seine »Gang«, so hat er sie genannt ... die haben ihm den Kopf verdreht. Er hat sich ein Ohrloch stechen lassen! Aber ich konnte ihm ja schlecht verbieten, sich nach der Schule mit Leuten zu treffen. Das wäre auch nicht richtig gewesen. Er wurde mir fremd. Er wollte wie die Weißen sein, deswegen. In dem einen Sommer habe ich ihm sogar erlaubt, im Theater zu arbeiten. Mein Gott ... auf dem Feld wär er besser aufgehoben gewesen. Es war genau wie mit Sammy. Er kam immer später nach Hause. Oder sogar betrunken.

Junge, wo warst du? Weißt du, wie viel Uhr es ist? Ich habe die ganze Nacht hier gesessen und mir Sorgen gemacht. Hab gewartet und gewartet.

Jawohl, Sir. Es ist drei Uhr.

Junge, das ist mein Haus, und wenn du denkst, du wärst zu erwachsen, um dich an meine Regeln zu halten, dann musst du dir was Eigenes suchen und ausziehen.

Tut mir leid, Sir. Da ... es gab eine Party ... heute war die Premiere.

Stammel nicht so, Junge. Hast du getrunken?

Sir?

Ich sagte, hast du getrunken? Natürlich hast du. Sieh dich an. Sieh dich nur an.

Ich hab ... Ich hab gesagt, es tut mir leid. Es kommt nicht wieder vor.

Nein, ganz bestimmt nicht.

Zeke hatte gelesen, dass es an der Ostküste früher Hunderte, vielleicht Tausende davon gegeben hatte, aber nur dieser eine, auch das hatte er gelesen, war erhalten geblieben. Er erinnerte sich an seinen Großvater und was er von den Sklavenmärkten erzählt hatte. Wie die Menschen behandelt und versteigert worden waren. Er konnte es sich nicht vorstellen. Diese Erniedrigung.

Der Sklavenmarkt von Fayetteville befand sich auf einer Verkehrsinsel in der Stadtmitte, oder wenigstens vermutete Zeke, dass es die Stadtmitte war. Roter Backstein, Spitzbögen, Blumen. Er wusste nicht mehr, wie oft er schon in Fayetteville gewesen war, und fast genauso oft hatte er es gesehen, dieses ... Denkmal? Es war immer wieder eine Enttäuschung. Seiner Ansicht nach hätte so ein Sklavenmarkt riesig und bedrückend sein müssen, passend zu dem, was er nun mal repräsentierte. Aber nichts da. Sieh es dir an. Ein Witz von einem Gebäude, und nicht mal besonders groß. Außerdem hatte er gehört, der Stadtrat wolle es demolieren lassen, angeblich riss es die alten Wunden wieder auf, und nun gab es Gezanke, weil es nicht mehr viele davon gab. Manche Leute waren der Meinung, dass es unbedingt erhalten werden musste, zur Warnung. Oder wenigstens zur Erinnerung. Zeke wusste nicht, was er denken sollte.

Ihr Wagen schwamm im Verkehr mit wie ein Kahn auf einem betriebsamen Fluss. Eine Unmenge Autos in allen Farben – rote, blaue, weiße, schwarze – strömten hupend vorbei, wurden langsamer, fuhren ruckelnd wieder an. Jimmy bog ein einziges Mal ab, hielt sich an der nächsten Gabelung rechts, und kurz darauf waren sie am Ziel.

Das Memorial Hospital war ein großer Backsteinklotz, nicht auf einem Hügel, sondern unten in einem Tal. Gegenüber vom Haupteingang erstreckte sich ein Friedhof mit von der Sonne gebleichten Grabsteinen; sie hockten im Gras wie weiße Vögel, die nur darauf warten, dass ein kräftiger Wind sie davonträgt. Die Rasenfläche vor dem Krankenhaus, grün vom Wintergras, neigte sich der Straße entgegen wie eine große, grüne Welle. Der Parkplatz, ein auf beiden Seiten vom

Grün eingefasstes, weitläufiges Labyrinth aus Asphalt und gelben Linien, wurde von langen Reihen aus zapfenförmigen Zedern gesäumt, so perfekt, dass sie künstlich wirkten. Jimmy kurvte herum, bis er eine Lücke fand und einparken konnte. Als er die Tür öffnete, strömte Luft ein – kalt, aber nicht mehr so kalt wie am Morgen – und strich ihnen über Gesicht, Hals und Hände. Zeke wartete nur darauf, dass seine Gelenke wieder zu schmerzen anfingen.

»So, Miss Ruth. Da wären wir.«

30. April 1984 • 1:15 Uhr

Die grimmigen, gelbweißen Lichtkreise richteten sich auf Horace, und dann stürmte der Drache ihm in vollem Galopp entgegen. Horace hörte ihn knurren und stöhnen, er sah sogar sein breites, in stählerner Entschlossenheit zusammengekniffenes Maul.

Töte ihn, sagte der Dämon.

Die Horden zu beiden Seiten der Straße kreischten und brüllten ihm zu, er solle die Bestie erschlagen. Also stellte Horace sich mitten auf den schwarzen Asphalt, hob das Gewehr und zielte zwischen die Scheinwerfer des herandonnernden Hühnerlasters.

Er stand breitbeinig da, den Finger am Abzug, und ein Gnom schrie: Töte ihn! Töte ihn! Aber aus irgendeinem Grund war Horace wie erstarrt. Es war, als steckten seine Füße im Asphalt. Das Scheinwerferlicht wurde heller und erfasste ihn von Kopf bis Fuß, Reifen quietschten, der Lastwagen schlingerte nach links, rutschte über den sandigen Seitenstreifen und so schnell zurück auf die Straße, dass die Hühner auf der Ladefläche von dem abrupten Schlenker kaum etwas merkten. Möglicherweise war der Fahrer – die Augen nach zwanzig Stunden am Steuer blutunterlaufen, den Schmerbauch voll Kaffee, Donuts, zwei beidseitig gebratenen Spiegeleiern und Toast – kurz eingenickt, nur für eine Sekunde, und hatte beim Aufwachen ein Phantom vor sich auf der Landstraße erblickt; vielleicht rieb er sich jetzt über Augen und Wangen und fragte sich, was er da gesehen oder sich eingebildet hatte. Sein erster Gedanke: ein nackter Schwarzer Junge mit einem Gewehr. Den Gedanken verwarf er schnell, denn er war einfach zu lächerlich und absurd. Als Nächstes kam ihm in den Sinn, es könnte ein Geist gewesen sein. Er lächelte verunsichert, bis ihm etwas anderes einfiel, ein Reh, natürlich, der Kaffee, die Donuts, die Eier und die zwanzig Stunden ununterbrochenen Fahrens hatten ihm einen Schwarzen Jungen vorgegaukelt, wo nur ein Reh gewesen war. Vielleicht drehte er das Radio lauter, in dem gerade seine Willie-Nelson-Kassette lief, konzentrierte sich wieder auf die weiße Linie in der Straßenmitte, die unter ihm hindurchflog, und hatte den Zwischenfall schnell vergessen.

Warum hast du ihn nicht getötet?, fragte der Dämon.

Horace zuckte mit den Schultern und ließ den Kopf hängen.

Ich sagte: Warum hast du ihn nicht getötet?

Horace drehte sich um und sah sich einem Massai-Krieger gegenüber. Seine Augen glühten in Neonorange, die Zähne hoben sich strahlend weiß von seiner Haut ab. Sie hatte exakt dieselbe Farbe wie der Nachthimmel.

Warum?, fragte er.

Ich konnte nicht.

Der Krieger rammte Horace einen Speerschaft in den Unterleib. Horace klappte vornüber, der Schmerz breitete sich spiralförmig in seinem ganzen Körper aus. Er verharrte in dieser gebeugten Haltung, bis die Stimme sagte: Nun geh, verdammt noch mal. Geh weiter. Und Horace gehorchte.

Aus den Gräben neben der Straße stiegen Geräusche auf: das Flattern von Flügeln, das weiche Klopfen von Hufen auf Kiefernnadeln, das Scharren von Krallen auf Eichenrinde. Doch Horace nahm nicht die Naturgeräusche wahr, sondern nur das übernatürliche Toben der Menge in seinem Kopf. Hoch oben zu seiner Linken, im Wipfel einer alten Platane, sah er einen gekreuzigten Mann mit vollen, weißen Flügeln, prächtig wie die eines Reihers, und anmutiger, schlanker Sportlerfigur. Er hing mit gespreizten Armen und Beinen an dem wuchtigen Stamm und war offenbar skalpiert worden. Das Fleisch hing ihm in langen Fetzen vom Kopf, die Augen waren weit aufgerissen und starrten in die Ferne, das Blut lief in Rinnsalen über den schlanken Körper und tropfte auf die vormals so prächtigen Flügel. Unten hatten sich Reptilienwesen um den Baumstamm versammelt, und nun waren sie dabei, ein Feuer zu entzünden und ein Lied ohne Worte zu singen.

Horace fragte: Warum?

Der Dämon kicherte. Warum nicht? Dann sagte er: Geh weiter. Immer weiter.

Nach einer Weile ging es um die Kurve. Neben der Straße ragte eine riesige Werbung für die Seebrücken unten an der Küste auf, keine vierzig Kilometer von hier. Horace konnte ein paar wenige, dichtgedrängte Häuser erkennen. Tims Creek.

Weiter, sagte die Stimme.

Und so lief er immer weiter. Irgendwo in der Ferne zu seiner Linken kläffte ein Hund. Das große Maisfeld, das sich bis an den Rand der Siedlung erstreckte, schimmerte im Licht der Sterne, eine laue Brise strich über die sattgrünen Blätter. Die jungen Maisstängel wogten sanft hin und her, wie eine ruhige See.

Stopp, sagte der Dämon. Weißt du, was hier ist?

Horace nickte.

Was?

Meine Kirche.

Aha!

Horace wollte gerade etwas fragen, aber der Dämon sagte: Psst.

Die First Baptist Church von Tims Creek ragte in den klaren Nachthimmel auf wie eine dunkle Vision. Der Mond tupfte Schattensprenkel auf die weißen Türme, die roten Backsteine schimmerten im trüben Licht, die riesige Eiche gleich links neben dem Gebäude wiegte ihre Äste im Wind. Horace spürte die frisch gemähte Wiese als Kitzeln an den nackten Fußsohlen. Er nahm den süßlichen Duft wahr, und plötzlich vermisste er die Vorstellung von Gras. Während er sich dem Eingang näherte, zwei hohen, weiß getünchten Holztüren, hörte er Musik aus dem Inneren der Kirche, und die Buntglasfenster begannen zu leuchten.

Vor dem Eingang blieb er stehen. Mach auf, sagte der Dämon.

Aber ... wie?

Da tauchte hinter ihm eine kleine, keinen Meter große Gestalt mit weiß geschminktem Clownsgesicht und lächerlich roter Nase auf. Sie musterte ihn spöttisch, zeigte auf das Gewehr und dann auf die Türen und bedeutete Horace mit einer Geste, es zwischen die Flügel zu schieben und sie aufzuhebeln. Die Gestalt zog die Augenbrauen hoch, wie um zu sagen: Presto! Sie verdrehte die Augen, rieb sich die behandschuhten Hände und verschwand wieder in der Dunkelheit. Drinnen wurde immer noch gesungen.

Los jetzt, sagte die Stimme.

Die Holztüren gaben mit einem lauten Knacken, gefolgt von einem Knall, nach und schwangen unter gruseligem Knarren auf. Der Dämon lachte. Horace betrat den Vorraum und nahm den vertrauten, muffigen Geruch von Staub, Kirchenbänken, Gesangbüchern und Spinnweben wahr. Zu seiner Linken hing das Tau der Kirchenglocke. Er erinnerte sich, wie glücklich er als Kind gewesen war, wenn sein Großvater ihm am Sonntagmorgen nach der Bibelschule erlaubte, am Tau zu ziehen und den Gottesdienst einzuläuten.

Läute die Glocke.

Ich soll die Glocke läuten? Aber es ist schon spät.

Das ist mir scheißegal, sagte der Dämon. Los jetzt.

Horace näherte sich dem Tau, und da begann es, ganz sachte zu schaukeln; es wand sich wie eine Schlange, und plötzlich stieg das untere Ende in die Höhe, und der Knoten platzte auf und entblößte lange gelbe Fangzähne. Horace wich keuchend zurück.

Die Stimme gluckste. Du bist ja so ein elender Feigling. Nun läute die gottverdammte Glocke!

Horace ergriff das Tau und fühlte keinen Widerstand, nur die vertraute Oberfläche des ausgefransten Seils, das seit über fünfzig Jahren von diesem Kirchendach und von dieser Glocke hing.

Er zog daran und hörte das unverwechselbare Grollen aus dem Turm, das Quietschen und Ächzen der uralten Zahnräder, Getriebe, Lagerzapfen und wer weiß was sonst noch – wer hatte je einen Blick darauf geworfen? Die Glocke ertönte hell und klar. Horace zog wieder, und noch einmal. Die Glocke nahm Schwung auf, hoch über ihm ein Dröhnen und Vibrieren, während der große schmiedeeiserne Körper schaukelte, schaukelte und einen solchen Lärm veranstaltete, dass er die ganze Kirche in Schwingungen zu versetzen schien und Horace wie immer fürchtete, sie könnte gleich einstürzen.

Stopp. Aufhören. Das reicht.

Horace ließ das Tau los und es pendelte sich langsam aus, während das Dröhnen über seinem Kopf abebbte und bald nur noch ein Echo in seinem Kopf war. Plötzlich wurde ihm bewusst, dass alle Gemeindemitglieder, die gerade nicht tief und fest schliefen und von der Arbeit, der Lust oder längst verlorenen Angehörigen träumten, womöglich aufgewacht waren und sich jetzt fragten, wer zu dieser nachtschlafenden Zeit die Glocke geläutet hatte.

Geh rein.

Horace schob die Türen zum Altarraum auf und trat hindurch. Das Innere der Kirche von Tims Creek war so tief in sein Gedächtnis eingeprägt wie sein Zuhause oder sein eigenes Gesicht im Spiegel; allerdings konnte er sich nicht daran erinnern, dass die Wände so weiß erstrahlt wären oder dass der Teppich im Mittelgang so rot geleuchtet hätte, und auch nicht an den Hochglanz der Kirchenbänke aus Eichenholz – die jetzt in diesem Moment voll besetzt waren, voller, als Horace sie je gesehen hatte. Die Gemeinde sang:

> *Lead me, guide me*
> *along the way*
> *Lord if you lead me,*
> *I will not stray*
> *Lord let me walk*
> *each day with Thee*
> *Lead me, O Lord*
> *Lead me.*

Chorsänger in roten Roben standen unter dem riesigen Buntglasfenster an der Rückseite des Altarraumes, wiegten sich rhythmisch und schmetterten ihr Lied. Horace trat zögerlich ein paar Schritte vor, doch niemand schien ihn oder sein bunt zusammengewürfeltes, makaberes Gefolge zu bemerken. Er hielt nach seinem Großvater Ausschau und entdeckte ihn dort zwischen den anderen Diakonen; er trug den marineblauen Anzug und eine Krawatte und führte den Wechselgesang an.

Die Erinnerung an den Großvater war überwältigend. Seine Hände waren groß und dunkel, schwielig von den langen Arbeitstagen auf dem Feld und in der Scheune. Horace erinnerte sich an den Duft seines Old-English-Rasierwassers und an seinen Atem, darin immer ein Hauch des starken schwarzen

Kaffees, den er jeden Morgen trank. An sein Murren und Grunzen, das ihn herablassend erscheinen ließ, fast unerreichbar. Sein Großvater war ein rechtschaffener Mann, das hatte man Horace von klein auf erzählt, ein Mann, der Gottes Wort im Mund führte, wohin er auch ging und was er auch tat. In Horace' Kindheit hatte der Großvater, dieser einflussreiche Mann, im Wohnzimmer gesessen und die Leute empfangen, Leute, die zu ihm kamen, um über ihre Probleme, Nöte und Sorgen zu sprechen. Horace beobachtete sie, wie sie hereinkamen, schwer gebeugt vom Kummer. Manche sahen auf ihn hinunter, tätschelten ihm den Kopf, schenkten ihm Süßigkeiten – die ihm sein Großvater später wegnehmen würde – und widmeten sich dann wieder ihrem Trübsinn. Das Wohnzimmer war ein Ort der Beichte, der Buße und der Wiedergeburt. Doch die meisten Leute verließen den Raum so bedrückt, wie sie ihn betreten hatten, was Horace dazu veranlasste, sich über den Großvater zu wundern; doch natürlich konnte er es sich nicht anders vorstellen.

Als er älter wurde, begriff er, wer sein Großvater war und was es bedeutete, Vorsitzender des Diakonierats zu sein. Er war der Grund dafür, dass die Gemeindemitglieder Horace mit ein bisschen mehr Wohlwollen, ein bisschen mehr Respekt, ein bisschen mehr Ehrerbietung behandelten als die vielen anderen kleinen, rotznasigen Jungen, die mit heraushängenden Hemdzipfeln durchs Dorf rannten. Wie ihm erklärt wurde, war sein Großvater der Mittelpunkt und das Gedächtnis der Kirche, die Brücke zu einer furchtbaren Vergangenheit, die sie alle bewältigen mussten. Schon sein Vater und der Vater seines Vaters waren Kirchenmänner gewesen, und nun war es an ihm, die Gemeinde zu führen, zu leiten und zu beraten. Er war ein Oberhaupt, ein großer Stammesältester. Er stand noch über dem Pastor, war also näher bei Gott, und so kam Horace eines Tages zu der Einsicht, dass sein Großvater eine Art David war und er selbst der Enkel eines Schamanen.

Lead me, guide me
along the way

Gegenüber von den Diakonen und dem Kirchenvorstand hatten die Frauen, die Diakonissen, die betagten Schwestern, die Kirchenmütter Platz genommen. Ernst und mächtig saßen sie da, fächelten sich Luft zu und wiegten sich zufrieden im Takt der Musik. Horace entdeckte seine Großmutter in einem blauen Kleid, und daneben saß er selbst, ein Junge von höchstens fünf Jahren, der einen braunen Anzug trug, sich aufrecht hielt und ein Gähnen unterdrückte.

Horace erinnerte sich an die kleinen, starken Hände seiner Großmutter. Auch sie waren schwielig von harter Arbeit, aber trotzdem weich und weiblich. Zärtlich. Die meisten Leute nannten sie Retha. Aretha Davis Cross. Eine Kirchenmutter. Seine Mutter. Ihre Hände waren sein Anfang: *Am Anfang waren Hände, und Hände waren der Anfang; alle Dinge sind durch Hände gemacht, und ohne Hände ist nichts gemacht, was gemacht ist*. In ihren Händen war Leben, und das Leben war in ihren Händen. Ihre Hände durchdrangen die Dunkelheit. Ihre Hände hoben und stützten, entwirrten und verschnürten. Sie trösteten, tadelten, fütterten, kleideten an und badeten. Ihre Hände erledigten das Lehren, Geben und Nehmen, sie besserten aus, ordneten und stärkten. Ihre Hände redeten und lauschten, lächelten und ermutigten. Als sie starb, war er zehn Jahre alt.

Sie ist tot, sagte Horace. Die meisten dieser Leute sind tot. Ich …

Junge, wir alle sind tot, sagte der Dämon.

Aber wie können sie dann hier sitzen? Ich meine ... sind das alles Geister?

Bist du wirklich so dumm, wie du aussiehst?, fragte der Dämon. Trotz deiner verdammten Bildung hast du keine Scheißahnung, oder? *Geister?* Klar, man könnte sie Geister nennen. Die Geister der Vergangenheit. Die Gegenwart der Gegenwart. Der Stoff, aus dem die Zukunft gemacht ist. Dies ist der Seelendunst, der die Menschen tagtäglich umgibt. Man muss sich bloß die Schuppen von den Augen wischen, um ihn sehen zu können. Und nun siehst du. Ich habe dir die Schuppen von den Augen gewischt.

Warum?

Warum? Warum?, spottete der Geist. Sieh verdammt noch mal hin, dann weißt du Warum.

Lord if you lead me
I will not stray

Die Gemeindemitglieder saßen im Sonntagsstaat zwischen den makellos weißen Wänden des Kirchenschiffs, und das weiche Rosa, Grün, Rot und Blau ihrer Kleidung verschluckte und reflektierte das frühe Morgenlicht zu gleichen Teilen. Auf ihren Gesichtern spiegelten sich alle Gefühle wider, die Horace in diesen Kirchbänken je empfunden hatte: Langeweile; Vorfreude auf die nächste Mahlzeit, die Predigt, ein Spiel, das Wiedersehen mit einem lang vermissten Freund; Müdigkeit; Sorgen; Wohlbehagen; Zufriedenheit. Die Leute waren dick oder dünn, hell oder dunkel, groß oder klein, sie waren Farmer, Lehrerinnen, Klempner, Busfahrer, Schlachter, Tischler, Verkäufer, Mechaniker, Friseure, Krankenschwestern, Mütter, Väter, Tanten, Onkel, Cousinen, Geliebte, Freunde. Dies war die Gemeinde – kein Wort, sondern ein lebendiges Wesen.

Horace fühlte es wie zum ersten Mal. Inmitten dieser singenden, fächelnden, atmenden Wesen saßen auch seine Leute, seine Verwandten. Kannte er sie? Hatten sie ihn gekannt? Anscheinend lief er vor ihnen davon. Warum?

Seine Tanten saßen ganz vorn, gleich in der zweiten Reihe und nah bei den Kirchenmüttern und Jonnie Mae, seiner schwerfälligen Großtante, die schwerfällig sang:

> *Lord let me walk*
> *each day with thee*

Jonnie Mae war ebenso furchterregend wie sein Großvater; sie war diejenige gewesen, die jede Woche sein Schulwissen abgefragt hatte, die ihm bunte Pullover, Socken, Mützen und Schals strickte, die ihm für jede Eins plus seinen Lieblingskuchen mit Pekannüssen backte und ihn ausschimpfte, wenn er bei Tests und Klausuren (die er ihr stets vorlegen musste) etwas Schlechteres geschrieben hatte als eine Zwei. Sie hielt ihm Vorträge über den langen, steinigen Weg, den seine Familie gegangen war, und über die Verantwortung, die er für ebenjene Familie trug. Sie war groß, dunkel und still, aber wenn sie lachte, lachte sie richtig und von Herzen. Sie, die Mutter seiner Tanten, hatte ihm jedes Mal einen Dollar gegeben, wenn er im Herbst ihren Garten harkte, sie nahm ihn zum Blaubeerenpflücken mit und erzählte ihm abenteuerliche Geschichten von seinem Großvater, und wie er nach der Abschaffung der Sklaverei nach Tims Creek gekommen war. Letztes Jahr war sie gestorben.

Rachel. Rebecca. Ruthester. Am liebsten mochte er Tante Rachel. Ihre Haut war Zimt und Ingwer, ihr Geist rebellisch. Sie konnte direkt und schroff sein und sprach aus, was sie dachte; sie zeigte ihre Gefühle. Sie war die Jüngste. Rebecca war so dunkel wie Kaffee ohne Sahne. Sie war die Älteste und kam nach ihrer Mutter. Ruthester war wie eine Mischung aus beiden, Teak und Honig. Sie war die Emotionalste, wurde schnell weinerlich oder wütend, ließ sich leicht überreden, war immer freundlich und sanft. Und nun saßen sie alle drei dort vor Horace, in maßgeschneiderten Tweedjacken, bunt bedruckten Kleidern, auffälligen Hüten und Handschuhen, und wippten im Takt.

Als er sie dort sitzen sah und die rhythmischen Takte seiner Kindheit hörte, erinnerte er sich an den Todestag seiner Großmutter. Er war damals in die vierte Klasse gegangen. Seine Tante Rachel war in die Schule gekommen und hatte ihn aus dem Unterricht geholt. Sie waren durch den langen Flur zur praktisch menschenleeren Cafeteria gelaufen, wo seine beiden anderen Tanten warteten. Rachel hatte seine Hand gehalten. Ihre Schritte hallten von den Wänden wider, die Absätze der Frauen klackten, seine kleinen Füße schlurften unbeholfen über den Boden.

Ruthester schluchzte abgehackt und blickte durch die hohen Fenster, an denen der Frühlingsregen abperlte, nach draußen. »O Gott, sie ist von uns gegangen.« Sie wiegte sich vor und zurück wie ein alleingelassenes Kind.

Rebecca und Rachel tauschten einen Blick. Rebecca hatte feuchte Augen, aber sie weinte nicht. Sie zuckte die Achseln und sah beiseite. Rachel stellte sich seufzend neben die weinende Schwester, tätschelte ihr den Rücken und redete leise und tröstlich auf sie ein. Rebecca winkte Horace zu sich, hob ihn auf ihren Schoß, legte den Kopf in den Nacken und sah auf ihn hinab. Die Lesebrille mit halber Fassung, die sie stets um den Hals trug, lag auf ihrem Busen.

»Heute Morgen ist deine Großmutter von uns gegangen.« Rebeccas Stimme war sanft wie die Nacht.

»Heißt das, sie ist tot?«

»Ja, Horace.«

»Ist sie im Himmel?«

»Oh, ja. Ich glaube schon.«

Ruthester stieß einen kläglichen Seufzer aus und putzte sich die Nase. Rachel warf Rebecca einen verärgerten Blick zu.

»Alles in Ordnung. Mir geht es gut, ehrlich«, schluchzte Ruthester und kehrte ihren Schwestern den Rücken zu, dann stand sie auf und verließ die Cafeteria.

Rebecca umarmte Horace nicht, sie drückte nur kurz seine Schultern und stand dann auf, um ihrer Schwester zu folgen. Rachel war diejenige, die ihn in den Arm nahm und flüsterte: Alles wird gut, Tiger.

An dem Tag waren die Schwestern in die Lücke getreten, die Retha Cross hinterlassen hatte. Sie kochten und putzten und versorgten die beiden frauenlosen Männer. In gewisser Hinsicht wurden sie zu Horace' Mutter.

Und nun stand Horace nackt und verdreckt vor ihnen, er fror und schämte sich, aber die Stimme befahl ihm, zum Altar zu gehen. Er gehorchte.

Der Prediger erhob sich, ein dunkelhäutiger, schmächtiger Mann mit Glatze und schwarzem Anzug, der wenn nicht schon eine Aura von Heiligkeit verströmte, dann zumindest eine von Klugheit. Er wirkte schlau und besonnen.

Das ist Reverend Barden, sagte Horace. Er war Jimmys Vorgänger.

Echt jetzt?, spottete die Stimme. Ich dachte, er wäre Malcolm X.

Während Barden in der großen Bibel auf dem Pult blätterte, kam Horace ein bisschen näher. An Reverend Hezekiah Barden erinnerte er sich gern – auf ihn hatte der Kirchenmann immer überwältigend ernst und aufrichtig gewirkt, und so geradlinig und streng wie ein Weltuntergangsprediger. Er redete nie drum herum.

Barden begann: »Führe mich, leite mich ... auf dem Weg ... Herr ... wenn du mich führst ... werde ich mich nicht verirren. Brüder und Schwestern, achtet auf diese Worte: ›Ich *werde* mich nicht verirren.‹«

Barden wandte sich an den Chor. »Eine hervorragende Auswahl, meine Lieben. Ja, in der Tat.«

Uh-huh, stöhnte die Gemeinde wie aus einem Mund.

»Führe mich. Leite mich.« Mit einer behutsamen Geste zog Barden ein Taschentuch aus seiner Brusttasche, doch statt sich das Gesicht abzuwischen, strich er das Tuch auf dem dicken Buch glatt. »Nun, manche Leute wollen sich nicht führen lassen. Sie wollen nicht belehrt werden. Sie halten sich für zu rational. Ihr alle wisst, wovon ich spreche.«

Gedämpftes Glucksen aus der Gemeinde.

»Und dann gibt es noch jene, die genau wissen, dass sie Unrecht tun, es aber nicht zugeben wollen. Sie weigern sich, den rechten Pfad zu beschreiten. Oh, ja. Nun, Brüder und Schwestern, in dem Fall kann ich nicht einfach wegschauen.«

Oh, nein, sagte die Gemeinde.

»Einige von uns glauben anscheinend, sie könnten tun und lassen, was ihnen gefällt. Wie sagen sie so schön: ›Wenn es sich gut anfühlt, dann tu es.‹ Ich spreche hier von den fleischlichen Dingen. Ihr fragt: ›Wie meinst du das, Bruder Barden?‹ Nun, ihr wisst genau, wie ich das meine, bei Gott. Ich weiß, heute werde ich dem einen oder anderen auf die Füße treten, aber das ist schließlich meine Aufgabe, oder?«

... Oh, ja ...

»Genau. Nun hört euch an, was der Apostel Paulus im ersten Kapitel des Römerbriefes dazu sagt:

›Die sich für Weise hielten, sind zu Narren geworden und

haben die Herrlichkeit des unvergänglichen Gottes vertauscht mit einem Bild gleich dem eines vergänglichen Menschen und der Vögel und der vierfüßigen und der kriechenden Tiere. Darum hat Gott sie in den Begierden ihrer Herzen dahingegeben in die Unreinheit, sodass sie ihre Leiber selbst entehren. Sie haben Gottes Wahrheit in Lüge verkehrt und das Geschöpf verehrt und ihm gedient statt dem Schöpfer, der gelobt ist in Ewigkeit. Amen.

Darum hat sie Gott dahingegeben in schändliche Leidenschaften; denn bei ihnen haben Frauen den natürlichen Verkehr vertauscht mit dem widernatürlichen; desgleichen haben auch die Männer den natürlichen Verkehr mit der Frau verlassen und sind in Begierde zueinander entbrannt und haben Männer mit Männern Schande über sich gebracht und den Lohn für ihre Verirrung, wie es ja sein musste, an sich selbst empfangen.

Und wie sie es für nichts geachtet haben, Gott zu erkennen, hat sie Gott dahingegeben in verkehrtem Sinn, sodass sie tun, was nicht recht ist ...‹«

Reverend Barden verstummte und griff zu seinem Taschentuch. Er faltete es langsam auseinander und sah darauf hinunter, wie um seine Gedanken zu ordnen. Dann tupfte er sich die schweißnasse Stirn ab, hielt kurz inne und legte das Tuch beiseite. Schließlich faltete er die Hände zum Gebet und kniff energisch die Augen zusammen.

»Letzte Woche«, fuhr er fort, »habe ich etwas im Fernsehen gesehen, das mich sehr verstört hat. Eine dieser Talkshows, in denen der Moderator heute mit einem Gast spricht und morgen mit einem anderen und so weiter. Man kennt das, solche Sendungen gibt es jeden Tag. Ja, aber an dem bestimmten Morgen habe ich den Fernseher eingeschaltet, und wisst ihr, was ich sah?«

... Nein, o Herr ...

»Nun, der Moderator saß da oben auf seiner kleinen Bühne und sprach zu seinen sechs Gästen, alle weiß übrigens, zwei Frauen und vier Männer. Und das Thema war ...« Reverend Barden verstummte abermals und beugte sich vor, eine Schulter zuerst, als hätte er etwas Vertrauliches mitzuteilen. »Wilde Ehe.« Sein Gesichtsausdruck fragte: Könnt ihr es glauben?

»Und wisst ihr, damit waren nicht jene Männer und Frauen gemeint, die zusammenleben und einander lieben, wie der Herr es hier vorschreibt.« Sein gestreckter Zeigefinger deutete auf die Bibel. »Nicht im heiligen Bund. Oh, nein, natürlich nicht. Da war von Männern und Frauen, Männern und Männern, Frauen und Frauen die Rede, die – hilf mir, Jesus – in Sünde zusammenleben. Als wäre es nichts. Als wäre es normal. Erlaubt. Rechtschaffen. Oh ja, das lief im Fernsehen, zwischen *Unsere kleine Farm* und den *Waltons*, eure Kinder und meine Kinder hätten davorsitzen und diesen Dreck sehen können, als wäre er so natürlich wie die Geburt eines Fohlens oder die Mauser eines Huhns. Aber, meine Lieben ... das ist es nicht. Das ist es einfach nicht. Ihr habt gehört, was in der heiligen Bibel geschrieben steht.

Nun könnt ihr sagen: ›Tja, Bruder Barden, du bist eben nicht *befreit*. Du bist nicht *auf der Höhe der Zeit*.‹ Und wahrlich, ich sage euch ...« Er schlug mit der Hand auf die Bibel. »Dies ist meine Befreiung, dies ist meine Errettung, mein Fels und meine Burg, mein Hort, auf den ich baue, sie hilft mir auf, wenn ich falle, und stellt meine Füße auf festen Boden. *Befreit? Auf der Höhe der Zeit?* Brüder und Schwestern, die einzige Zeit ist jetzt, und jetzt sage ich euch: Das ist unrein. Ihr habt selbst gehört, was Paulus den Römern geschrieben hat: Unrein.«

... Unrein ...

»Oh, ja. Unrein. Genau. Unrein. Und ihr wisst es.« Reverend Barden nahm sein Taschentuch, wischte sich übers Gesicht und fuhr etwas leiser fort: »Ich weiß, einige hier wollen nicht hören, was ich zu sagen habe. Sie glauben, ich könnte manchen Leuten damit auf die Füße treten ...«

Jemand in der Ecke, wahrscheinlich die alte Miss Christopher, rief: »Weiter, Reverend, weiter so.«

»Aber ich kann nicht das Böse erkennen und ihm dann einfach den Rücken kehren. Es bekümmert mich. Oh, ja. Es bekümmert mich zu sehen, wie Menschen, vor allem jene, die einst rechtschaffen waren, vom richtigen Weg abkommen. Und ihr wisst, warum, oder? Ihr wisst, was der Grund dafür ist?«

»Was ist der Grund, Reverend?«, fragte Zeke.

»Nun – ein schwacher Geist. Mehr steckt nicht dahinter. Ich kann nicht behaupten, die Leute wüssten es nicht besser, denn sie wissen es sehr wohl besser. Denn so steht es in der heiligen Schrift: Der Geist ist willig – O Jesus, steh mir bei an diesem Morgen –, aber das Fleisch ist schwach. Es liegt nur an der Schwäche der Menschen. Was sonst wäre die Ursache für dieses Chaos, meine Lieben?«

... Weiter, Reverend, predigen Sie ...

»Dies ist das Werk des Teufels. Wie es bei Jakobus heißt: ›Niemand sage, wenn er versucht wird, dass er von Gott versucht werde. Denn Gott kann nicht versucht werden zum Bösen, und er selbst versucht niemanden. Sondern ein jeder, der versucht wird, wird von seiner eigenen Begierde gereizt und gelockt. Danach, wenn die Begierde empfangen hat, gebiert sie die Sünde; die Sünde aber, wenn sie vollendet ist, gebiert den Tod.‹«

... Herr Jesus ...

»Ihr müsst tun, was das Gospel euch sagt: ›Gebt der Versuchung nicht nach, denn Nachgeben ist Sünde.‹ Er hingegen will euch das Gegenteil erzählen. Das ist sein Job. Wisst ihr, der Teufel ist nicht wie wir. Oh, nein, er ist nicht faul. Er liegt nicht bis in den späten Vormittag im Bett und überlegt sich, was er alles zu tun hat. Er *tut* es. Er arbeitet. Er ist immer beschäftigt. Und womit? Mit der Versuchung. Er hat es auf eure Seele abgesehen … Und nun helft mir predigen …«

… Weiter, Reverend, verkünden Sie es …

»Wisst ihr, die Seele ist ein kostbares Ding. Und uns kommt die Verantwortung zu, sie instand zu halten wie ein Haus. Man muss sie reparieren, reinigen und ab und zu aufräumen. Wenn man zu Bett geht, muss man sie verschließen, denn sonst findet man beim Aufwachen jemanden vor, den man am Abend nicht eingelassen hat. Anscheinend hören mir heute Morgen nicht alle von euch zu …«

… Weiter, Reverend …

»Wisst ihr, genau darin besteht sein Werk. Satan und seine Dämonen suchen euch heim, um eure Seele zu besudeln und zu lähmen, o ja, er schleicht sich ein und flüstert, er flüstert, o ja, er flüstert euch ins Ohr und sagt euch – ha! –, ihr sollt Unrecht tun. Wenn ihr unachtsam seid, und sei es nur für einen Moment, ist er schon da und wartet darauf, oh, ja, sich einzuschleichen und euch den Weg in die Hölle zu weisen, wo Feuer und Schwefel auf ihn und seine Engel warten – o Herr! Mitten in der Nacht kommt er zu euch …«

… Ja …

»Er kommt, wenn die Mühsal euch plagt …«

… Ja …

»Wenn ihr die Orientierung verliert …«

… Ja …

»Wenn es mal schwierig wird und ihr nicht wisst, wohin ihr euch wenden sollt …«

… Oh, ja …

»Er schleicht sich an, wenn ihr weinend in die Knie geht …«

… Ja …

»Er kommt. Oh, ja. Und wie. Er wird zu euch kommen. Nicht mit finsterem Blick und lüsternem Grinsen. Nein, sein Lächeln ist freundlich. O Jesus, das Letzte, was der Teufel will, ist euch zu verschrecken. Nein, er will euch verführen. Und ihr seid schwach …«

… Schwach, o Herr …

»… und voller Sorgen …«

… Sorgen …

»… und habt euch verirrt …«

… O Herr! …

»Deshalb, meine Lieben, deshalb müssen wir beten und über unsere Seelen wachen und uns nicht fürchten. Wir müssen dafür beten, dass Gott der Herr uns vom Bösen erlöst. Ihr müsst nicht erschrecken vor dem Pfeil, der des Tages fliegt, und auch nicht vor dem Grauen der Nacht. Bleibt wachsam. Bleibt standhaft. Bleibt treu.«

Der Reverend schloss die Augen und sprach ein Gebet, und da flüsterte die Stimme: So ein Langweiler. Töte ihn.

Was?

Töte ihn, sofort.

Aber ich kann nicht.

Du kannst nicht? Oder du willst nicht?

Nein.

Junge, was glaubst du, was das hier ist? Ein böser Traum?

Plötzlich hörte Horace ein langgezogenes, markerschütterndes Kreischen. Es klang wie ein weinendes Baby, eine vergewaltigte Frau, eine Krankenwagensirene, und im nächsten Moment stürzte eine Harpyie mit gelbem Gesicht, elektrisierten Haaren und roten Augen auf ihn zu. Ihre Schreie versengten ihm die Ohren. Sie holte mit einer Klauenhand aus, schlug ihm ins Gesicht und warf ihn zu Boden. Seine Wange brannte, er spürte warmes Blut daran herunterlaufen.

Du bist wertlos, sagte der Dämon zu Horace.

Durch Blut, Tränen und Schweiß nahm Horace das sanfte Trippeln von Füßen auf dem Teppich wahr, er hörte das Rascheln von Stoff, blickte auf und sah eine hochgewachsene, in mattes Schwarz gekleidete Gestalt. Sie trug eine Kapuze und einen silbern schimmernden Krummsäbel.

Die Stimme in Horace' Kopf kicherte, die Gestalt näherte sich der Kanzel. Auf einmal hörte Horace nichts mehr, weder die Fächer der alten Frauen vorn neben der Kanzel noch das Kind – sich selbst? –, das auf seinem Platz herumrutschte, weder den scharrenden Fuß des Pianisten noch das Auto, das draußen vorbeifuhr. Nichts war zu hören als das Trippeln dieser geächteten, verdammten schwarzen Füße, sie pochten wie sein Herzschlag und näherten sich der Kanzel, Schritt für Schritt. Er hob den Kopf und hielt sich die Ohren zu, doch das Geräusch wurde nicht leiser. Die Gestalt mit dem Krummsäbel und dem fließenden, prächtigen Gewand schritt auf die Kanzel zu und stellte sich neben den betenden Geistlichen. Reverend Bardens Lippen bewegten sich. Horace hörte nichts, aber er wusste, dass er für alle Kinder Gottes betete, für ihre Befreiung von der Sünde. Horace brauchte es gar nicht zu hören, er wusste auch so, dass jeder hier Reverend Bardens Stimme im Ohr hatte, er wusste auch so, dass er ausgeschlossen war.

Die Gestalt hob den funkelnden Säbel, ließ ihn schwungvoll auf den dünnen, faltigen Hals des betenden Alten niedergehen und trennte ihm mit einer solchen Eleganz den Kopf ab, dass Horace in der ersten Sekunde mehr Bewunderung als Entsetzen verspürte; und als der Kopf in Horace' Richtung segelte wie ein Football, waren die Lippen immer noch in Bewegung und formten ein frommes Gebet an den Herrn. Ein tiefes Grollen ertönte und wurde lauter und lauter. Der Kopf landete mit einem dumpfen Schlag auf dem Teppich zu Horace' Füßen und riss die Augen auf, und die braunen Lippen sagten ein einziges Wort: Unrein.

Horace blickte zu der Kapuzengestalt in der Kanzel auf und erkannte sich selbst, ganz in Schwarz und mit einem Lächeln im Gesicht.

Das Taufbecken der First Baptist Church befand sich direkt unter der Kanzel, das wusste Horace. Als Kind hatte er während des Gottesdienstes oft über die Wassermassen dort unter dem wetternden Reverend nachgedacht. Nun begannen die Holzplanken vor der Kanzel zu beben und zu klappern, und das Wasser sprudelte und blubberte, als wollte etwas heraus. Im nächsten Moment erhob es sich in einer ruckartigen Welle – ja, dachte Horace, es ist, als wäre es lebendig – und schleuderte zersplittertes Holz, Bänke, Leuchter, Bibeln, Pflanzen, Teppichfetzen und Gesangbücher in die Höhe wie eine feuchte Explosion, wie nasses Feuer. Die dunkle Gestalt war verschwunden. Das Wasser regnete auf Horace vor dem Altar nieder, Bretter und Planken droschen auf ihn ein, er bekam keine Luft mehr, konnte sich kaum auf den Beinen halten, er kämpfte und wollte weglaufen, er wurde niedergeschlagen und konnte dem Wasser nicht entfliehen, er konnte nicht mehr atmen und dachte: So muss ich sterben?, und dann, als er schon aufgegeben hatte, als er sich orientierungslos in sich selbst zurückgezogen hatte und dachte: Komm, Tod, senkte sich plötzlich eine Stille nieder.

Weil er nicht wagte, die Augen zu öffnen, öffnete er nur die Ohren und hörte:

> *Take me to the water*
> *Take me to the water*
> *Take me to the water*
> *To be baptized*

Auf einmal wusste er wieder, wo er war; er war bei seinen Ahnen. Er schlug die Augen auf und merkte, dass er keine Verletzungen mehr hatte. Er fragte sich, wohin die unheimliche Stimme verschwunden war.

> *I know I got religion*
> *I know I got religion*

Von dort, wo er lag, konnte er alles sehen. Das Taufbecken, die Bretter unter der Kanzel – nicht zersplittert, sondern aufgeklappt und abgestützt wie das Maul eines Alligators. Horace blickte in einen tiefen Betonkrater in der Farbe von Gewitterwolken. In der Mitte des Beckens stand Reverend Hezekiah Barden. Sein Kopf saß wieder auf dem Hals, sein Gesichtsausdruck war feierlich und gütig. Er trug jetzt eine weite, weiße Robe, die unter Wasser wogte und sich blähte. Horace hörte den Wasserhahn tröpfeln. Die ganze Nacht über war er aufgedreht gewesen, um das Becken für das Ritual am Morgen zu füllen. Die alten Frauen und Männer sangen:

> *Take me to the water*
> *Take me to the water*
> *Take me to the water*
> *To be baptized*

Bewegend. Uralt. Der Gesang beschwor Beerdigungen herauf, nicht aber die dazugehörige Trauer. Horace war feierlich gerührt; ihre Singstimmen verschränkten sich, verschmolzen miteinander, suchten … ihn? Das Lied schien von ihren vereinten Seelen auszugehen und ihn sanft nach vorn zu ziehen. Doch sobald er am Beckenrand stand, bekam er Angst – es war zu steil, sicher würde er fallen und sich den Kopf an der kalten Betonkante aufschlagen, und dann wäre das heilige Wasser scharlachrot.

Der Reverend streckte eine Hand aus. Die Geste war freundlich und zugleich ein Befehl. Horace betrachtete die Hand, mager und braun. Er trat vor. Er stieg hinab. Tiefer, immer tiefer. Er hielt inne, drehte sich um und sah seinen Großvater, der mit geschlossenen Augen dasaß und sang:

> *Take me to the water*
> *Take me to the water*
> *Take me to the water*
> *To be baptized*

Das Wasser war so kalt, dass Horace' Zähne klapperten. Oder waren es seine Nerven? Er watete voran, an der Oberfläche bildeten sich Wirbel und Strudel.

Barden legte Horace eine magere Hand auf den Kopf, reckte die andere in die Höhe wie zu einem Zauberspruch und sprach: »Zu der Zeit kam Jesus aus Galiläa an den Jordan zu Johannes, dass er sich von ihm taufen ließe. Aber Johannes wehrte ihm und sprach: Ich bedarf dessen, dass ich von dir getauft werde, und du kommst zu mir? Jesus aber antwortete und sprach zu ihm: Lass es jetzt zu! Denn so gebührt es uns, alle Gerechtigkeit zu erfüllen. Da ließ er's ihm zu.«

Jemand rief: Herr, o Herr.

Die Stimme des Reverend wurde lauter, schwoll fast zu einem Gebrüll an, und er warf den Kopf in den Nacken, als wollte er direkt zum Himmel predigen:

»Ich taufe dich, Bruder, im Namen des Vaters, des Sohnes und des Heiligen Geistes.«

Der Reverend legte Horace die eine Hand über Mund und Nase und die andere an den Hinterkopf, und dann drückte er ihn nach hinten. Horace hörte es gurgeln und rauschen, sein Herz klopfte panisch. Er überlegte: Was würde unter Wasser geschehen? Hatte er die Augen geschlossen? War er ganz untergetaucht? Wie würde das Wasser alles Alte, Böse von ihm abwaschen und ihm eine neue, rechtschaffene, errettete Persönlichkeit einflößen? Steckte in den Blasen, die von seinen zitternden Lippen emporstiegen, sein verkommenes, früheres Ich?

Keuchend tauchte er wieder auf, verlor den Halt und versank abermals. Er strampelte, schoss in die Höhe, spie Wasser. Reverend Barden hielt ihn fest gepackt und führte ihn zur Treppe, immer noch kalt, und dann stieg Horace hinauf. Seine Jeans war schwer, das Hemd klebte ihm am Leib. Oben wartete Tante Rachel mit einem großen, weißen Handtuch und hüllte ihn ein wie in einen Mutterleib, während sein Großvater mit volltönender Stimme ein neues Lied anstimmte.

At the Cross, at the Cross
Where I first saw the Light
And the burden of my heart rolled away, rolled away.

It was there by sight,
I received my faith,
And now I am happy all the day, all the day.

Er sah zu seinem Großvater hinüber, und ganz kurz trafen sich ihre Blicke.

Sein Großvater lächelte.

Wie sehr er sich in dem Moment wünschte, er könnte sein Großvater sein, und in dem Moment wurde er von einer ebenso roten wie blauen Trauer überwältigt, in dem Moment begriff er, dass er niemals wie sein Großvater sein würde, er würde niemals sein Großvater sein, und was am meisten schmerzte, er wollte es auch gar nicht, und in dem Moment stolperte er, er stürzte und fand sich nicht in den Armen seiner Tante wieder, sondern am Boden, alle Lichter waren gelöscht und er kauerte nackt in der Kanzel und hielt schluchzend das Gewehr seines Großvaters umklammert. Die Musik war verstummt, er hörte nichts als den Wind, der hoch oben durch die Dachbalken fuhr. Durch die hohen Fenster in der Rückwand fiel Mondlicht ein und zeichnete groteske, gotteslästerliche, nachtfarbene Schatten auf Horace' Körper, die Kirchenbänke und den Altar.

Horace nahm auf dem thronartigen Sessel in der Kanzel Platz und fühlte den Samtbezug an den weichen Hoden. Das Gewehr lag zu seinen Füßen. Er wischte sich über die Augen und musste wieder an den Dämon denken. Wo war er hin? Horace lauschte, er lauschte angestrengt auf die Stimme, auf die Kirchenmäuse, die über den Klavierdeckel trippelten, auf das Knarren und Ächzen der Mauern, die sich auf dem Fundament bewegten, auf diese Stille, die gestört werden wollte.

Zuerst weigerte er sich, die Menagerie aus Schemen und Gliedmaßensilhouetten in der dunklen Nische wahrzunehmen, er wollte gar nicht sehen, wie sie sich in einem wirbelnden Wechselspiel von Umrissen und Formen zu verschieben begannen, wie sie in Bewegung gerieten und sich zu immer neuen Mustern anordneten, Gestalt annahmen, zerflossen, sich wieder zusammensetzten und erneut verwandelten. Da hoben die Stimmen an, erst aus dieser Ecke und dann aus jener, von oben und von unten.

Krank. Einfach krank.

Pervers.

Sodomit!

Kinderschänder!

Memme!

Lackaffe!

Alte Männer, kleine Mädchen, Witwen, Arbeiter, er erkannte keine Gesichter, wusste keinen Namen, aber die Stimmen, diese Stimmen …

Unreiner Bastard!

Schäm dich!

Tunte!

Die Stimmen wurden lauter, die Schemen änderten ihre Form immer schneller.

Schwanzlutscher.

Oreo.

Er riss das Gewehr an sich, sprang auf und rannte zur Tür, mitten durch die Schemen und vorbei an den Stimmen, sein klopfendes Herz erinnerte ihn an die eigene Sterblichkeit und er flehte: Stopp. Stopp. Aufhören, bitte. Doch die Stimmen wurden lauter und schriller.

Homo-suck-sueller!

Eine Schande, schäm dich.

Schwuchtel!

Dreckiger …

Er rannte zur Tür hinaus und da waren sie, sie alle, sie lachten, höhnten und zeigten mit dem Finger auf ihn. Doch statt der Stimmen aus der Kirche hörte er jetzt einen boshaften Zauberchor aus gottlosen Elfen, Kobolden, Greifen, Werwölfen und bleichgesichtigen Phantomen, und seltsamerweise war er erleichtert.

Und da war auch die Stimme wieder. Horace hörte ein schallendes Gelächter, das aus der Unterwelt selbst heraufzusteigen schien. Verstehst du?, dröhnte sie. Verstehst du es endlich? Es ist besser so. Viel besser. Es musste so kommen. Es gibt keinen anderen Ausweg. Du gehörst zu uns.

Horace seufzte. Er hatte keine Tränen mehr, und keine Chance. Es war vorbei.

Die plantagenähnliche Pracht der Tims Creek Elementary School ließ Horace über die Hölle nachdenken. Wenn er früher mit seinen Komplizen über das Gelände gestreift war, hatte er sich gefragt: Wird das Leben in der Hölle so schlimm sein wie unter der Sklaverei? Gibt es dort Hierarchien, Dünkel und Unterschiede, die zu Streit führen? Ungerechtigkeit und Habgier? Oder wäre möglicherweise die Hitze das größte Problem?

Sie näherten sich dem Gebäude durch die Bäume und schritten unter den tiefhängenden Ästen einer Wassereiche durch. Von hier aus konnte Horace die hohen Fenster des Raumes sehen, in dem Mrs Crum die vierte Klasse unterrichtete. Wöchentliche Lesungen, Diavorträge, Rechenaufgaben, Puzzle, Rechtschreibtests. Die Bücherei. Dies war die Welt, die er zu lieben gelernt hatte, sein Lebenszweck, seine Kirche außerhalb der Kirche. Die *echte* Welt. Hier hatte man ihm gezeigt, was Wörter, Sätze und Bücher sind. Vor allem Bücher. Er liebte die Bücher, egal ob über Religion, Geschichte oder Naturwissenschaften. Die Bücher vivisezierten Frösche und Insekten, Vögel und Elefanten. Sie offenbarten ihm den Hinduismus, den Islam, das Judentum und den Buddhismus oder stellten blutige Schlachten in Gettysburg und Peking, Paris und Kairo nach. Zu Hause hatte er auf seine Fragen immer nur Glaube, Hoffnung und Meinungen bekommen, aber hier gab es dank der Bücher konkrete, sakrosankte Antworten.

Die neue Welt hatte ihn verführt, denn er war zutiefst beeindruckt gewesen von dem, was sie zu bieten hatte – Hütten, Häuser und Paläste, kleine und große, prächtige und ärmliche, einen großen, blauen, von Ländern bedeckten Planeten (Russland, Äthiopien, Japan, Griechenland, England, Argentinien), bevölkert von den unterschiedlichsten Männern und Frauen, die an fremden, fernen Orten die unterschiedlichsten Götter verehrten. All das hatte mit Tims Creek, der First Baptist Church und der Familie Cross nichts zu tun und war wundersam, erfrischend und faszinierend anders. Und durch die Zahlen, die Regierungsformen, die Geschichte und die Religionen sprach noch etwas anderes zu ihm und kündete von mehr, noch mehr … obwohl er sich dieses Mehr, das so laut nach ihm rief, nie richtig vorstellen konnte. Doch er strebte und er sehnte sich danach, als hinge sein Leben davon ab, als müsse er sein Leben ändern, um es zu finden.

Als er sich jetzt der alten Schule näherte, halb verhüllt in Mondschatten und Mondlicht, fragte Horace sich, ob er vielleicht schon damals davon geträumt hatte, sich durch Wissen zu verwandeln. Aber in was? Und warum?

Bei der geheimnisvollen Suche hatte der Fernseher eine große Rolle gespielt. Der magisch blaue Kasten wurde bald zum Maß aller Dinge. Er liebte ihn und sah fern, wann immer er nicht las; und obwohl er viel las, saß er manchmal stundenlang vor dem wunderbaren, leuchtenden Apparat. Niemand verbot es ihm. Nur seinen Tanten war aufgefallen, welche hypnotische Macht das schillernde Gerät über seinen kleinen Verstand ausübte. Horace konnte sich schwach an ihre Vorwürfe erinnern.

Aber ich sage es dir, Ruthester, das ist nicht gut für ihn. Neulich habe ich gelesen, dass ...

Die Sache sähe anders aus, wenn Horace nicht so viel lesen würde, aber so ...

Es gibt auch gute Sendungen. Er wird schon keinen Schaden nehmen. Wenn ...

Doch ihr Einspruch bewirkte nichts. Irgendwann erlagen auch sie der Macht der sprechenden Kiste, und Horace durfte weitergucken. Im Fernsehen war die Welt in Ordnung, zumindest scheinbar. Genaugenommen war sie mehr als das, denn auf dem Bildschirm war sie, wie sie sein sollte. Das Grundkonzept war leicht verständlich. Die harmlosen, humorvollen Serien kannten keinen Rassismus, keinen Unfrieden, keinen Schmerz. Der Horror existierte nur in Form von Vampirfilmen, und die wurden eher selten gezeigt. Armut führte nie zu Unterernährung, und jede Ungerechtigkeit wurde beseitigt. Alles war in Ordnung, und am Ende wurde alles gut.

Aber eigentlich wusste er es besser. Das Böse in der Welt war ihm klar und deutlich vor Augen geführt worden. Er hatte gehört, wie die Leute beim Friseur und auf dem Feld über den weißen Mann sprachen; er hatte gehört, wie seine Tanten und die anderen Frauen zischelten und auf die Weißen schimpften; er kannte die Vorträge und die Anekdoten seines Großvaters über das Unrecht, das die Schwarzen durch den weißen Mann erlitten hatten. Er hatte all das gehört, er hörte es bis heute. Aber verstand er es auch?

In den Tiefen seines Gedächtnisses dümpelten Erinnerungen an den Gesichtsausdruck der schimpfenden Männer, an ihre Anspannung, die hervortretenden Adern, die geballten Fäuste. Genau wie sie hasste er die Mehrheit für die erlittenen Ungerechtigkeiten, er hasste die Ungerechtigkeiten selbst und alles, was ihm durch sie verwehrt wurde. Doch er hatte es nie persönlich genommen und war eher neugierig gewesen als wütend, eher fasziniert als verbittert.

Nicht dass er von Rassismus verschont geblieben wäre. Vom ersten Schultag an hatte er Beschimpfungen, vulgäre und verächtliche Kommentare, unwitzige Streiche, boshafte Anspielungen und sogar Schlägereien zwischen Schwarzen und weißen Kindern erlebt. Man hatte ihn regelmäßig beiseitegenommen und ihm erklärt, wie er mit »diesen Leuten« umzugehen habe. Seine Tanten hatten sich eine Meinung dazu gebildet, und obwohl sie inzwischen weiße Kinder unterrichteten, beobachteten sie ihre Schützlinge mit einem gewissen Argwohn, besonders Tante Rachel: Ja, sie können dich beschimpfen, und sie werden es garantiert tun. Ignorier es einfach. Du weißt, wer du bist. Die meisten von denen sind bettelarm. Aber falls dich einer von ihnen schlägt, möchte ich, dass du ausholst und ihm ordentlich eine reinschlägst. Hast du mich verstanden? So was darfst du dir nicht gefallen lassen. Wenn die dich jemals als einen Prügelknaben betrachten, wirst du für den Rest deines Lebens einer sein. Du musst lernen, für dich einzustehen und dich zu wehren. Vor allem du.

Ihm war klar gewesen, dass sie recht hatte. Er konnte sich trotzdem nicht vorstellen, jemandem eine reinzuhauen.

Auf die Vorderseite, befahl die Stimme.

Horace und sein Gefolge marschierten um die Schule herum und fanden sich unter einer großen Außenleuchte wieder, die die Fassade erhellte. Er machte sich nicht bewusst, dass man ihn von der Straße aus sehen konnte oder dass er vollkommen nackt war. Sie betraten die breite Veranda, und Horace sah, dass im Büro des Schuldirektors immer noch Licht brannte. Er dachte: Was macht Jimmy um diese Zeit noch hier?, schlich auf Zehenspitzen ans Fenster und spähte hinein.

Aber Jimmy war nicht da. Stattdessen saß ein weißer Mann

mittleren Alters an seinem Schreibtisch, und als Horace den Blick durch den Raum schweifen ließ, sah er sich zu seiner großen Überraschung selbst auf einer Bank neben der Tür sitzen, keine zehn Jahre alt, und daneben einen weißen Jungen mit strohblondem Haar und schiefen Zähnen. Plötzlich fiel Horace der Name wieder ein: Willy Smith. Beide Kinder hatten aufgeplatzte, blutige Lippen. Der alte Schulleiter Mr Stubbs saß da und schrieb. Seine Hand ruckte über das Papier, sein Gesicht war starr vor Fassungslosigkeit. Er war ein rundlicher, rotwangiger Mann mit schwachen Nerven; ständig verrutschte seine Brille, ständig musste er sie geraderücken.

Willy hatte behauptet, Horace habe seinen Fantastic-Four-Comic gestohlen, ein Jubiläums-Sonderheft. Doch Horace hatte sich den Comic am Wochenende zuvor in einem Laden in Wilmington gekauft. Der Junge hatte ihn geschubst und einen Lügner und einen Dieb genannt, und so waren sie im Büro von Mr Stubbs gelandet.

Plötzlich flog die Tür auf und seine drei Tanten stürmten herein. Horace bemerkte ihre geschmackvolle, in Erdtönen gehaltene Kleidung, die geglätteten Haare – keine einzige Strähne war verrutscht –, ihre tadellose Haltung. Von seinem Platz draußen vor dem Fenster meinte er ihr Parfum riechen zu können.

Mr Stubbs fuhr zusammen und wurde rot wie eine Rübe. Er erhob sich und ging automatisch in die Defensive.

»Nun, Mrs Edgar, Mrs Johnson, Mrs McShane ... Ihr Cousin hat sich geprügelt – geprügelt! –, und zwar mit ...«

»Und warum?«, fragte Rachel schroff und verengte die Augen zu Schlitzen wie ein gefährliches Tier. »Haben Sie ihn mal nach dem Grund gefragt?«

»Nun, ich ...«

»Und haben Sie mit Augenzeugen gesprochen?«, fragte Rebecca und sah mit unbewegtem und deshalb umso bedrohlicherem Gesicht auf ihn hinunter. »Welche Lehrerin hatte Aufsicht? Warum hat sie so etwas zugelassen?«

»Ich glaube, es war Mrs ...«

»Horace ist ein Cross.« Ruthester hob einen Finger und richtete ihn auf Mr Stubbs, und er zuckte zurück wie nach einem Nadelstich. »Er prügelt sich nie. Ich bin mir sicher, dass er provoziert wurde.«

»Meine Damen, ich ...«

»Und wo ist diese Lehrerin eigentlich? Wie, sagten Sie, war ihr Name?«

»Mrs ...«

»Wo ist der kleine Bengel? Haben Sie mit ihm gesprochen?«

»Meine Damen, ich bitte Sie, ich ...«

»Ich möchte zu Horace. Sofort. Wo ist er? Er könnte sich verletzt haben!«

»Genau. Sofort.«

»Sofort, jawohl.«

»Meine Damen!« Mittlerweile hatte Mr Stubbs' Gesicht die Farbe von Erdbeerlimonade. Der Schweiß stand ihm auf der Stirn, er musste ein paar Mal schlucken, um sich zu beruhigen, und dann zeigte er auf die Bank an der Tür und sagte: »Beide sind hier.«

»Ooooooh!« Ruthester rupfte ein Papiertuch vom Schreibtisch des Direktors, eilte zu Horace, fiel vor ihm auf die Knie und tupfte seine geschwollene Lippe ab. »Ist alles in Ordnung, mein Schatz?«

»Ja, Ma'am«, sagte er kleinlaut.

Während er draußen vor dem Fenster stand und die eigenartige Szene verfolgte, erinnerte Horace sich an die Gefühle von damals. Er war gerettet worden, gleichzeitig hatte er Mitleid mit Willy gehabt. Denn als Willy dort auf der harten, hölzernen Gerichtsbank saß, war er kein hasserfüllter Ankläger mehr, sondern einfach nur ein Junge mit aufgeplatzter Lippe, allein und ohne Löwinnen, die ihm zu Hilfe eilten. Und dieser innere Zwiespalt weckte in Horace den Eindruck, dass er falschlag, denn offenbar fühlte er nicht, was er fühlen sollte. Er war immer noch wütend, ja, aber da war auch diese seltsame Ahnung von einer Ungerechtigkeit oder Ungleichheit, die ihm in die Hände spielte.

Mr Stubbs überstellte Horace in die, wie er es nannte, verantwortungsvolle Obhut seiner Tanten, die ihn wegen der Prügelei hoffentlich »auf das schärfste« zurechtweisen würden. Mit so viel Vertrauenswürdigkeit, wie sie einem weißen Südstaaten-Gentleman angesichts dreier Schwarzer, majestätischer Furien zur Verfügung stand, versicherte er ihnen, er werde Mrs Smith persönlich anrufen und dafür sorgen, dass der kleine Willy eine »angemessene und gerechte« Strafe erhielt. Was für Horace bedeutete, dass keiner von ihnen etwas zu befürchten hatte.

Später beglückwünschten ihn seine Tanten, weil er sich verteidigt hatte, und egal, was »dieser Mann« behauptete – wenn er kämpfen musste, musste er kämpfen, ungeachtet der Konsequenzen, denn nicht zu kämpfen, hätte Folgen, die schlimmer und beschämender wären als jede Strafe, die der Direktor verhängen konnte. Es gab da eine Rüstung, ebenso unsichtbar wie wirkungsvoll, die man anlegen konnte, um sich zu schützen. Horace erkannte sie im gebeugten Gang seiner Großtante, im schneidenden Tonfall seines Großvaters, in ihren blitzenden Augen, wenn sie Weißen begegneten. Integrität. Würde. Stolz. Natürlich hatte er diese Begriffe früher nicht gekannt, doch er sah sie in ihrer Körperhaltung und hörte sie aus ihrer Sprache heraus. Ohne diese Eigenschaften wäre man zweifellos verloren. Horace begriff, dass auch er diesen geheimnisvollen Zustand erreichen musste; er wollte das schützende Wissen erlernen und die Konsequenzen abwenden.

Die Bilder im Büro lösten sich auf, als würde ein beschlagener Spiegel plötzlich wieder klar. Horace wandte sich ab und ging weiter. Unten auf der Straße raste ein Auto vorbei, aber Horace dachte nicht daran, dass man ihn sehen könnte; er war zu abgelenkt von den Höllenhunden, die am Fuß der Vordertreppe kämpften, und den blauen Pferden, die kreuz und quer über den Schulhof galoppierten.

An der Seite des Gebäudes hielt er inne, überblickte den Rasen neben dem Weg und spürte plötzlich eine große Unruhe. Vierte, fünfte, sechste, siebte, achte Klasse, alle hier in diesem Gebäude verbracht. Jahrelang hatte er sich gefühlt wie ein kleiner Tonklumpen, der um eine Form ringt, wie ein kleines, hässliches Wesen, das sich Federn und Flügel wünscht, um endlich majestätisch zu sein. Es waren nur fünf Jahre gewesen. Ein so heftiges Ringen in so kurzer Zeit, so viel Neid, so viele Verzerrungen, ein solches Machtgefälle. Lehrerinnen. Essen aus der Cafeteria. Schläge. Kakao und Lorna-Doone-Kekse. Die Highschool war ihm damals so fern und unwahrscheinlich erschienen wie der Tod, die Ehe und alles andere, was sich außerhalb der Welt von Tom Swift und den Flintstones abspielte. Auf einmal fand Horace seine frühere Unschuld unattraktiv, seine Unwissenheit abstoßend, seine Schmerzen – seine Kindheit an sich – unerträglich.

Doch er hatte auch Lichtblicke erlebt, mehr als das, er war glücklich gewesen. Grüne, gelbe und orangerote Tage mit Ausflügen, Sackhüpfen, naturwissenschaftlichen Experimenten, Streichen und Büchern, so vielen Büchern. Der spindeldürre John Anthony mit der Haut wie Kupfer war seit dem Kindergarten sein bester Freund gewesen, und anfangs hatte auch er sich für Bücher begeistert. Sie träumten von Robotern,

Raketenschiffen und Monstern. Sie hatten ein Raumschiff entworfen und Pläne für eine Basis auf dem Jupitermond Europa gezeichnet, und für eine Stadt ganz unten im tiefsten Graben des Atlantik. Sie hatten einen Verein für Nachwuchswissenschaftler gegründet, den Club der jungen Genies, der nur zwei Mitglieder hatte, Horace und John Anthony, und dann hatten sie sich gestritten, wer den Vorsitz übernehmen durfte. In den Pausen malten sie sich aus, wie es wäre, als mutige weltreisende Geologen, Biologen, Chemiker oder Ägyptologen hierhin und dorthin zu eilen und den Planeten vor dem Bösen zu retten. Im Laufe der Jahre änderten sich ihre Gesprächsthemen, und ihre Pläne wurden weniger hochfliegend und dafür konkreter.

John Anthony hatte als Erster eine Freundin – Gina Pierce, ein Mädchen mit langen Beinen und loser Moral, der alle Jungs zuzwinkerten, und sie zwinkerte unverfroren zurück. Mit elf wusste John Anthony alles, was es über Frauen zu wissen gab, und auch über Frauen und Männer und über Sex. Horace hatte sich das Grundwissen über die menschliche Fortpflanzung selbst angeeignet, was dazu führte, dass es eher trocken war. Die technischen Details waren ihm einigermaßen klar, dennoch erschien ihm der Vorgang rätselhaft und geheimnisvoll; anscheinend steckte mehr dahinter, eine feuchte, verbotene Süße, eine große Macht. Am Ende war es der frühreife John Anthony, der mit seinen Erkenntnissen und seiner Erfahrung – beides hatte er in erster Linie den unzensierten, nicht jugendfreien Prahlereien seines großen Bruders Perry zu verdanken – die Lücken in Horace' korrektem, doch den Kern der Sache verfehlenden Wissen zum Thema Sex füllte. Zunächst ging es darum, Horace' Vokabular zu erweitern und neue Begriffe einzuführen.

Ficken.

Was? Finken?

Nein, Blödmann. »Ficken«. Du weißt doch, was das ist, oder?

Sie saßen ganz oben auf dem Klettergerüst, weit entfernt von ihrer Klasse. John Anthony lehnte sich in einer sehr männlichen Geste zurück und schob die Ellbogen zwischen zwei Kletterstangen.

Nein. Hab ich noch nie was von gehört.

Horace, Horace, Horace. Musst du reden wie ein Bauer? Du hast drei Lehrerinnen als Tanten und sagst trotzdem »was«?

Was soll ich denn sonst sagen, Mister Schlaumeier?

Du sollst sagen: »Hab ich noch nie *etwas* von gehört.«

Und was ist das jetzt?

Was?

Finken.

Ficken!

Ja, verdammt. Was ist das?

Du Blödkopf. Das ist, wenn ein Mann und eine Frau es tun.

»Es«? Was ist »es«? Meinst du Geschlechtsverkehr?

Meine Güte! Hört ihn euch an! »Geschlechtsverkehr«. Schmeißt hier mit schicken Fremdwörtern um sich und weiß nicht mal, worum es geht.

Und ob ich das weiß. Das ist, wenn ein Mann seinen Penis in die Vagena der Dame einführt und Spermazyten in ihren Utertum ejakuliert. Zuerst wächst daraus ein Flötus und dann ein Baby. Tja!

Na ja, mit den Details kenne ich mich nicht so aus. Ich weiß nur – und ich weiß es, weil Perry es mir erzählt hat –, dass der Mann seinen Schwanz nimmt und in die Muschi der Frau steckt, und dann ficken sie. Verstehst du?

Seinen was?

Seinen Schwanz, Blödmann. Hast du das noch nie gehört?

Was … wie meinst du das?

Du bist so ein Idiot.

Oh. Und eine Muschi ist …

Genau.

Oh … und Ficken ist …

Ja.

Oh. Aber warum machen die Leute das?

Wenn du mal nicht der größte Trottel unter der Sonne bist. Perry sagt, sie machen es, weil es das beste Gefühl der Welt ist.

Wirklich?

Angeblich.

Verdammt!

Aber das war in der Grundschule gewesen, lange bevor Horace herausfand, dass die Wahrheit noch viel komplizierter ist. Und der John Anthony von heute vertrat die Highschool in gleich drei Sportarten, war immerzu von einer Mädchentraube und einer Aura bulliger Männlichkeit umgeben und schon lange nicht mehr der kurzsichtige kleine Junge, der zusammen mit seinem besten Freund davon träumte, ein Raumschiff zu bauen und zum Uranus zu fliegen. Manchmal vergingen Wochen oder sogar Monate, ohne dass sie sich sahen, und wenn doch, reichte es nur für ein knappes Hallo oder Wie geht's? oder Lass uns bald mal wieder etwas unternehmen. Horace hatte sich für Chemie, Trigonometrie, Englisch (im Leistungskurs) und Musiktheorie entschieden; John Anthony interessierte sich für Automechanik, Sport (Leistungskurs), technisches Zeichnen und Maurerei.

Horace war besessen von dem Gedanken, eine Freundin zu haben. Er vermutete, dass er sich erst vollständig fühlen würde, wenn ein Mädchen irgendetwas in ihm sah, vielleicht das vage Bild des Mannes, der er einmal sein würde; wenn ein Mädchen ihn unwiderstehlich süß fand. Oder vielleicht ging es ihm nur darum, von einer netten Person gemocht zu werden, die kein Mitglied seiner Familie oder seiner Kirchengemeinde war. Als er sich in der sechsten Klasse nach einer Freundin umsah, ging er es eher an wie ein Jäger, der ein Reh fangen will, als wie ein Verehrer auf der Suche nach einer Braut.

Er hatte nur Pech. Die Mädchen mieden ihn wie einen Skunk. Er lächelte, machte Komplimente, schrieb Liebesbriefe und überreichte sogar das eine oder andere Geschenk, aber die Mädchen waren wie schreckhafte Fische und wollten partout nicht anbeißen. Natürlich war er nicht der Einzige ohne Glück in der Liebe, dennoch war er ratlos. Woran lag es? Sah er nicht gut genug aus? Stank er? Hatte er schlechten Atem? Waren seine Klamotten aus der Mode? Einmal hatte er sogar seine Tante Rachel gefragt, natürlich nicht direkt: Stimmt irgendwas nicht mit mir? Woraufhin sie ihn so überschwänglich für sein Aussehen, seine Intelligenz und seinen Charme lobte, dass er nur ein Viertel davon glauben konnte; später überlegte er sich, dass dieses Viertel aber wohl der Wahrheit entsprach.

Eines Tages stieß er darauf – nicht auf die Lösung, aber immerhin auf eine Erklärung. Er bekam sie von Emma Dobson, die weiß Gott kein Engel war, aber alle Kriterien einer Freundin erfüllte: ganz hübsch, ganz nett. Er war so hartnäckig, dass sie die Flucht ergriff, wann immer er in ihre Nähe kam, und dann eines Tages, als er ihr hinter der Cafeteria aufgelauert hatte, gestand sie ihm, er sei einfach nur »komisch«.

Als er sie fragte, was sie damit meine, sagte sie: »Na ja … ich weiß auch nicht. Du willst immer nur lesen. Du machst keinen Sport wie die anderen Jungen. Du bist irgendwie … keine Ahnung … ein bisschen wie Gideon … also, ich will damit nicht sagen, du wärst schwul oder so, eigentlich bist du ganz süß, wirklich, aber ... ach Mist, Horace, ich kann einfach nicht deine Freundin sein! Ich will keinen Freund, den alle *komisch* finden. Und jetzt lass mich bitte los.«

Er dachte darüber nach, und es stimmte. Er war nicht wie die anderen Jungen. Er hatte keine Lust auf Football, und auch nicht auf Fußball, Baseball oder Basketball. Sport langweilte ihn. Er war nicht dick, aber auch nicht schlank und muskulös wie John Anthony, der in allen Ballsportarten gut und immer der Kapitän war, der immer die meisten Punkte holte und immer von allen Mädchen bejubelt und angefeuert wurde. Horace spürte einen Hauch von Neid, trotzdem war John Anthony sein Kumpel. Gideon hingegen ... mit Gideon verglichen zu werden, war die schlimmste aller Beleidigungen.

Gideon Stone war zweifellos der hübscheste Junge in Horace' Klasse, und alle nannten ihn so. Hübsch. Gideon hatte, wie die alten Männer sagen, *Zucker im Blut*. Aber im Gegensatz zu den anständigen Leuten machte er daraus keinen Hehl, sondern trug es sogar zur Schau. Seine Bewegungen waren anmutig und feminin, sodass er zart und mädchenhaft wirkte. Beim Sprechen machten seine Hände blumige Gesten, sein Gang war irgendwie affektiert. Die Leute kicherten über ihn. Horace behauptete, Gideon für seine »Art«, wie alle es nannten, zu verachten, aber der wahre Grund für diese Verachtung war ein anderer: Gideon galt als der intelligenteste Schüler der Klasse.

Gideon war nicht nur der Schlaueste, sondern auch ziemlich gemein. Angeblich hatte er sich seine Gemeinheit hart erarbeitet. Er war der jüngste Sohn von Lucius Stone, dem einzigen Schnapsbrenner in Tims Creek. Lucius, ein schlanker, hochgewachsener Mann, litt an Asthma, war so schwach wie ein Kätzchen und bediente sich öfter an seinem Whiskey, als gut für ihn war. Aber seine Söhne – er hatte sieben davon: Henry, John, Michael, Peter, David, Nathaniel und Gideon (oder auch: Bo-Peep, Bob-Cat, Shotgun, Bago, Hot Rod, Boyboy und Gideon) – kamen nach seiner Frau Viola, einer geborenen Honeyblue, und den Honeyblues eilte ein gewisser Ruf voraus. Sie waren grobknochige, boshafte Menschen, die sich immer schon durch Faulheit und Stärke und nie durch Fleiß hervorgetan hatten. Viola galt als die treibende Kraft hinter Lucius, sie sorgte dafür, dass der Whiskey pünktlich fertig wurde, und kümmerte sich um alle Geldangelegenheiten. Ihren Gideon betrachtete sie als ein Geschenk des Himmels, was ihm durchaus bewusst war, und so hatte er eine Arroganz entwickelt, die er gegen alle Fremden einsetzte wie eine Waffe. In den Augen seines Vaters konnte er nichts falsch machen, und in der Tat kam es nur selten vor.

All jene in der Gemeinde, die keine Kunden von Lucius waren, rümpften die Nase, wenn ein Stone vorbeilief. Viele seiner Kunden übrigens auch. Vor allem die Frauen schnitten Viola und sagten kaum mehr als guten Tag, und auch das nur widerwillig. Die Stones waren unverbesserlich, wie Ezekiel Cross beim Abendessen oft sagte, der Schandfleck der Gemeinde. Sie waren vom Weg des Herrn abgekommen, falls sie ihn je beschritten hatten. Und Gideon, oder zumindest bildete Horace sich das ein, hatte Horace zum ersten Adressaten der Verachtung gemacht, die er für die gesamte im Glashaus sitzende, mit Steinen werfende Gemeinde empfand.

Und während Horace auf den Stufen saß, scharte sich am Fuß der Treppe eine Gruppe von Jungen zusammen.

Sie waren zu fünft: Horace, Rufus, Willie John, John Anthony und Gideon, Siebtklässler von zwölf oder dreizehn Jahren. Gideon stand ein bisschen abseits, im Gesicht die blanke Wut.

»Erzähl mal, Gid«, sagte John Anthony und stupste dabei Horace an. »Wie ist es, einen Mann zu küssen?«

»Woher soll ich das wissen.« Gideon scharrte seelenruhig mit der Schuhspitze im Kies. »Dein Daddy ist schließlich kein richtiger Mann.« Die Jungs machten Ooooh und sahen John Anthony erwartungsvoll an.

John Anthony ballte die Fäuste. »Sprich nicht so über meinen Vater, Schwuchtel.«

Rufus stellte sich hinter Gideon. »Hey, Gid. Willst du rummachen? Hm? Komm schon.«

»Rummachen? Mit dir? Anders als ihr Farmkinder stehe ich nicht auf Kleintiere.« Wieder gab es ein paar aufgeregte Ooohs und Aaahs.

»Hey, Giiideeeooon!« Willie John trat vor und äffte Gideons Gang nach, seine Art zu reden, das schlaffe Handgelenk, die gebeugten Schultern, die auf die Hüfte gelegte Hand. »Kannst du mir ein paar Make-up-Tipps geben?«

»Willie John, Schätzchen. Bei deinem Gesicht ist leider nichts mehr zu machen.«

Die Jungen zeigten gackernd auf Willie John, der Gideon stirnrunzelnd den Rücken zukehrte.

Und noch bevor das Lachen verebbt war, schoss Gideon vor wie eine Schlange beim tödlichen Biss: »Was ist mit dir, Horace? Keine Lust, mitzumachen?« Gideon wirkte ebenso amüsiert wie gelangweilt und hackte einen Absatz in den Kies. »Hast du was Besseres auf Lager als deine Laufkumpels? Na los. Spann mich nicht auf die Folter.«

»Oooooh, Horace. Er will dich! Er bettelt drum! Los doch, Horace, er soll dich Daddy nennen.« Die Jungs grölten. Willie John schob Horace auf Gideon zu.

Horace ruckte mit der Schulter, schüttelte verärgert Willie Johns Hand ab und stand Gideon gegenüber.

»Hast du Angst, Horace?«

»Halt's Maul, Memme.«

»Ach komm, mehr fällt dir nicht ein?«

»Willst du wissen, was ich von dir halte, Gideon?« Horace versuchte, einen angewiderten Ausdruck aufzusetzen. »Willst du?«

»Was möchtest du denn halten, meinen Schwanz?« Gideon lächelte träge, die Jungs stießen das obligatorische Ooooh aus.

»Du bist widerlich, Gideon Stone. Du bist das Letzte und ... und ... unrein. Du bist Abschaum!«

»Oh, Horace, du redest immer so schön.« Gideon zwinkerte ihm zu.

»Zur Hölle mit dir, Gideon.«

»Ich bin mir sicher, du hättest mich lieber woanders.« Damit warf Gideon Horace einen Luftkuss zu und drehte sich zum Gehen um.

»Schwuchtel.« Horace hatte es nur geflüstert, aber das Wort versengte die Luft.

Gideon fuhr herum und sah Horace an. Er ignorierte die anderen, die kichernd um sie herumstanden, und warf Horace einen beängstigend eindringlichen Blick zu. Und nun, da Horace die Phantome sah, begriff er, dass Gideon ihm mehr zugeworfen hatte als einen bösen Blick. Es war ein Fluch. Eine Prophezeiung.

Gideon drehte sich wortlos um, was die Jungen sehr verunsicherte, und ging davon, und mit ihm verschwand die Szene.

Horace blieb noch eine Weile nackt auf der Treppe sitzen und spürte, wie die laue Nachtluft seine Beine streichelte. So sah also seine Angst aus? Er versuchte sich zu erinnern, wann er sich seines Defekts bewusst geworden war, aber nachdem er sich nun dort gesehen hatte, war ihm klar, dass er seine wahre

Natur immer schon gekannt hatte. Und er hatte sich vor den Konsequenzen gefürchtet. Natürlich konnte er sie damals, mit zwölf oder dreizehn, noch nicht ermessen. Aber er hatte sie erahnt.

Bis zur achten Klasse hatte er entdeckt, wie man mit den Händen sündigt. Er wusste, Höllenfeuer und Verdammnis waren ihm garantiert, denn sosehr er sich auch bemühte: Er konnte einfach nicht damit aufhören. Manchmal hielt er tagelang, wochenlang durch, nur um abermals dem köstlichen Wahn zu erliegen, und hinterher fühlte er sich schuldig wie ein Mörder. Er hatte eine ziemlich trostlose Vorstellung von Gott – er sah den Gott aus dem Alten Testament, den Gott Abrahams, Isaaks und Davids, der Torheiten nicht duldete und streng bestrafte. Ein rachsüchtiger, dunkler Araber mit glimmenden Augen und weißem Haar. Nach jedem Orgasmus donnerte er durch Horace' Verstand; der Gott brüllte in seinem Kopf herum, sobald das Bedürfnis sich meldete und Horace an pornografische Bilder von Frauen und Männern in unheiliger Vereinigung dachte. War das der Moment, in dem die Wahrheit sich entblößte und nackt präsentierte? Als der Gedanke an eine Frau ihn nicht erregen konnte, der Gedanke an einen Mann aber schon?

Lass uns einen Ausflug machen, sagte die Stimme.

Was?

Komm mit. Da drüben ist ein Haus. Komm.

Das Haus gehörte der Familie Sapphire. In der zweiten Klasse war Daisy Sapphire Horace' Lehrerin gewesen, eine unbeliebte, große Frau mit langem, schwarzem, strähnigem Haar, die niemals lächelte und anscheinend Freude daran hatte, Horace grundlos zu bestrafen. Selbst ihre Art zu essen war merkwürdig; in der Cafeteria saß sie immer allein und zerteilte den Hamburger mit dem Messer in mundgerechte

Stücke, bevor sie ihn dann mit der Gabel aufspießte. Die anderen Lehrkräfte mieden sie.

Ihren Mann, einen schmerbäuchigen, Tabak kauenden, netten alten Kerl, hatte Horace immer nur auf dem Traktor oder rücklings unter seinem Truck gesehen. Er hieß Mason.

In jeder Ecke des quadratischen Grundstücks wuchsen Pekannussbäume, insgesamt neun. Das weiß gestrichene Haus war eingeschossig und hatte an der Vorderseite eine Veranda mit Fliegengitter und an der Seite eine Küchentür. Zur Linken befand sich Mrs Sapphires Gemüsegarten, ungefähr zehn mit Erbsen, Blattkohl, Ackersenf, Zuckerschoten, Mais, Rüben und Kürbis bepflanzte Erdfurchen. Zwischen den Maisstängeln hing eine Vogelscheuche an einem Pfosten. Horace stellte sich neben das Beet, schob die Zehen in die feuchte Erde und dachte an sein zweites Schuljahr bei Mrs Sapphire.

Nun denn, sagte der Dämon. Tob dich aus.

Ohne zu zögern, ließ Horace das Gewehr fallen und machte sich daran, in der Erde zu wühlen und sie umzupflügen. Die Kobolde und die Trolle johlten, kreischten und schnatterten. Horace wütete, entwurzelte Rüben und Kohl, riss Stützstäbe heraus und zerknickte sie, zertrat Maisstängel ... in kürzester Zeit hatte er alles zerstört. Danach schritt er die Reihen ab und wässerte die zerfetzten Pflanzen mit Urin.

Der Dämon kicherte. Nun, sagte er, weiter zum Auto.

Zum Auto?

Zum Unterstand.

Auf dem überdachten Stellplatz parkte ein kotzgrüner Buick Baujahr 1967. Das stromlinienförmige Design wirkte mittlerweile ein bisschen lächerlich. Die breiten Sitze waren übertrieben elegant, aber vom Landleben verstaubt und verschlissen, auch wenn der Wagen fast nur samstags und sonntags bewegt worden war.

Los, sagte die Stimme.
Los?
Ja.
Aber wie denn?
Sieh hin, sagte die Stimme. Wirf einen Blick hinein.

Die Einwohner von Tims Creek hatten fast grenzenloses Vertrauen ineinander. Es gab keinen Grund, die Türen zu verriegeln, denn niemand würde ungebeten hereinkommen; keinen Grund, abends die Gartengeräte wegzuschließen, denn niemand würde sie ungefragt nehmen; keinen Grund, den Zündschlüssel abzuziehen, denn niemand würde unaufgefordert den Motor starten. Da baumelten die Schlüssel und schimmerten silbrig im Mondlicht.

Steig ein, sagte der Dämon. Bis Sonnenaufgang haben wir noch jede Menge zu erledigen.

Horace gehorchte der Stimme und stieg ein. Anscheinend hatte er ihr immer weniger entgegenzusetzen, und langsam bereitete ihm dieser Gehorsam ein gewisses Vergnügen. Die alte Wagentür knarrte metallisch, als er den Knopf drückte und sie aufzog. Der Innenraum roch nach Lavendel und Mais und ganz leicht nach Schmieröl. Als Horace das kalte Kunstleder berührte, kribbelte seine Haut und er erschauderte. Neben ihm saß ein Schwein mit ungewöhnlich zotteligem Haar, und im Rückspiegel erkannte er zwei augenlose Frauen in blauen Gewändern. Sie begannen zu singen: *Michael row the boat ashore, Hallelujah! Michael row the boat ashore, Hallelujah.* Horace trat das Gaspedal ein Mal und dann ein zweites Mal durch, bevor er den Zündschlüssel drehte, damit der Motor entsprechend reagierte und sanft ansprang, *Sister, help to trim the sail, Hallelujah! Sister, help to trim the sail, Hallelujah*, aber dann wurde er vom Krach aus Zündkerzen, Vergaser und Keilriemen aufgeschreckt und von der bebenden Karosserie durchgeschüttelt. Er stellte sich vor, wie Mason Sapphire sich im Schlaf wälzte und Mrs Sapphire zu sich kam und dachte: Ist das nicht unser Buick?, und dann: Nein, bestimmt nicht. Nun, sie würde ihre Meinung ändern, wenn sie hörte, wie er den Rückwärtsgang einlegte und die Reifen über den knirschenden Kies der Einfahrt rollten, *Jordan is deep and wide, Hallelujah! Milk and honey on the other side, Hallelujah*, vielleicht würde sie Mr Sapphire wecken, aber falls der alte Farmer überhaupt etwas hörte, dann nur, wie sein Auto mit über hundert Sachen davonraste, und in der bedrückenden Stille des frühen Morgens würde er verschlafen zu seiner Frau sagen: Ja, klingt nach der alten Karre, aber mal im Ernst, Daisy, wer würde die schon stehlen? Um zwei Uhr nachts? *Hallelujah*.

HEILIGE WISSENSCHAFT

Die freiwillige Abkehr von den würdigen
Wissenschaften ist vielleicht die härteste
Lektion in Demut.

Samuel Johnson

James Malachai Greene • Bekenntnisse

Im Verhältnis zum restlichen Haus war ihr Zimmer groß, trotzdem nahm das Bett es fast komplett ein. In der stillen Augusthitze lag sie unter einem Deckenventilator, der langsam in den Schatten rührte, und erzählte mir von meiner Großmutter, meinem Großvater, ihren Vorfahren. Ich saß in einem alten Schaukelstuhl und sah mich in dem grauen Krankenzimmer nach Antworten um. Gelegentlich hustete sie, ein abgehacktes, brutales Geräusch, das ihren gebrechlichen Körper sich verkrampfen ließ. Lachend spuckte sie den Schleim in ein Papiertaschentuch und warf es in den überquellenden Abfalleimer, dann richtete sie die Augen – größere und braunere hatte ich nie gesehen, es war fast grotesk – erneut auf mich und nahm den Erzählfaden ohne eine Pause wieder auf. Der Krankheitsgeruch schien sich im Zimmer festgesetzt zu haben wie der Dunst von Kutteln und Kohlgemüse, er erinnerte mich an ...

Margurette Honeyblue war noch nicht hochbetagt. Sie erzählte mir, dass sie an ihrem nächsten Geburtstag, dem zweiundzwanzigsten November, dreiundsiebzig würde. (»Ihr Urgroßvater Thomas Cross hat an seinem zweiundachtzigsten Geburtstag ein Feld gepflügt. Mit einem Maultier! Jawohl, Sir. Noch an seinem Todestag hat er den Acker neben dem Pickett Cemetery für die Frühsaat umgegraben. Genau an diesem Tag! Mit Zweiundachtzig!«) Sie machte sich keine Hoffnungen, ihren dreiundsiebzigsten noch zu erleben. Im Januar hatten ihr die Ärzte gesagt, sie habe noch sechs Monate (»Anscheinend sagen die allen dasselbe: ›sechs Monate‹, ›sechs Monate‹. Aber die Wahrheit ist: Sie wissen gar nichts.

Sie haben keine gottverdammte Ahnung – oh, entschuldigen Sie bitte. Ich meine ... Ich vergesse immer, dass Sie ein Prediger sind und das alles.«)

Sie war immer zierlich gewesen, ein gelbbrauner, sehniger Tiger von einer Frau, aber nun sah sie aus wie ein Skelett, so abgemagert waren ihre Arme und Beine (»schauen Sie, ich kann mit der Hand um meinen Oberschenkel greifen. Einfach so. Kein Problem. Ich bin nur noch Haut und Knochen. Haut und Knochen«). Sie lebte schon so lange im Halbdunkeln, dass ihre ohnehin großen Augen so geweitet waren wie die eines staunenden Kindes. Wenn ihr ungläubiger Blick in die Ferne schweifte, ins Nichts, wirkte sie wie eine hübsche, verunsicherte Achtzehnjährige.

Das abgedunkelte Zimmer war mit Sekretären und aus den anderen Räumen herbeigeschafften Stühlen vollgestellt, auf denen ihre zahlreichen Besucher Platz fanden. Die Fenster waren geöffnet, die Vorhänge zugezogen. Wenn sie sich im Bett umdrehte, knarzte das Holz kaum. Sie sah auf die Uhr neben dem Bett und rief: »Viola! Viola! Wo steckst du? Zeit für meine Medizin!«

Mrs Sarah Atkins war auch zugegen. Gepackt von einer Energie, die aus dem Nichts zu kommen schien, richtete Miss Margurette sich auf, sah Miss Sarah an und fragte in einem kindlichen, fast verschwörerischen Tonfall: »Liebes, sieh doch mal nach, ob da noch Wasser in dem Krug ist.« Sie tastete nach ihrer Pillendose und schüttelte sie. Leer. Stirnrunzelnd ließ sie sich wieder in die Kissen sinken und rief: »Viola! Ich sagte, bring mir meine Medizin!«

Nach einer Minute knallte die Fliegengittertür wie ein Gewehrschuss, und als Nächstes tappte Viola herein. Sie war barfuß, hatte einen vorwurfsvollen Gesichtsausdruck und beachtete weder Miss Sarah noch mich. »Ist denn keins mehr da?«

»Würde ich dich rufen, wenn da noch welches wäre?«

Viola baute sich verärgert vor ihr auf. Das verblichene, burgunderrote Kleid warf Falten an den Hüften, Schweißperlen standen ihr auf der Stirn und liefen ihr seitlich über den Hals. Sie hielt ein Bier in der Hand.

»Und da sind noch die beiden anderen Sachen, die ich nehmen soll. Ich brauche Wasser.«

»Schon gut.« Viola sah mich an. Ihr Blick war höhnisch, fast schon verächtlich, aber ich hatte mich inzwischen daran gewöhnt. Viola Honeyblue Stone sah jeden so an. Dass ich ein Prediger und ein Greene war, machte die Sache nicht besser.

»Ach, Viola. Bring mir lieber ein Bier.« Viola drehte sich wieder zu ihrer Mutter um und stöhnte genervt.

Auf ihrem Gesicht breitete sich ein selbstgefälliges Lächeln aus. Sie sah mich schweigend an, als warte sie auf einen Kommentar oder auf einen an Miss Margurette gerichteten Tadel. Immerhin war heute Sonntag.

Aber die alte Dame wandte sich an mich und Miss Sarah und fragte: »Wollt ihr auch was trinken?«, um klarzustellen, dass ihr völlig egal war, wer zu Besuch war. Sie würde trinken, worauf sie Lust hatte, und wenn der liebe Gott persönlich an ihrem Bett säße.

Miss Sarah rutschte auf ihrem Platz herum, einen gierigen, erwartungsvollen Zug um den Mund. Sie sah kurz in meine Richtung, senkte den Blick und richtete ihn dann mit plötzlicher und gekünstelter Sorge auf Miss Margurette. »Also wirklich, Margie. Meinst du wirklich, du solltest in deinem Zustand trinken?«

Miss Margurette legte den Kopf in den Nacken und lachte, bis sie einen Hustenanfall bekam. »Liebes Kind, so wie ich die Sache sehe, macht es keinen Unterschied, ob ich pisswarmen Orangensaft trinke oder gepanschten Whiskey, der mir die Gedärme zerfrisst. Wenn meine Zeit gekommen ist, ist sie gekommen.«

»Aber bitte, Miss Sarah.« Ich versuchte, so wenig autoritär zu klingen wie möglich – als hätte ich in dem Zimmer irgendeine Autorität besessen. »Wenn Sie möchten, dann nur zu. Es schadet ja nicht.«

»Es schadet ja nicht.« Viola unterdrückte ein Glucksen, und ganz kurz trafen sich unsere Blicke. Ich hörte, wie draußen vor dem Fenster ein kleiner Vogel gegen den Wind anflatterte. Wie sollte ich ihnen vermitteln, dass ich anders war als die heiligen, frommen Gemeindediktatoren, die sie ihr Leben lang gekannt hatten, dass mein Besuch keine Verurteilung ihrer Lebensweise bedeutete, dass mir die Destille, die Lucius im Wäldchen hinter dem Haus versteckte, scheißegal war? Sie war mir genauso egal wie die Tatsache, dass sie aus ihrer Küche heraus alle möglichen illegalen Getränke verkauften oder dass sie das letzte Mal vor zwanzig Jahren in der Kirche gewesen waren, zur Beerdigung von Margurettes Mann. Doch anscheinend gab es keine Möglichkeit, ihnen zu sagen: Ich bin nicht hier, um über euch zu urteilen, oder: Ich möchte euch eine neue Art des Christentums näherbringen, und sie beruht auf Nächstenliebe. Ich will kein Wachhund sein, der euch von der Sünde fernhält, kein Inquisitor, der seine Gemeinde mit Regeln und Vorschriften knechtet, mit »du sollst« und »du sollst nicht«. Denn wenn ich die erlittenen Verletzungen, die erduldete Ablehnung und vergangenen Vorwürfe in ihren Augen sah, konnte ich nur lächeln und sie gewähren lassen.

»Nein, danke.«

Viola kehrte mit vier Fläschchen voller Pillen und Kapseln und zwei Bierdosen zurück. Sie öffnete eine mit einem lauten Knacken und reichte sie ihrer Mutter. Die andere gab sie Miss Sarah, die sie hastig aufmachte, einen Schluck daraus trank und sie dann unter ihren Stuhl schob, wie um sie vor mir zu verstecken. Viola zählte aus jedem Fläschchen die benötigte Menge ab, eine Pille, zwei oder drei, und Miss Margurette spülte alles mit Bier hinunter, lehnte sich wieder zurück und war plötzlich so still und unbewegt wie das Bett. Ein warmer Luftzug schaukelte die Vorhänge. Sie zwinkerte mir zu, holte tief Luft und seufzte gedehnt.

Ort: die First Baptist Church von Tims Creek.
Zeit: 13:35 Uhr, Sonntag, 10. Juni 1983.

Vor der Kirche tummeln sich zahlreiche Menschen. HORACE *im Anzug steht an einem Seiteneingang und ist offensichtlich sehr nervös. Zwei ältere Männer gehen langsam durch die Tür. Sie unterhalten sich. Sie grüßen* HORACE, *er erwidert den Gruß und nickt respektvoll. Zuletzt kommt* JIMMY *heraus. Er trägt ein blau-weißes Predigergewand und plaudert mit* MRS CHRISTOPHER. HORACE *blickt schweigend und ernst zu ihm auf.*

MRS CHRISTOPHER: ... und so eine wunderbare Predigt. Ich muss schon sagen. Wir sind einfach nur froh, Sie zu haben, Jimmy – oh, von nun an muss ich Sie wohl Reverend Greene nennen. (*Kichert.*)
JIMMY: Ach, Mrs Christopher, Sie kennen mich mein Leben lang als Jimmy. Kein Grund, mich jetzt anders zu nennen.
MRS CHRISTOPHER: Nun, ich bin wirklich froh. Und ich weiß, Jonnie Mae ist stolz auf Sie. Einfach nur stolz.
JIMMY: Oh, ja.
MRS CHRISTOPHER: Tja, dann werde ich wohl mal nach Mr Christopher sehen. Ich wollte Ihnen nur sagen, dass ich so stolz auf Sie bin, als wären Sie einer von meinen Jungs. (*Sie sieht* HORACE *an.*) Oh, hallo, Horace. Wie geht es dir?

HORACE: Gut, Mrs Christopher. Und Ihnen?

MRS CHRISTOPHER: Gut, gut. Ganz wunderbar, danke. Wir sehen uns später.

JIMMY: Danke, Mrs Christopher. Ich wünsche Ihnen noch einen schönen Tag.

HORACE: Auf Wiedersehen.

(MRS CHRISTOPHER entfernt sich lächelnd.)

JIMMY: Horace, wie geht's?

HORACE: Ganz gut. *(Pause.)* Jim? Kann ich … können wir … können wir mal reden? … also …

JIMMY: Ist irgendwas nicht in Ordnung?

HORACE: Doch, doch. Ich … ich will nur reden.

JIMMY: Okay.

(Zwei Männer kommen heraus und gehen an den beiden vorbei.)

HORACE: Aber nicht hier.

JIMMY *(lächelt verständnisvoll)*: Okay, wo dann?

HORACE: Da hinten. *(Er zeigt auf einen Baum neben der Kirche, abseits der Menschen.)*

(Sie gehen hin und stellen sich darunter.)

JIMMY: Okay.

HORACE *(ernst)*: Jimmy … Ich habe ein Problem.

JIMMY: Welches Problem?

HORACE: Ich …

JIMMY *(lachend)*: Es geht um ein Mädchen, oder?

HORACE *(erschreckt)*: Nein! Oder … na ja, schon irgendwie.

JIMMY: Irgendwie? *(Pause.)* Was ist los, Horace?

HORACE: Es fällt mir wirklich schwer, darüber zu reden.

JIMMY *(jetzt sichtlich besorgt)*: Was ist denn, Horace, bist du …

HORACE *(schnell)*: Ich glaube, ich bin ein Homosexueller.

(JIMMY reagiert nicht, aber denkt offensichtlich nach.)

JIMMY: Du »glaubst«? Warum glaubst du das? Warst du mit einem Mann zusammen?

HORACE: Ja.

JIMMY (*legt* HORACE *lächelnd eine Hand auf die Schulter*): Horace, wir alle haben schon mal ... du weißt schon ... herumexperimentiert. Das gehört zum Erwachsenwerden dazu. Es ist ... nun ja, es ist wichtig, um ...

HORACE: Aber das war kein Experiment. Ich mag Männer. Ich mag keine Frauen. Mit mir stimmt was nicht.

JIMMY: Horace, mal ehrlich, ich bin mir sicher, dass es nur eine Phase ist. Für mich gab es auch mal eine Zeit, in der ich ... du verstehst schon, in der ich herumexperimentiert habe.

HORACE: Hat es dir gefallen?

JIMMY (*verdutzt*): Äh ... ob es mir gefallen hat? Na ja, ich ... hm. Also, rein körperlich war es ... wohl eher angenehm. Ich kann mich kaum noch erinnern.

HORACE: Und warst du jemals in einen Mann verliebt?

JIMMY: Verliebt? Nein. (*Lacht.*) Oh, Horace. Nimm es nicht so schwer. Im Ernst. Ich glaube, das geht wieder vorbei. Ich kenne dich, seit du auf der Welt bist. Du bist völlig normal.

HORACE: Aber was, wenn nicht? Was, wenn irgendwas mit mir nicht stimmt? Ich meine ... wäre das okay? Du weißt schon. Weiterhin so zu sein ... vielleicht für immer?

JIMMY (*reibt sich erschöpft die Augen*): »Okay«? Was meinst du mit »okay«? Ist es okay, schwul zu sein? Nun, du weißt so gut wie ich, was die Bibel dazu sagt. Aber ich glaube ...

HORACE: Es ist falsch.

JIMMY: Ja.

HORACE: Was, wenn ich mich nicht ändern kann?

JIMMY (*hebt leicht ungeduldig die Stimme*): Horace, du wirst dich auf jeden Fall ä... Dich ändern? Da gibt es nichts zu ändern. Du bist normal. Vertrau mir. Diese ... *Gefühle* ... werden verschwinden. Gib ihnen einfach nicht nach. Bete. Bitte Gott um Stärke, und ehe du dich versiehst ...

(Jemand ruft von der anderen Seite des Kirchhofs.)
HORACE: Aber was, wenn ich mich nicht ändern kann?
JIMMY *(streng)*: Du wirst dich ändern. *(Er setzt sich in Bewegung.)*
HORACE: Und wenn nicht?
(JIMMY bleibt stehen und sieht HORACE aus verengten Augen an.)
JIMMY: Dir ist hoffentlich klar, dass das eine sehr ernste Angelegenheit ist, oder? Gehe in dich. Wende dich an Gott. Aber denk nicht zu viel drüber nach. Alles wird gut. Glaub mir.
(JIMMY dreht sich um und geht weg. HORACE bleibt stehen, schiebt die Hände in die Taschen und blickt in die Baumkrone hinauf.)

Ein Prediger. Ein Geistlicher. Ein Gottesmann. Im Lukasevangelium steht geschrieben, dass Jesus nach Nazareth zurückkehrt und während des Gottesdienstes aus der Heiligen Schrift liest. Er sagt, er sei gekommen, Gottes Wort zu verkünden. Lukas erzählt uns, alle in der Synagoge »wurden von Wut erfüllt, als sie dies hörten. Und sie standen auf und stießen ihn zur Stadt hinaus und führten ihn bis an den Rand des Berges, auf dem ihre Stadt erbaut war, um ihn so hinabzustürzen.« Als meine Großmutter anfing, mich unauffällig, aber beharrlich in die Kanzel zu drängen, war ihr die Geschichte natürlich bekannt. Sie war allen bekannt. Alle Baptisten in den Südstaaten wissen, wie schwer es ist, vor Menschen zu predigen, die man kennt und die einen kennen, seit man auf der Welt ist, mit manchen davon ist man sogar aufgewachsen. Es kann furchterregend sein. Aber in meinem Fall hatte meine Großmutter sich durchgesetzt, sie und ihre verstorbenen Vorfahren.

Alles hatte mit ihrem Großvater Ezra Cross angefangen. Er hatte das Land gestiftet, auf dem heute die First Baptist Church von Tims Creek steht. Er träumte davon, dass einer seiner Nachkommen einst als Sein – und sein – Prediger vor dem Altar steht. Es handelte sich also um eine die Generationen überdauernde Hoffnung. Gibt es für den Herrn ein besseres Geschenk als *den eigenen Sohn*? Es war zu passend. Fast göttergleich, und so würdig. Und was hatten die Nachkommen von Sklaven und befreiten Sklaven anderes zu geben? Ezra zeugte zwölf Kinder, von denen nur sechs überlebten – zu jener Zeit nicht gerade viele. Auf den Feldern wurden möglichst viele Hände und Rücken gebraucht, und Ezra hatte es irgendwie geschafft, an über vierzig Hektar Land zu kommen – wie, weiß niemand so genau. Der eine wird sagen, Grandpa habe das Land von seinem früheren Herrn geschenkt bekommen; ein anderer wird behaupten, er wäre in die Welt hinausgezogen, um zu arbeiten und zu sparen, und dann sei er zurückgekehrt und habe das Land gekauft; wieder andere werden sagen, er habe es sich durch Diebstahl, Mord und Betrug angeeignet. Aber wie auch immer er es angestellt hatte – im Jahr 1875 besaß er Ländereien, von denen andere ehemalige Sklaven nur träumen konnten, und um sie zu bestellen, brauchte er möglichst viele Söhne. Da war Thomas, der älteste; Paul Henry, der später neun Töchter hatte; Louis, Vater von wiederum zwei Söhnen; und Frank, der umkam, noch bevor er und seine Frau Kinder bekommen konnten. Außerdem noch Bertha und Elma, die beide heirateten, Bertha einen Mann aus Muddy Creek und Elma einen Versicherungsvertreter, mit dem sie nach Virginia zog.

Folglich war es Thomas, der älteste, der die väterliche Farm bewirtschaftete. Paul Henry kümmerte sich um das Land auf der anderen Seite des Flusses, und Louis und seine Söhne bestellten jene Äcker, die Ezra und Thomas in den 1880ern der alten Witwe Phelps abgekauft hatten. Sie hatte keine Söhne.

Ezra setzte all seinen Glauben und seine Hoffnung in Thomas. Er suchte den Standort von Thomas' Haus aus und zog bei ihm und seiner Familie ein, nachdem Thomas' Mutter im Alter von achtundvierzig Jahren gestorben war. Doch Thomas war längst nicht so fruchtbar, wie die beiden es sich erhofft hatten. Er zeugte seinen ältesten Sohn Ezekiel, meine Großmutter Jonnie Mae, Jethro, Zelia und Agnes. Zelia und Agnes heirateten und zogen fort. Vor seinem Tod teilte Thomas das geerbte Land zwischen Zeke, Jonnie Mae und Jethro auf. Zeke, der Älteste, erhielt wie zuvor schon sein Vater das größte Stück; Jonnie Mae, die Thomas' Lieblingskind war, bekam das zweitgrößte; und Jethro eine weitläufige Farm und dazu den Auftrag, Bruder und Schwester bei der Arbeit zu helfen und seinen etwaigen Neid zu überwinden.

Mein Onkel Zeke hatte nur ein Kind. Samuel war groß, stark, fleißig und loyal, aber sein Geist war genauso wild, frei und unzähmbar wie der seiner Vorfahren. In ihm steckte kein Prediger, und deshalb nahm meine Großmutter es auf sich, Ezras Traum zu verwirklichen. Sie heiratete einen Mann namens Malachai Greene. Auch seine Eltern waren Farmer, und auch sie besaßen viel Land, außergewöhnlich viel für eine Schwarze Familie in den 1920ern. Die Ländereien von Jonnie Mae und Malachai konnten sich mit denen ihres Bruders Ezekiel messen. Und im Laufe der Zeit übernahmen sie und Zeke immer mehr von Jethros Eigentum – einen Acker hier, eine Weide dort.

Wer kann schon wissen, warum mein Großonkel Jethro zu trinken anfing? Ich vermute, es lag nicht zuletzt daran, dass er einen Bruder wie Zeke hatte und eine Schwester wie Jonnie Mae. Im Jahr 1935 hatten er und seine Frau Ruth Davis zwölf Kinder, sechs davon Söhne. 1950 arbeiteten alle Söhne, die nicht fortgezogen, weggelaufen oder vor dem Zweiten Weltkrieg eingezogen worden und dann beim Militär geblieben waren, auf dem Armeestützpunkt Camp LeJeune in Jacksonville. Alle Töchter waren entweder während des Krieges oder unmittelbar danach in den Norden gegangen. Jethro starb 1959.

Meine Großmutter und mein Großvater hatten einen einzigen Sohn namens Lester. Alle anderen Kinder waren Mädchen: Rebecca, Ruthester, Rachel und meine Mutter Rose. Jonnie Mae stürzte sich in die Arbeit. Viele Jahre lang bewirtschafteten sie, ihr Ehemann, Tante Ruth, Onkel Jethro, Lester, Onkel Zeke und Sammy das Land der Familien Cross und Greene gemeinsam. Sie kamen über die Runden, trotz Krieg, Weltwirtschaftskrise und Rezession, trotz Krankheit und Tod und trotz ihrer Kinder, die fortzogen, sobald sie erwachsen waren. Und immerzu hatte sie Ezras Wunsch im Hinterkopf behalten – bei der Erkenntnis durchläuft mich ein Schauder –, nie gab sie den Plan auf, dass in der Kanzel von »Großvaters Kirche«, wie es ihr in unachtsamen Momenten herausrutschte, einer ihrer Nachkommen stehen sollte.

Onkel Lester hatte schon früh gemerkt, dass er nicht das Zeug zum Prediger hatte. Er und mein Onkel Sammy waren die Draufgänger der Familie, zwei attraktive, große, starke Kerle. Den ganzen Tag leisteten sie harte Feldarbeit, aber abends zum Gebetskreis zu gehen, wäre ihnen niemals in den Sinn gekommen. Sie waren loyale Söhne und hatten offenbar nie erwogen, die Familie zu verlassen; doch sie ließen sich nicht verbiegen, gingen nie in die Kirche und tranken, was, wann und mit wem sie wollten. Die Gemeinde liebte die beiden trotzdem, alle bewunderten sie für ihre Unabhängigkeit und ihren Charme. Die beiden waren fast heldenhaft charismatisch, unzertrennlich, hitzköpfig – und nicht selten gewalttätig. Aber dann eines Tages wurde Onkel Sammy in

Maple Hill wegen einer Nichtigkeit erschossen, und für Onkel Lester änderte sich alles. Er gab seine Unabhängigkeit und die Schürzenjägerei auf und fügte sich der energischen Jonnie Mae. Der Kirche blieb er auch weiterhin fern, aber er verlor sein Feuer und sein Strahlen.

Ich weiß nicht, wie Jonnie Mae es schaffte, uns alle an einem Ort beisammenzuhalten, während andere Familien sich verstreuten oder verschwanden wie vom Erdboden verschluckt. Alle schindeten sich und legten zusammen, um Rebecca, die Älteste, auf das Elizabeth City College zu schicken. Sie kehrte nach Tims Creek zurück, unterrichtete an öffentlichen Schulen im York County und leistete ihren Beitrag, damit ihre Schwester Ruthester die North Carolina Central University besuchen konnte, damals noch das North Carolina College. Ruthester wiederum kehrte ins York County zurück, um Rachel auf das Winston-Salem State Teacher's College zu schicken. Die Fünfzigerjahre waren fast vorbei, und bald würde auch meine Mutter Rose, die ein bisschen jünger als Rachel war, aufs College gehen. Die Familie nutzte die Atempause, um sich auf die letzte Kraftanstrengung vorzubereiten, und Jonnie Mae konnte sich zufrieden zurücklehnen, weil sie es tatsächlich geschafft hatte, allen ihren Töchtern eine Ausbildung zu ermöglichen, damals eine echte Leistung.

Zu der Zeit waren Rebecca und Ruthester beide seit fast zehn Jahren verheiratet und beide kinderlos. Rachel schien sich nicht für Männer zu interessieren; ihre Mutter animierte, nötigte und bedrängte sie vergeblich, sich endlich einen Ehemann zu suchen. Nun warteten alle auf Rose, das Ass im Familienärmel.

Aber Rose ging nichts aufs College. Sie schloss nicht einmal die Schule ab.

Rose liebte Spaß – eine Sache, die Jonnie Mae Cross Greene

völlig fremd war. Abends schlich sie aus dem Haus, um sich mit hochgewachsenen Landjungs mit nagelneuen Dodges, Chevrolets und Fords zu treffen und die anstrengende Feldarbeit zu vergessen, sie amüsierte sich köstlich in Spelunken – oft nur eine alte Scheune oder ein leerstehendes Haus –, wo Schnaps und Bier verkauft wurden und aus der Jukebox in der Ecke Johnny Walker, Little Richard oder die Ink Spots plärrten. Wenn ich sie mir an diesen Orten vorstelle, wirkt sie viel älter als sechzehn. Sie wirft den Kopf in den Nacken und entblößt ihren langen, schlanken Hals, und ein potenter junger Mann umgreift ihre schlanke Taille mit schwieligen Händen und liebkost ihren Nacken, während sie sich mit der Zungenspitze über die Oberlippe fährt.

Mit sechzehn war sie dann plötzlich weg. Spurlos verschwunden. Mit siebzehn kam sie zurück, gebrochen und schwanger. Sie brachte Isador zur Welt. Ein Jahr später ließ sie ihr Kind zurück, lief davon und kehrte abermals zurück, arg gebeutelt und schwanger mit dem zweiten Kind, Franklin. Ich bezweifle, dass Jonnie Mae sich an den unehelichen Kindern störte. Ihr Ansehen in der Gemeinde war unerschütterlich, und dass sie zwei uneheliche Kinder in ihrem Haus beherbergte, trug ihr fast so viel Mitgefühl ein, wie eine verlorene Tochter zu haben. Nein, am meisten störte sie wohl der Kontrollverlust, diese eklatante Missachtung, dieser Mangel an Respekt. Dass sie sich um die Kinder kümmern konnte, tröstete sie ein wenig, selbst wenn ihr dadurch das eigene Versagen täglich vor Augen geführt wurde.

Angeblich hatte Rose nach Franklins Geburt beschlossen, ihr Leben zu ändern und mit den Kindern in den Norden zu gehen. Jonnie Mae fragte meine Mutter, ob sie den Verstand verloren habe, und erklärte ihr kühl, sie, das Flittchen, werde die Kinder nur über Jonnie Maes Leiche mitnehmen. Diesmal sollte es zwei Jahre dauern, bis Rose zurückkehrte. Zusammen mit mir, einem sechs Wochen alten Säugling.

Zu dem Zeitpunkt war sie vierundzwanzig und endlich ein bisschen älter und ein bisschen klüger geworden, wenn nicht unbedingt weise. Ich vermute, dass sie vor dem Leben und ihrem vergangenen Verhalten einen ziemlichen Respekt hatte. Auf einmal wuselten ihr drei Kinder um die Beine und nannten sie Mama. Rose fügte sich den Konventionen und dem Willen ihrer Mutter und blieb, um zu arbeiten und sich um ihre Kleinen zu kümmern. Sicher meinte sie es gut; sicher wünschte sie sich aus tiefstem Herzen, das Richtige zu tun. Aber sie hatte nicht mit ihren Schwestern gerechnet.

Alle drei waren »anständig« geblieben. Alle drei hatten geheiratet. Alle drei waren kinderlos. Die Familie hatte große Opfer gebracht, damit sie studieren konnten. Sie waren in die Heimat zurückgekommen, um das Haus zu hüten, neue Nester um das Mutternest herum zu bauen und ihren Beitrag zu leisten, weil es ihre Pflicht war und weil sie es so gelernt hatten – sie alle, auch Rose. In ihren Augen hatte Rose die Familie im Stich gelassen, in Sünde gelebt und ihren guten Namen in mitternächtlichen Gossen und auf nach Schnaps stinkenden Autositzen besudelt. Hatte sie wirklich geglaubt, die anderen würden sie in Watte packen und sie verwöhnen und verhätscheln?

Rose wurde zu einer Geächteten im eigenen Haus. Sie wurde behandelt wie ein Dienstmädchen, gedemütigt und ausgeschlossen. Die Schwestern lästerten über sie und machten ihr Vorwürfe. Sie hielt es etwa eineinhalb Jahre aus, eine, wie ich finde, erstaunlich lange Zeit. Am Ende stürmte sie wutentbrannt davon, sie stand einfach von der Sonntagstafel auf, um die die Familie sich versammelt hatte, empört, gekränkt und maßlos zornig. Sie ging einfach zur Tür hinaus, und wie ich vermute, warf sie keinen Blick zurück. Es verschlug sie an die Westküste. Sie kam nur noch zwei Mal nach Tims Creek, einmal nach dem Tod meines Großvaters – ich war zwölf und erinnere mich vage an einen kurzen Besuch und einen Schleier – und ein zweites Mal nach dem Tod ihrer Mutter. An dem Tag regnete es.

Anne hat sich in meine Beziehung oder auch Nicht-Beziehung zu Rose nie eingemischt. Anfangs schlug sie mir vor, Rose wenigstens einmal anzurufen, aber dann sah sie mein Gesicht und erwähnte die Sache nicht wieder. Ich hatte keinen Grund, Rose anzurufen, außerdem meldete sie sich auch nie bei mir. Ich kann nicht behaupten, ich hätte mich im Stich gelassen gefühlt, denn sie hatte mich in gute Hände gegeben, in ein Haus voller Liebe, Fürsorge und allseitiger Unterstützung. Als ich jünger war, acht oder neun, schickten wir uns an Weihnachten und zu Geburtstagen die obligatorischen Karten, doch als ich älter wurde, hörte auch das auf, und alle Gefühle, die ich möglicherweise noch für sie hatte, verpufften. Ich fühlte weder Hass noch Trauer oder Mitleid, nur eine eisige, hohle Gleichgültigkeit.

Als ich sie letztes Jahr nach dreiundzwanzig Jahren wiedersah, wurde ich von einer Erkenntnis überwältigt: Diese Frau war eine Fremde. Vielleicht hatte ich an eine Art Wiedererkennen geglaubt, an ein urzeitliches, instinktives Wissen. Mutter. Mama. *Mater*. Aber da war nichts. Meine Mutter-Empfindungen richteten sich ausschließlich auf das leblose Wesen in dem schokoladenbraunen, mit Bronze beschlagenen Sarg. Ihr Gesicht war von zu viel Puder bedeckt, die kirschholzfarbene Haut zu dunkel, die vollen, braunen Lippen fast schwarz, die Augen für immer zugeklebt.

Während Reverend Raines die Trauerrede für meine Großmutter hielt und aus dem Brief an die Korinther zitierte

(»Wenn ich mit Menschen- und mit Engelzungen redete und hätte der Liebe nicht, so wäre ich ein tönendes Erz oder eine klingende Schelle«), stand Rose am Grab, eine schöne Frau, einst gesegnet mit jener ungreifbaren, unwiderstehlichen Eigenschaft, die Männer sexy nennen, ihre Haut immer noch glatt wie dunkler Lehm, die vollen Lippen immer noch frech verzogen. Auf einen Blick sah ich den Trotz, mit dem sie sich vor über zwanzig Jahren gegen ihre Mutter aufgelehnt hatte, allein in diesen Lippen. (»Und wenn ich prophetisch reden könnte und wüsste alle Geheimnisse und alle Erkenntnis und hätte allen Glauben, sodass ich Berge versetzen könnte, und hätte der Liebe nicht, so wäre ich nichts.«) Doch ihre Augen – ich konnte sie hinter dem Schleier erkennen – erzählten von einem harten Leben, harter Liebe, harten Zeiten. Sie hatte einsame, wunderschöne, spöttische Augen. Augen, die gelernt hatten, Ausschau zu halten, und die viel gesehen hatten. (»Und wenn ich alle meine Habe den Armen gäbe und meinen Leib dahingäbe, mich zu rühmen, und hätte der Liebe nicht, so wäre mir's nichts nütze.«) Als sie zu weinen begann, ein leises, ruhiges Schluchzen, wirkte sie plötzlich so verloren und verlassen wie ein verirrtes, einsames Kind. Bis heute kann ich nicht fassen, dass niemand von uns, weder Tante Rebecca noch Tante Ruthester und auch nicht Tante Rachel, Isador, Franklin oder ich, vor allem nicht ich, ihr Trost anboten. (»Die Liebe ist langmütig und freundlich, die Liebe eifert nicht, die Liebe treibt nicht Mutwillen, sie bläht sich nicht auf.«) Bis sich schließlich im Moment der finstersten Anspannung, als der Sarg hinabgelassen wurde, eine gebeugte Gestalt der hauchdünnen, unsichtbaren Linie näherte, die die Verlorene von den Rechtschaffenen trennte. Onkel Lester trat hinüber und legte Rose eine Hand auf die Schulter. (»Denn unser Wissen ist Stückwerk und unser prophetisches Reden ist Stückwerk. Wenn aber kommen wird das Vollkommene, so wird das Stückwerk aufhören.«) Seine Geste war linkisch und unbeholfen, aber in ihrer groben Anmutung voller Anmut. (»Wir sehen jetzt durch einen Spiegel in einem dunklen Bild; dann aber von Angesicht zu Angesicht. Jetzt erkenne ich stückweise; dann aber werde ich erkennen, gleichwie ich erkannt bin.«) Und als ich das sah, erkannte ich meine Sünde, doch ich bereute nicht.

Während die ersten Erdklumpen auf den Sargdeckel schlugen, dachte ich: Es ist eine Schande. Als ich sah, wie die traurige, hochgewachsene Gestalt sich vorbeugte, um sich von meiner Großtante Ruth und meinem Großonkel Zeke küssen zu lassen, wie sie diesem Cousin und jener Cousine die Hand schüttelte – nicht aber den Schwestern, der Tochter oder dem Sohn –, überwältigte mich das Ausmaß meines Verbrechens. Was hätte ich nicht alles von ihr lernen können. Sie hatte sich gegen ihre Familie, ihren Gott und ihr Volk erhoben, um ihrem Herzen zu folgen ... und sie hatte überlebt. Was hatte sie durchgemacht? Ihre Narben waren unübersehbar. Ich bemerkte sie an ihren Händen, ihrem Hals, ihrer Haltung, ihren Wangen. Wie hatte es sie verändert? Denn sie konnte nie nach Hause zurück. Was wusste sie über Liebe und Sex, Begehren und Freiheit, Gewalt und Verrat, über das Böse und die Heuchelei und den nackten Schmerz, den sie zweifellos ertragen hatte? Erleichterte dieses Wissen ihr das Leben? Aber ich würde es nie erfahren, denn ich konnte spüren, wie mein schlagendes Pharaonenherz in meiner Brust verknöcherte. Bevor es sich erweichen ließe, würde es zerbrechen.

Es war Ende September. Der Herbst nahte, eine Schwere lag auf den Bäumen, deren tiefgrüne Blätter von der Jahreszeit kündeten und in der drückenden Luft schlaff herabhingen. Der Familienfriedhof lag neben einem Feld und im Schatten einer von drei familieneigenen Tabakscheunen. Auf dem Weg vom Grab zu den Autos sprach sie mich an. Ich suchte in ihrem Gesicht nach Jonnie Mae und war enttäuscht, nur Rose zu finden.

»Wie ich hörte, bist du ein Prediger.«
»Ja.«
»Sie ist stolz gestorben. Jede Wette.«
»Jede Wette.«

Mehr sagte sie nicht, kein Das mit deiner Frau tut mir leid, kein Auf Wiedersehen oder Pass auf dich auf oder Lebwohl. Sie trat nur einen kleinen Schritt zurück, musterte mich langsam von oben bis unten und zog sich dabei die Handschuhe an. Sie lächelte und nickte, drehte sich immer noch nickend um, ging zu ihrem Mietwagen, einem Ford, stieg ein und fuhr davon, ohne zurückzublicken, kein einziges Mal.

Ein Prediger.

8. Dezember 1985 • 12:30 Uhr

– Aber ich liebe dich doch, Ruth. Das weißt du, oder? Habe ich immer getan. War immer so und wird immer so bleiben.
– Du liebst niemanden, du alter Lügner. Hast du nie und wirst du auch nie. Du liebst niemanden außer ... dich selbst. Und: weißt du was? Noch nicht mal das wirklich.

Jetzt ist sie alt. Sie war mal jung, wirklich nicht lange her. Es scheint, nur wenige Tage. Vor wenigen Sonnenuntergängen, wenigen Sonnenaufgängen, wenigen Geburten, wenigen Todesfällen. Aber jetzt ist sie schon seit einer ganzen Weile alt. Sie weiß es, fühlt es, hasst es. Damals, als sie jung war, jünger, voller Leben und lebendig, als sie das Morgen kaum erwarten konnte und auf die Hoffnung hoffte – da hätte sie sich nicht vorstellen können, für so lange Zeit alt zu sein.

Krankenhäuser. Da sind Friedhöfe angenehmer. Die Dinge dort sind wenigstens real – die Erde unter deinen Füßen, der Himmel über dir, die Bäume, das Gras ... im Krankenhaus dagegen ist nichts gewiss, nichts sicher. Alle sind Opfer, Patienten wie Besucher, und diesen Leuten ausgeliefert, die sich Ärzte nennen. Sie traut denen nicht.

Asa sieht erbärmlich aus. Der Anblick schmerzt sie mehr, als sie dachte, mehr, als sie für möglich hielt. Seine Haut war nie besonders dunkel, aber nun erschien sie aschfarben. Er wirkte kränklich, schwach. Er lag im Bett, als sie reinkamen, seine geschlossenen Augenlider flatterten bei jedem Atemzug, ein Schlauch steckte in einem Nasenloch, ein anderer im Arm – einer grün, einer rot. Sein Atmen glich einem Keuchen und der grüne Schlauch gurgelte wie der Strohhalm am Ende eines Getränks. Und die Luft erst – Desinfektionsmittel, Ammoniak, Seife, Urin und dieser Geruch, den sie so gut kennt: Krankheit. Krankheit hat ihren eigenen Geruch, wie ein Hund mit eingeklemmtem Schwanz und hängendem Kopf, ein alter Hund mit wässrigen Augen und einer heraushängenden Zunge. So riecht Krankheit, und dieser Geruch ist hier, in der Luft, in dem glanzweißen, harten Bettzeug, er umhüllt das funkelnde, metallene Bettgestell und selbst die schicken Apparaturen, die ständig blinken und brummen.

Als Asa die Augen öffnet, sind sie ganz weiß. Sie vergisst beinahe, dass er hier an diesem Ort ist, an dem sich das Kranksein ausbreitet; wo Frauen in Weiß komische weiße Schuhe tragen und dich anschauen, als ob du ins Bett gehören würdest. Sie sieht diese Augen und erinnert sich, wie sie beide jung waren: sie eine frischvermählte Braut, er ein Cousin ihres Mannes und das Bestaussehende, was ihre Augen jemals erblickt hatten. Ging es von da an bergab? Merkte sie da, dass sie unzufrieden war? War es ihr erster Blick auf Asa mit seinem breiten Gesicht, den runden Wangen, seinen vollen Lippen und den lächelnden, hellen Augen? Jetzt triefen sie, dunkle Ringe darunter; sie schreien den Schmerz heraus und spiegeln gleichzeitig Verlegenheit. Als er die Augen aufschlug, war er zusammengezuckt, verwirrt und verloren. Fremdes umgibt ihn an einem fremden Ort, er fühlt sich vermutlich selbst fremd, obwohl sie annimmt, dass das Gefühl des nahenden Todes ein sehr vertrautes ist. Eines, mit dem wir uns in dem Moment beginnen vertraut zu machen, in dem wir unseren ersten Atemzug tun. Sein Mund steht offen und er sagt ganz leise etwas, das niemand, nicht einmal er selbst, hören kann. Seine Unterlippe hängt herab und bebt, bebt, als würde er jeden Moment in Tränen ausbrechen. Langsam, zitternd hebt er eine Hand, deutet auf niemanden von den dreien wirklich, räuspert sich und sagt:

»Wie spät ist es?«

»Ungefähr halb zwei, Papa.« Seine Tochter, Tisha Anne, steht auf der anderen Seite, aber er beachtet sie nicht. Er sieht immer noch die drei an, die an seiner Bettseite stehen. Wer sind die?, fragen seine Augen. Drei Geister? Erscheinungen? Seelenwesen? Kommt der Tod, mich zu holen?

»Asa?« Zeke fühlt sich sichtlich unwohl, sein Gesicht in einer Grimasse gefangen.

»Bist du das, Zeke?«

»Ja, Kumpel, ich bin's.«

Eine Minute lang schaut Asa verwirrt, zittert, sieht den alten Mann an, die alte Frau, den hochgewachsenen Mann in der Mitte, und seine Hand fuchtelt weiter in der Luft, als ob er auf etwas Rätselhaftes und Mysteriöses weist. Er senkt die Hand, schließt die Augen und seufzt schwer. Er atmet stoßweise, als wäre er etliche Treppenstufen hinaufgerannt. Mit geschlossenen Augen fragt er: »Und das Ruth? Und du, Jimmy Greene?«

Seine Tochter bejaht. Er schläft ein.

– Frau, du kannst mich nicht aus meinem eigenen Haus werfen.
– Oh, doch. Wart's nur ab.
– Ich wohne hier.
– Du wohnst nirgendwo, Arschloch. Du wohnst da, wo du was zu saufen kriegst. Da wohnst du; du wohnst, wo du dich volllaufen lassen kannst. Aber ich schwöre bei Gott, hier wirst du dich nicht mehr abschießen.
– Stopp, Ruth, verdammt noch mal. Ich sage, hör auf, sofort. Wenn du noch eine Sache wirfst …
– Nein, nein, nein, verdammt noch mal. Ich hab's versucht.

Weiß Gott, ich hab's versucht, aber ich kann nicht mehr. Ich bin fertig mit dir, Jethro. Fertig.
- Frau, ich werde ...
- Und wenn du jemals wieder Hand an mich legst, Arschloch, bringe ich dich um.

Mit den Alten scheint es folgendermaßen zu sein: Bekanntes und Unbekanntes sind ein und dasselbe. Sie messen einer Sache Bedeutung bei, der junge Menschen, ausgenommen vielleicht die ganz jungen, kaum Aufmerksamkeit schenken – Gefühlen. Wann hatte es angefangen? Als sie achtundsiebzig war? Dreiundachtzig? Neunundachtzig? Plötzlich fühlten sich Gefühle realer an, als könnte sie die Hand ausstrecken und sie berühren. Wie das alte Sprichwort: Ich spüre es in den Knochen. Auch sie konnte jetzt den herannahenden Frühling oder einen frühen Frost, einen schlimmen Sturm oder die Zeugung eines jungen Lebens fühlen. Wie der Blinde, der besser hört als der Sehende, war ihr für die schwachen Beine, den krummen Rücken und die steifen, schmerzenden Gelenke dieser sechste Sinn gegeben worden. Sie glaubte weder, dass das ein Wunder war, noch irgendwas Wichtiges oder Besonderes. Kein spezieller Segen oder Fluch. Nichts, vermutete sie, was andere alte Leute nicht auch hätten.

Daher war es für sie keine Überraschung, als sie es fühlte. Hörte. Sie wusste es gleich beim Hereinkommen. Das Krankenhaus sollte beruhigen, etwas Hoffnung geben – die Lobby war einem alten Herrenhaus mit dicken Säulen und Marmorfußboden, Holztäfelung und geschwungener Decke nachempfunden; gleichzeitig war es modern und schick und alle möglichen Maschinen lauerten in den Ecken. All das konnte sie kein bisschen täuschen. Nicht die gehetzten Krankenpfleger in Weiß, nicht die lauten Familien mit ihren lärmenden, unerzogenen Kindern, nicht die Patienten, die mit Prothesen herumschlurften, nicht die Rollstuhlfahrer oder Krückenläufer, nicht die glänzend gefliesten Flure oder die ruckeligen Fahrstühle, die auf jeder Etage bimmelten und ihren Magen in Aufruhr versetzten. Sie wusste es, sie weiß es.

Warum dann, Ruth? Wenn du dir deines Wissens so sicher bist, all dieser Dinge gewiss und dich nicht blenden lässt: Wie kommt es, dass du so verstört bist, den Cousin deines Mannes an der Schwelle zum Tod zu sehen?

Wäre er doch ein guter Mann gewesen. Ein rechtschaffener Mann. Ein liebender Mann. Ein Mann, der für seine Kinder sorgt. Ein Mann, der sich um seine Farm kümmert. Ein rücksichtsvoller Mann. Ein Mann mit mehr Glück. Ein Mann, der sich von der Flasche fernhalten will und es auch kann. Ein treuer Mann. Ein gläubiger, gottesfürchtiger Kirchgänger. Ein weniger gut aussehender Mann. Wäre er doch ein Mann gewesen, der nicht aus so vollster Seele lachen konnte. Ein ernster Mann. Ein harter Mann. Ein weicher Mann. Wäre er doch ...

Sie waren weit gereist ... wofür? Um niedergeschlagen zu sein? Um einem sterbenden Mann beim Sterben zuzusehen? Um ...

»Obadiah? Obadiah! Junge, wo bist du?«

»Ich bin da, Ma. Schh, ganz ruhig.«

... um zu beten, um zu *versuchen*, für einen sterbenden Mann zu beten ... für diese Ungeheuerlichkeit? Sie möchte schreien. Sie möchte brüllen, die Frau in dem kleinen weißen Fetzen, der als Krankenhaus-Nachthemd durchgehen soll, packen, sie gegen die Wand drücken und schreien: Siehst du nicht, dass wir hier versuchen zu beten, du dumme weiße Kuh?

»Obadiah, meine Zähne sind nicht drin – Junge, wo sind meine Zähne?«

»Du hast sie drin, Ma. Nun ruh ein bisschen.«

Doch je mehr schlechte und hasserfüllte Gedanken Ruth über die Frau, die mit Asa im Zimmer liegt, in den Sinn kommen, desto mehr Mitleid erfasst sie – nein, nicht Mitleid, ein Bedauern eher, für sich selbst, für Asa, für Zeke, Bedauern, ja, selbst für diese verrückte weiße Schlampe.

»Muss sich nicht jemand um das Fohlen kümmern? Es ist kalt draußen. Geh und schlag eine Decke über das Fohlen, Obadiah. In Ordnung, Sohn? Ich hab Angst, es wird erfrieren.«

»Ma, es wird nicht erfrieren.«

»Okay, dann mach ich's selbst. Vieh ist zu teuer. Da arbeitet man, schuftet, Gott weiß, wie, und man muss auf das achtgeben, was man hat, selbst wenn's nicht viel ist, selbst ...« Die Frau versucht aus dem Bett zu steigen, während sie brabbelt, weiter und weiter, als hätte jemand einen unendlichen Plattenspieler vergessen in einem Raum, zu dem niemand Zutritt hat. Spindeldürr, mit Haut in der Farbe von getrocknetem Mais und tiefen, dunklen Ringen unter den Augen.

»Ma, leg dich jetzt hin. Bitte. Leg dich jetzt hin.« Der Junge, den sie Obadiah nennt – wenn er denn Obadiah ist –, gleicht einem dünnen, schlaksigen Kind mit schütterem, mausgrauem Haar und glattem Gesicht. Seine Zähne sind schlecht, sein Ausdruck so hoffnungslos, dass Ruth fast hinübergehen will, um ihn zu trösten. Fast.

»Nein, nein, ich kann nicht einfach rumliegen. Die Sonne geht bald auf. Muss frühstücken. Die alte Kuh melken. Nach den Hühnern sehen.« Plötzlich verstummt sie, dreht sich zu ihrem Sohn, während ihre Hände weiterhin versuchen, die Schläuche aus den Armen zu reißen. »Hast du die Hühner letzte Nacht gehört? Ich wette, ein Waschbär war hinter ihnen her.« Dann zerrt sie wieder an den Schläuchen.

»Ma, lass das jetzt. Lass das, hörst du. Hör auf.«

Doch sie ist zu schnell und hat ihre Füße schon über die Bettkante geschwungen. Ruth denkt: Woher kriegen Menschen, die so krank sind, solche Energie? Von ihrer Verrücktheit?

»Obadiah, hast du meine Harke gesehen? Wo ist meine Harke? Ich wette, diese verdammten Simpson-Kinder sind gestern vorbeigekommen und haben sie sich ausgeborgt; und dann nicht zurückgebracht, kein ›hallo‹ oder ›auf Wiedersehen‹ oder sogar ›leck mich‹, nichts. So sind sie eben. Elender weißer Abschaum. Wie soll ich meine Rüben und die Reihe mit den Butterbohnen harken. Die vertragen das Unkraut doch nicht.«

Die alte Frau bemüht sich, aus dem Bett zu kommen, während ihr überforderter Sohn sie behutsam davon abhält. Auf Ruth wirkt es, auf eine komische Weise, als würden die beiden tanzen.

»Schwester! Ma, bitte. Ma. Schwester! Schwester!«

»Mein Gott!« Asa verdreht die Augen und schürzt die Lippen. »Das soll ich jetzt auch noch ertragen?«

Die vier stehen hilflos herum, starren nur, als die Frau sich endlich von ihrem Sohn befreit. Wie bei allem, was freigelassen wurde, liegt etwas Wildes in ihrem Blick.

»Nein, nein«, sagt sie, auf Ruth deutend. »So bügelt man nicht, Mädchen. Ich zeig's dir.« Und sie geht, schnell wie ein Vogel, auf Ruth zu, die hochschreckt bei dem Anblick. Als die Frau nach Ruths Handtasche greift, packt ihr Sohn sie und führt sie sanft zu ihrem Bett zurück. Sie wehrt sich nicht. »Aber dieses Schwarze Mädchen weiß nicht, wie man bügelt.«

»Brauchen Sie Hilfe?«, hört Ruth Jimmy verlegen sagen, nachdem die Frau wieder im Bett liegt.

»Nein, Reverend. Nein, danke«, sagt Obadiah. »So ist sie manchmal. Sie ist ab und an ein bisschen verwirrt, zusätzlich zu ihrem Herzleiden und allem.« Die Falten auf seiner Stirn strafen sein Lächeln Lügen; er versucht, seine Scham zu verstecken. »Schwester!«

Die Frau setzt sich im Bett auf und murmelt etwas von Staub. Der Junge wechselt auf die andere Seite des Betts, hebt die Einzelteile des herausgerissenen Schlauches auf, betrachtet sie bestürzt. Noch einmal ruft er nach der Schwester.

»Gibt keinen Grund, so böse zu sein, Amos«, sagt die Frau zu ihm. »Ich hab nichts gemacht, weswegen du dir Sorgen machen musst. Ich bin eine gute Ehefrau; ich arbeite und ich bin eine gute Köchin. Oh ja, eine sehr gute Köchin.«

»Schwester!«

Die Frau steigt wieder aus dem Bett. Die Aufregung hat langsam ihren Preis, ihre Stimme wird schwächer, schleppender.

»Nein, nein, nein, Mr Edmund, ich arbeite nicht mehr auf dem Tabakfeld. Habe nach der Geburt meines Siebten damit aufgehört. Ich halt's nicht mehr aus, die Sonne und die …«

Asa entfährt ein angewidertes Seufzen. »Kann jemand, würde jemand bitte, *bitte*, dafür sorgen, dass diese Frau die Klappe hält?« Seine Stimme ist lauter, als sie sie seit ihrer Ankunft gehört haben. »Mister, ich weiß, Ihre Mutter ist krank …« Er hält inne, hustet. »… und ich meine es nicht böse. Aber bitte, Sir: Versuchen Sie, sie zur Ruhe zu bringen. Ich kann diesen Wahnsinn nicht ertragen.« Frustriert sieht er seine Besucher an: »Wo ist die verdammte Schwester?«

Der junge Mann ruft erneut nach ihr, seine Stimme überschlägt sich.

»Benutz deine Klingel.« Tisha Anne gießt ihrem Vater Wasser ein.

»Meine Klingel?« Seine Verlegenheit macht Ruth traurig und wütend.

»Ja, deine Klingel.« Tisha Anne zeigt darauf.

»Wo soll die sein? Eine Klingel?«

Ruth kann nicht länger still sein. »Die Klingel über dem Bett, du Dussel!« Alle schauen sie an: War sie zu laut?

Asa versucht vergeblich, den Knopf zu erreichen. Tisha Anne drückt für ihn, doch er streckt sich weiter vergeblich.

»Nicht nötig, Papa. Nicht nötig.«

»Der Preis für Mais steigt. Wetten! Genau das hat Amos unten bei der Mühle gehört, hat er gesagt. Der Preis steigt. Und die Schweine werden auch teurer. Jawohl, Sir ...«

»Ma, sei still.«

»Ich geb's auf.« Zeke kratzt sich am Kopf. »Möchte mal wissen, wo sich diese Schwester rumtreibt.«

»... die Dinge wenden sich zum Guten. Ich nehme an, wir kommen ausnahmsweise mal voran. Endlich mal in unserem Leben. Fühlt sich bestimmt gut an. Auf jeden Fall. Verdammt gut.«

Schließlich erscheint die Schwester: eine stattliche Schwarze Frau, deren weiße Kleidung ein bisschen zu eng ist, und ein bisschen zu kurz für Ruths Geschmack. Sie fragt sich, warum eine beleibte Frau mit so kräftigen Beinen freiwillig in einem so engen Kittel herumläuft. Doch in erster Linie ist sie erleichtert.

»Bitte entschuldigen Sie uns.« Aus einem weißen Kasten an der Wand zieht die Schwester einen Vorhang und führt ihn um das Bett herum wieder zurück zur Wand. Ruth lauscht: kein Kampf, keine Schmerzensschreie, aber fast sofort wird das ununterbrochene Gebrabbel leiser, wie das Geräusch eines Zuges, der die Stadt verlässt.

»... und meine Enkelkinder an Weihnachten sehen. Ja,

wirklich. Koch' ihnen ein Festmahl. Und Frühstück, ja, auch Frühstück. Mit Eiern. Lecker. Und Würstchen. Geräuchertem Schinken. Eiern. Und Würstchen und Eiern und Schinken. Geräuchertem Schinken. Geräuchert ... und Eier ... Eier ... Eier ...«

Ruth blickt aus dem Fenster auf den smaragdgrünen Rasen und ihr fällt ein, dass Dezember ist, nicht Juli – und es ist kalt draußen.

Sie seufzt.

Wenn er heimkam an diesen Abenden, diesen traurigen Abenden, die aus Kochen und Putzen und Knochenmüdigkeit bestanden, einer Müdigkeit, die sich anfühlte wie der Dreck, der sie begleitete, und wenn die Kinder im Bett lagen, dann wusch sie, und wusch, und wusch und wusch, bis der Dreck längst raus war, doch die Müdigkeit blieb und letztendlich hörte sie aus reiner Erschöpfung auf und ging zu Bett, schlief ein, sobald ihr Kopf das Kissen berührte, sah im Geiste Seifenlauge, Hacken, die in den Boden schlugen, Staubwolken aus Unkraut, Gras, kleine, zerschnittene Raupenteile und laut brummende Käfer an ihrem Ohr; und das Hühnerputzen, Federnrupfen, rosa Hautabziehen, das Herausreißen der Federkiele und Abschneiden der orangefarbenen Füße, das Einwecken von Äpfeln und Pfirsichen und Trauben, und dann zurück auf die Tabakfelder und in die Scheune, Tabakblätter binden, leuchtend grün, und der Teergeruch, schwarz und dick an ihren Händen und Dreck, Dreck, Dreck, immer Dreck, und dann kam er heim, und obwohl sie zu müde war, um sich zu bewegen, wurde sie wach und hörte ihn, hörte seine müden Füße (wovon eigentlich müde?) die Stufen hochschlurfen, hörte ihn nach dem Schlüssel suchen, hörte, wie er ihm viele Male runterfiel, das verräterische Geklimper hallte bis in den Wald und zurück, hörte ihn im Dunkeln herumtappen, durch die Dunkelheit hindurch ins Zimmer kommen, und sie konnte ihn vor ihrem inneren Auge sehen: sein Gesicht, nicht mit blutunterlaufenen Augen, Bartstoppeln, schlaffen Wangen und einem trägen abwesenden Ausdruck, sondern so, wie es nicht war, sie konzentrierte, konzentrierte sich auf ihn in ansehnlich, auf ihn am Sonntagnachmittag, im Frühlingsgrün, unten am Fluss, mit weißen glücklichen Augen, einem Lächeln, daran dachte sie, während er mit seinem Mantel kämpfte, mit seinem Hemd, seiner Hose, sich mit seinen Schuhen abmühte, und als er zu ihr ins Bett stieg, mit Alkoholatem »Frau« nuschelte, stellte sie sich die Sonne noch strahlender vor, das Wasser noch klarer und sein Lächeln noch freundlicher, und wenn er sie berührte, grob nach ihr griff wie nach einem Futtersack, stellte sie sich vor, wie er sie zärtlich umarmt hielt, und wenn er das Gesicht in ihren Hals grub und sie den verhassten Fusel riechen konnte, träumte sie angestrengt von einem sauberen Hemd, einer hübschen Krawatte und einem frischen, weißen Unterhemd, und wenn er sie umdrehte und sie bat, gut zu sein, »Sei gut zu mir, Frau, sei gut!«, stellte sie sich vor, wie er ihr in neckischem Ton verrückte Dinge ins Ohr flüsterte, kindische Dinge versprach wie Schmuck und Ausflüge und bessere Zeiten, die irgendwann kommen würden, und wenn er auf sie stieg und mit dem Grunzen eines pinkelnden Bullen in sie eindrang und der Schmerz, der scharfe Quecksilberschmerz auf und ab durch ihren Unterleib schoss und der Takt, der Rhythmus begann, griff sie nach etwas, irgendetwas, was nicht er war, und versuchte, sich mit aller Macht daran zu erinnern, dass es Liebe war, dass sie ihn einst geliebt hatte und dass sie ihn lieben wollte, und ihre Erinnerung wurde zu einem Gebet, einem seltsamen Gebet, es verlor sich im Rhythmus, der in sie stieß, weiß und schwarz gleichermaßen, es brachte ihr Freude und Schmerz, Freude und Schmerz, Freude, Schmerz, immer mehr Schmerz, immer weniger Freude, und es wütete in ihr, in ihren Eingeweiden, und dann packte sie ihn doch, umklammerte ihn, und als er rief, nach ihr rief, weinend, seufzend, wie ein Baby, als er aus seiner Wiege krabbelte, o mein Gott, da umarmte sie ihn, und sie wiegte ihn geduldig, bis er rief: Lieber Gott, o Gott, süßer Herr Jesus!, und sie liebte ihn, und als er fertig war, als die Welt sich ganz sicher ein Stück weitergedreht hatte, als sie sich geöffnet und gegeben, gesucht, gesehen, getröstet, beschützt, befreit und empfangen hatte, als sie der Anfang, die Mitte und das Ende gewesen war, als sie Tränen getrunken, Rotze weggewischt und Schweiß geleckt hatte, als die Welt wieder in Ordnung war und alles, was noch blieb, eine leise, stille Trauer, drehte er sich wortlos um, ließ sie leer und fröstelnd zurück und begann zu schnarchen.

»Lasset uns beten:
   Heiliger Vater, in Demut stehen wir vor dir ...«
   Der Tod selbst wird wohl schnell und barmherzig sein. Aber dass er so leiden muss, ist ihr ein Graus. Während sie sich ihn so ansieht mit seinen vor Konzentration auf Jimmys Worte gefurchten Brauen, spricht sie ihr eigenes, heimliches Gebet:

Lieber Herr Jesus,
Herr, ich bin eine gebrochene alte Frau und sehr bald kommt der Tag, an dem du mich zu dir rufen wirst. Und das ist in Ordnung. Es gab Zeiten, da wünschte ich, du hättest mich schon längst geholt. Hast du aber nicht; und du bist Gott. Es ist sicher nicht an mir, dir deinen Job zu erklären, denn ich weiß, wie es ist, wenn du deinen Job machst und jemand, der davon keine Ahnung hat, ankommt und anfängt aufzuzählen, was du al-

les falsch gemacht hast und wie du es besser machen könntest und so weiter. Herr, ich will keine Unruhe stiften, ich will mich nicht einmischen. Nein, Herr. Mein Gott, ich will dich nur bitten, denn ich weiß, wie es für Asa ist, hilflos und voller Schmerzen in diesem Bett zu liegen. Und Herr, ich weiß, er wird bald sterben, und Herr, ich weiß, er hat Schmerzen, und Herr, ich weiß, dass Schmerz ein Teil der Menschen Mühsal nach dem Sündenfall ist. Aber, Herr, du weißt. Ja, das tust du. Du weißt, es waren nicht viele Menschen nett zu mir in meinem Leben. Mein Vater hat's versucht, doch meine Mutter wusste nicht, wie. Meine Tanten – nein, Herr, ich beschwere mich nicht. Aber dieser Mann, dieser Mann ... Ich ... Ich ... halte viel von ihm. Er hat ... hat viel für mich getan. Für mich und meine Familie. Er sprang ein, wenn mein bedauernswerter alter Ehemann weder konnte noch wollte. Er brachte Essen, als die meisten Leute nur rumsaßen und über mich lachten. Lachten. Ich mit acht, neun Kindern, die ernährt, gekleidet und erzogen werden wollten, und der Mann, der sie mir gemacht hatte, war auf und davon. Hing irgendwo rum. Trank. Aber dieser Mann. Er ist ein guter Mann. Ich – hörst du – ich bitte dich nicht, ihn nicht zu dir zu nehmen, denn ich habe genug von dieser Welt gesehen, um zu wissen, dass es bestimmt eine ganz schöne Erleichterung ist, von hier wegzukommen. Aber, Herr, wenn es dir nichts ausmacht: Nimm das Leiden von ihm und gib es mir, Herr. Gib es mir. Und lass ihn in Frieden sterben.

Ich hoffe, ich verlange nicht zu viel. Aber in der Bibel steht geschrieben: Des Gerechten Gebet vermag viel. Gut, ich mag nicht gerecht sein, Herr, aber ich bin einfach. Ich bin ehrlich. Ich bin aufrichtig.

»... in dieser Welt, die kein Ende haben wird und wo jeder Tag ein Sonntag ist. Amen.«

Amen.

Wäre er doch ... Wäre er doch ... Wäre er doch ... War er aber nicht.

- Jethro. Jethro?
- Ja.
- Komm rein und iss dein Abendessen.
- Ich komme gleich.
- Aber es wird k...
- Ich sagte, gleich, Ruth.
- Aber Jethro ... was hast du denn ... du ... warum weinst du?
- Lass mich, Frau. Lass mich einfach.
- Jethro? Bist du krank? Was ist denn los? Die Kinder ...
- Nein, nein, nein, jetzt lass mich.
- Aber Jethro, das ist doch nicht normal, dass du dich verziehst, um allein zu weinen. Irgendwas ist passiert.
- ...
- Brauchst du Geld? Bist du krank?
- Frau ...
- Nein, du sagst es mir, jetzt ...
- ...
- Jethro.
- Ich ... ich wollte nicht, dass es so wird.
- Wie denn, Jethro?
- Ich wollte nicht, dass du so schlecht leben musst. Ich habe dich nicht verdient. Du ... du hast mich nicht verdient. Ich bin nicht gut genug für dich, Ruth. Und ich weiß nicht, was ich machen soll. Ich weiß es einfach nicht. Ich versuche, mich zu bessern, wirklich ... aber ich schaff's nicht. Ich bin schwach. Und du ... Sieh dich nur an.
- Du bist ... wir müssen es einfach weiter versuchen. Das ist alles. Einfach dranbleiben. Dranbleiben und nicht aufgeben.

– Du bist eine gute Frau, aber du verstehst es nicht, oder? Du verstehst es nicht.

Oh, doch, ich hatte verstanden, und wie.

Es ist hart, ihn so zu sehen. Er ist so müde, er kann es gar nicht erwarten, davonzufliegen. Sie ist auch müde, sie war müde, tagein und tagaus, länger, als sie denken kann. Bald, Asa. Sehr bald wird keiner von uns beiden mehr müde sein müssen.

»Tja dann, ich danke euch allen fürs Kommen.« Asas Augen weinen, auch wenn keine Tränen zu sehen sind. »Fahrt vorsichtig.«

Die Frau drüben ist eingenickt, ihr Sohn ist gegangen. Ein kleiner Mann, dessen Hautton an fruchtbare Erde denken lässt, wischt den Flur vor dem Zimmer. Irgendwie hat der Rhythmus des klatschenden, nassen Wischmopps etwas Tröstliches. Sie kann das Ammoniak riechen, frisch und neu.

Es ist Zeit zu gehen.

»Okay, Asa«, sagt sie, »du ruhst dich jetzt aus, hörst du? Einfach ausruhen. Alles wird gut.«

»Ich weiß, altes Mädchen.« Er zwinkert ihr zu und lächelt. »Ich weiß.«

Tisha Anne begleitet sie in die Eingangshalle, Zeke voran, Ruth dahinter, Jimmy links, Tisha rechts.

»Papa sieht seit langer Zeit mal wieder besser aus.«

»Wirklich?«, fragt Zeke.

»Ja, Sir, tut er.«

»Mädchen, was sagen denn die Ärzte?« Zeke schaut im Vorbeilaufen in jedes Zimmer, winkt und grüßt jeden, der seinen Blick erwidert, mit einem kurzen ›howdy‹.

»Wofür willst du das denn wissen?« Ruth schaut nicht auf, sie dreht lediglich den Kopf, als hörte sie dem Boden zu.

»Also wirklich, Ruth ...«

»Also wirklich nichts da.«

»Tante Ruth!« Jimmy wirkt sofort nervös. In seiner Stimme dieser Ton, als spräche er zu den Kindern in der Schule und nicht mit einer erwachsenen Frau, aber sie hört auch noch etwas anderes ... Ungeduld? »Mich interessiert es auch.«

»Sie sagen, Papas Herz ist nicht mehr stark genug, um noch lange durchzuhalten. Das ist alles. Er hatte zwei Herzinfarkte, aber das wisst ihr ja. Ein Glück, dass er keinen Schlaganfall hatte ... bis jetzt.«

»Gehen die davon aus?«

»Ja, Sir. Tun sie.«

»Hmm.« Als die Fahrstuhltür sich öffnet, schüttelt Zeke den Kopf. Seine Augen starren wie durch Wände.

»Und? Bist du jetzt zufrieden?« Im selben Augenblick, in dem Ruth in den Fahrstuhl steigt, beginnen sich die Türen zu schließen, und noch bevor Tisha Anne oder Jimmy dazwischengehen können, stoßen sie Ruth in Jimmys Arme. Sofort zappelt sie wie ein Fisch auf dem Trockenen, schlägt auf seine Arme, auf seine Brust.

»Tante Ruth, Tante Ruth, was machst du denn da?«

»Nichts mache ich. Sag denen einfach, sie sollen die verdammten Fahrstühle reparieren. Mein Stock. Mein Stock. Gib mir meinen Stock. *Ich will meinen Stock.*«

Jimmy packt sie bei den Schultern und sieht ihr tief in die Augen. »Tante Ruth, *warum haust du mich?*«

Sie hält inne, wird sich bewusst, dass alle sie anstarren: das Krankenhauspersonal, ein weißer Mann in einer orangefarbenen Tweedjacke, die Frau daneben, Zeke, Tisha Anne. Sie will es ihm sagen, will ihm ins Gesicht spucken, brüllen, schreien und ihm endlich sagen, wie sehr sie ihn verachtet; wie sehr sie es ihnen allen übelnimmt, seiner Großmutter, seinem Onkel Zeke, seiner ganzen verdammten Familie, doch sie ist viel zu verblüfft über seine plötzliche ... was? ... Stärke?

»Junge, was glaubst du, mit wem du sprichst? Mit einem dieser rotznasigen Kinder aus deiner Schule?« Er sieht betreten zur Seite. »Gebt mir meinen Stock.«

Tisha Anne reicht Ruth den Stock, und als Jimmy ihr eine Hand anbietet, starrt sie sie bloß an und betritt den Fahrstuhl.

Zeke starrt sie mit offenem Mund an. »Ruth, du kannst mit dem Jungen nicht so reden. Er hat nur ...«

»Lass mich, Zeke. Lass mich einfach.«

Sie hasst Fahrstühle. Ihr Herz rast, ihr Magen zieht sich zusammen. Er ist nicht ihr Neffe, er ist der Neffe ihres Mannes, und seine Großmutter, ›Ihre Hoheit‹ Jonnie Mae Greene, war eine von denen, die sich damals zurückgelehnt und mit dem Finger auf sie gezeigt haben, weil sie ihren versoffenen Bruder geheiratet hat. Oh ja, sie war immer zur Stelle, wenn Jethro zu tief ins Glas geguckt hatte; oh ja, sie gab gute Ratschläge zur Kindererziehung – vor allem, weil sie so erfolgreich war mit ihren vier Mädchen und diesem Jungen, Lester, den sie zum Sklaven gemacht hatte; oh ja, sie war eine gute Schwägerin, aber sie hatte Ruth nie respektiert, sie nie wie ihresgleichen behandelt. Und Jimmy, ihren Enkelsohn, hatte sie zu ihrem Ebenbild gemacht. Ruth hasste alle beide. Aber sie ist eine gute Frau gewesen. Jethro hatte ihr das gesagt, früher.

Die Luft draußen ist warm, aber nicht warm genug, um sie glücklich zu machen. Tisha Anne wünscht ihnen eine sichere Heimreise, während Ruths Blick über den grünen Rasen, das sanft ansteigende Tal, die smaragdgrüne Hügelkuppe schweift, zwischen den weißen Grabsteinen und den hohen, schmiedeeisernen Toren hindurch, und da bemerkt sie die Farbe des Himmels: spülwassergrau. Sie denkt: Ich möchte unter einem blauen Himmel sterben.

30. April 1984 • 2:40 Uhr

Horace saß entgeistert im kotzgrünen Buick. Er erkannte den großen, schwarz asphaltierten Parkplatz neben dem Ostflügel seiner Highschool wieder. Warum saß er hier? Er konnte sich nicht erinnern, wie er hergekommen war, weder ans Fahren noch ans Ankommen. Mit einem Mal hatte er die Augen geöffnet – und da war er. Die Erinnerungen, die ihm in den Sinn kamen – die Kirche, die Taufe, die Schule ... der Garten? –, waren weder klar noch chronologisch, und die Bilder, Gefühlssplitter, die ihm ins Herz stachen, verwirrten ihn noch mehr.

Doch er erinnerte sich an die Stimme, an den Anschein eines Plans. Wo war sie? Es war irgendwie tröstlich, sich vorzustellen, dass da eine Kraft am Werk war, und sei sie noch so beängstigend. Der Kurs stand fest. Die Entscheidungen lagen nicht mehr in seiner Hand. Er war jetzt ein Bauer auf dem Schachbrett.

Er schaltete das Scheinwerferlicht aus, stieg aus dem Auto und drehte sich um, halb in Erwartung, jemanden zu sehen. Wen? Liedtexte schwirrten in seinem Kopf herum, *Take this hammer, carry it to the Captain* ... Er spürte einen Verlust. Warum? Ratlos zog er die Schultern hoch, wandte sich schließlich vom Auto ab und ging auf die Schule zu.

Während er auf seinem Weg über den Asphalt versuchte, den Glassplittern, Dosenverschlüssen und Kieselsteinen so gut wie möglich auszuweichen, damit sie seine nackten Füße nicht zerschnitten, stiegen Erinnerungen an die Vormittage im Herbst, Winter und Frühling in ihm auf, als dieser Parkplatz voller Autos gewesen war. Toyotas. Hondas. Ford Rangers. Alte Cadillacs. Diese hübschen VW-Golf, gekauft von spendablen Eltern, oder Pontiac Firebirds, falls sie besonders wohlhabend waren; Pick-up-Trucks, die Großväter ihren Enkeln überließen, weil sie die Gänge nicht mehr reinkriegten; Chevrolets, Mercurys, Chryslers, die gleichzeitig als Familienauto genutzt wurden, und die Rostlauben, die die Sparsamen und hart Arbeitenden sich durch Sommerjobs und Schichten nach der Schule im Supermarkt, Schuhladen oder bei McDonald's selbst finanziert hatten. Diese Ansammlung klirrender, hupender, schleifender, schluckender Maschinen war ein Symbol des Stolzes, eine zuverlässige Quelle von Selbstherrlichkeit unter Horace's Altersgenossen. Leute, die selbst zur Schule fuhren, standen eine Stufe über denen, die mit dem Bus kamen, egal, ob sie einen Mazda RX7 oder einen 1954er Dodge Truck besaßen, denn sie waren unabhängig. Sie waren einen Schritt näher am Erwachsensein.

Horace überquerte den Parkplatz und schaffte es, sich nur einen oder zwei Schnitte zuzuziehen. Er setzte sich auf einen der niedrigen Poller, die den Parkplatz vom Schulhof trennten, und untersuchte seine Füße einen nach dem anderen, entfernte Steinchen und anderes Zeug. Wieder saß er unter einer hohen Außenleuchte, und wieder fiel ihm seine Nacktheit nicht auf. Er schaute auf zu dem bleichen Klotz, ganz grau und stumm, zu den Fenstern, die den Halbmond reflektierten, zum flachen Dach, dessen Lichtschimmer nahtlos in den Himmel überging.

Die South York County High School gehörte in eine andere Zeit. Das Ursprungsgebäude war in den späten 1950ern gebaut worden, in den frühen Sechzigern wurde eine Cafeteria angefügt, eine Sporthalle in den frühen Siebzigern, ein Administrationsanbau in den späten Siebzigern, und erst kürzlich war ein riesiges Auditorium mit einem Musiksaal für die Schulkapelle hinzugekommen. Ein stromlinienförmiger Riese aus verblichenem, beigefarbenem Backstein, der sich von den Farmen, Garagen, Wäldern und Feldern, die ihn umgaben, deutlich unterschied. Die South York hatte über zweitausendfünfhundert Schüler und war damit die größte Schule im County und im östlichen North Carolina. Weswegen wieder und wieder Gelder bewilligt worden waren für den Ausbau, bis sie der ganze Stolz des County war. Das Footballteam, das Basketballteam, die Leichtathleten, das Tennisteam, selbst das Baseballteam – Junior- wie Auswahlmannschaften gleichermaßen – waren lokale Helden. Obwohl die Basketball-Auswahl gerade eine hässliche Verlierersträhne erlebte, war das Juniorteam seit sechs Jahren ungeschlagen (alle gaben dem Auswahl-Coach die Schuld), und das Mädchenteam hatte zweimal die Landesmeisterschaft gewonnen. Die Football-Auswahlmannschaft galt für einige Zeit als die beste im ganzen Bundesstaat, hatte sie doch drei Jahre in Folge die Meisterschaft gewonnen und sich immer einen Platz unter den Top-Zwanzig gesichert. Der Tennisnachwuchs ging an die East Carolina oder die State, etliche Mitglieder des Leichtathletik-Teams ergatterten Stipendien. »Das Format einer Schule«, hatte der Schulleiter Mr Unger einmal bei einer Versammlung gesagt, »erkennt man am Format seiner Sportler und Sportlerinnen.« Horace wusste, Cousin Jimmy würde poltern: »Und was ist mit seinen Wissenschaftlern?«, aber nach dreieinhalb Jahren an der Schule hatte er begriffen, dass den Leitern das Image mehr bedeutete als das Lernen.

– Was war das? Er horchte, war sich sicher ... ja – das Geräusch von Flügeln. Riesige Schwingen schlugen die Luft. Er sprang auf, halb erschreckt, halb erstaunt. Hatte der Dämon entschieden, sich zu zeigen? Er sah sich um, starrte in die Dunkelheit, über die Felder, in die Winkel und Ritzen des Gebäudes, zum fernen Wald und hinter die Masten und Säulen, Zäune und Tore – nichts. Was hatte er gehört?

Zu seiner Linken hörte er Schritte und nahm intuitiv die Verfolgung auf. Er lief zur Vorderseite des Gebäudes, sah nichts, wusste aber: Es war da langgegangen. Die Eingangshalle hatte eine Glasfront. Die Lobby, zugestellt mit Metallsäulen und Betonstützen, war voller Paraphernalien des Highschool-Patriotismus. Ein tönerner Häuptling stand in der Lobby, das Schul-Maskottchen. Die langen Federn seines Keramik-Kopfschmucks reichten bis zum Boden. Die Fliesen aus Marmorimitat glänzten unnatürlich. Hier befanden sich alle Trophäen, die Gedenktafeln, die Banner und das Staatssiegel. In jeder Ecke der Halle ragte ein hoher Gummibaum auf, was überhaupt nicht zum modernen, akademischen und polierten Charakter des Gebäudes passte.

Horace griff nach dem Knauf in der Überzeugung, dass alles verschlossen und das Wesen wie ein Nebel hindurchgegangen war, und öffnete die Tür mit dem gleichen Erstaunen, mit dem schon die Frauen an Jesu Grab gestanden hatten. Er hielt es nicht für übernatürlich; er bezweifelte, dass der Dämon am Schloss herumgefummelt hatte, genauso wenig fragte er sich, ob der übellaunige Mr Unger, fahrig wie immer, aus der Schule geeilt war, ohne hinter sich abzuschließen. Er hastete dem Wesen hinterher, mehr von Neugier getrieben als von Schrecken.

Wo entlang? Stille und Schemen begegneten ihm, gewöhnliche, alltägliche Schatten, die sich in die Ecken schmiegten und über Türbogen spannten. Nichts Übernatürliches an diesen dunklen, trüben Wänden, dem leeren Treppenhaus, den stumpfen Fenstern und den finsteren Korridoren. Er erinnerte sich an die Schritte der Schüler, die er Stunden zuvor gehört hatte, an ihren ungestümen Lärm und die Geschäftigkeit des Lernens.

Dann plötzlich ein verräterisches Rascheln am Kopf der Treppe. Horace nahm drei Stufen auf einmal – wieder: nichts. Eine Tür machte leise: Klick.

Er stand vor der Tür von Miss Clarissa Hedgesons Biologieraum und hielt zum ersten Mal inne. Er atmete schnell und fragte sich, was für eine scheußliche, hässliche, heimtückische, knochenbrechende, üble Bestie er wohl antreffen würde. Welches bemitleidenswerte Ende würde er finden? Welcher Schmerz wartete hier auf ihn? Welche Qual? Er öffnete die Tür.

Sie sind zu spät, Mr Cross.

Hell schien das Sonnenlicht durch die Fensterscheiben. Da stand Clarissa Hedgeson in ihrem Alte-Jungfer-Kleid, die Brille mit dem silbernen Metallgestell auf der Nase, dazu der autoritäre Dutt. Alle seine Klassenkameraden aus der Neunten sahen zu ihm auf, außer die, die in den neuen Spider-Man-Comic – versteckt im Biologiebuch – vertieft waren, oder die, die hinten im Raum tratschten, oder die, die sich in Tagträumen von einem Leben als Spion in Russland oder einer Liebesaffäre im viktorianischen England verloren und aus dem Fenster Richtung Moskau, Richtung London, zur nächsten kühlen Badestelle blickten.

Dann nehmen Sie mal Platz, junger Mann. Wir haben nicht den ganzen Tag.

Niemand lachte über seine Nacktheit. Tatsächlich hatte er vergessen, dass er nichts anhatte. Er hielt seine Schultasche umklammert und entschuldigte sich murmelnd für die Verspätung, dann setzte er sich erleichtert hin und freute sich auf eine Unterrichtsstunde über Zellteilung. Er war voller Fragen zur Mitose, Osmose und zu den Membranen.

Miss Hedgeson dröhnte weiter. Horace sah sich um und bemerkte Gideon, John Anthony und Edmund Clinton, und einen entrückten Moment lang wusste er, dass er hier war und doch nicht hier. Er sah an sich hinunter, er war als Einziger im Raum nackt und – drei Jahre älter. Alle anderen waren unverändert. Nicht Nostalgie, aber Bedauern und Traurigkeit zerrten an ihm, doch er war auch verwirrt: Passierte das wirklich?

Er sah zu Gideon hinüber, braun und niedlich, komplex wie eine Infinitesimalrechnung und direkt wie eine Faust. Horace erinnerte sich an eine Romanze. Er würde es nicht Liebe nennen, aber es war intensiv und echt gewesen.

> *I can't light no more of your darkness*
> *All my pictures seem to fade to black and white ...*

Hätte er die Chance, es zu wiederholen, würde er der Situation wieder erliegen. Da war er sich sicher, sehr sicher. »Der Zauber des ersten Mals«, kam ihm in den Sinn, und obwohl er schuldbeladen gewesen war, war es irgendwie rein in seinem Elend, aufrichtig in seiner Unbeholfenheit, unschuldig in seinem Ernst gewesen. Ganz sicher eine Sache, die so nie wieder passieren konnte, selbst wenn er dreihundert Jahre alt würde und die Krieger der mutigsten Heerschar des größten Weltreichs lieben würde.

> *Don't discard me just because you think I mean you harm*
> *Stranded here on the ladder of my life ...*

Wie konnte so etwas schlecht sein? Wie hatte er es derart verderben –

Horace. Du und Gideon – seid ihr so weit für eure Präsentation?

Ursprünglich sollte Horace mit Edmund an dem Pflanzentropismus-Experiment für Miss Hedgesons Biologiekurs in der 9. Klasse arbeiten. Edmund war ein dunkler Typ mit rabenschwarzem Haar und olivfarbener Haut; er spielte im Junior-Basketballteam der Schule und hatte Horace einmal seinen innigen Wunsch gestanden, ein »richtiger« Schwarzer zu sein. Edmund war viel größer als Horace und hatte, wie die alten Frauen sagten, früh zugelegt. Seine unbeholfenen Versuche, wie ein Schwarzer zu reden und zu gestikulieren, nahmen Horace für ihn ein, ein bisschen war er verknallt in ihn. Mit fünfzehn hatte Edmund mehr Haare am Körper, als Horace für möglich hielt. Von den dunklen, mysteriösen Büscheln war er regelrecht besessen.

Horace? Gideon? Seid ihr so weit?

Edmund war unfassbar dumm, und obwohl Horace ihm den Wachstumsprozess von Pflanzen hoch und runter betete, konnte er ihn letztlich weder dafür begeistern noch ihm irgendetwas über Biologie beibringen. Edmunds Interesse galt vielmehr Peggy Somers, den Celtics und der neuen Stereoanlage, die er sich gerade in seinen Camaro eingebaut hatte. An einem besonders heiklen Zeitpunkt des Experiments hatte Edmund einen Rückzieher gemacht und sich für einen langen schriftlichen Bericht entschieden statt für das schwierigere, viel besser benotete Experiment, was Horace ziemliche Kopfschmerzen bereitet hatte.

Horace?

Ungefähr zur selben Zeit, als Edmund entschied, er wolle nichts mit den Erbsenpflanzen zu tun haben, fand eine hungrige schwarze Schlange den Weg in Lucius Stones Stall und verschlang Gideons Projekt über das Wachstum und die Entwicklung von Hühnerembryos.

Ja, Miss Hedgeson. Wir sind so weit.

Mit der Weisheit einer Lehrerin hatte Miss Hedgeson entschieden, dass Gideon und Horace zusammenarbeiten sollten.

Alles in allem waren es hundertachtundzwanzig Erbsenpflanzen – Erbsen hatte Horace wegen seiner Bewunderung für Gregor Mendel ausgewählt. Er hielt sich selbst – anders zwar, doch ähnlich wie Mendel – für einen frommen Mönch, der sein Leben der Sammlung und Deutung von wichtigem Wissen und von Daten widmete. Abgeschieden, auf einer Bergspitze, das Kloster, schlicht und solide, erbaut aus einfachem Stein, der aus ebendiesem Berg gehauen worden war. Dort spazierte er im Frühling durch die angepflanzten Erbsen, ihre weißen und blauen Blüten dufteten, er hörte das Summen und Brummen der Honigbienen, wischte die weichen, grünen Würmer von den Blättern und dachte an liturgische Abendgebete, den heiligen Benedikt und den genetischen Code. Natürlich lehnte Miss Hedgeson die Erbsenpflanzen ab – sie wären nicht kräftig genug, sagte sie. Gelassen legte ihr Horace dar, dass Erbsenpflanzen durchaus ein gutes Gewächs seien, um das Phänomen vorzuführen – jedes Gewächs eigne sich, sagte er trotzig. Sie nickte und schenkte ihm ein pikiertes Lächeln, das Horace schon gewohnt war, so wie er es gewohnt war, seinen Willen zu kriegen.

Dennoch gestattete Miss Hedgeson ihm nicht, das Projekt allein zu beenden. Ihrer Meinung nach war es viel zu umfangreich, nicht mehr zu schaffen wegen der geplanten Grafiken und Diagramme, ganz zu schweigen von der schriftlichen Abhandlung, deren Entwurf jetzt schon zu lang war, und wirklich, Horace, glaubst du nicht, das alles ist ein bisschen viel? Ich meine ... Okay. Okay. Natürlich weißt du, was du tust. Ich will das gar nicht in Zweifel ziehen. Aber ich bestehe darauf, dass Gideon mitmacht. So und nicht anders – und keine Diskussion, *Mr* Cross.

Das Experiment selbst war so empfindlich, dass die Pflanzen bis zum Tag der Präsentation nicht bewegt werden durften. Für Gideon blieb nicht viel mehr zu tun, als beim Anfertigen der Grafiken und Diagramme zu helfen. Außerdem bestand er darauf, zu Horace nach Hause zu kommen, um ihm bei der Versorgung der Pflanzen zu assistieren.

Zuerst reagierte Horace auf die ganze Sache verärgert; er konnte nicht mehr der ernste Mönch sein, zurückgezogen in seinem Garten-Refugium, fromm, gedankenverloren und – allein. Jetzt war da noch jemand anderes, eine Anwesenheit, die Horace als störend empfand.

Über den Sommer hatte sich Gideon verändert. Sein mädchenhaft zierlicher Körper hatte sich, einem Schmetterling gleich, verwandelt und aus der Larve entpuppt. Jeder sprach darüber, nahm ihn plötzlich wahr. Die alten Frauen fragten: Habt ihr den Jungen von Lucius und Viola gesehen? Er ist so was von in die Höhe geschossen! Plötzlich war er größer als Horace. Seine Arme wirkten kräftiger und gar nicht mehr wie die eines Mädchens und baumelten um eine Taille, die inzwischen fest und ausgesprochen männlich war. Seine Stimme war tiefer geworden. Man konnte erkennen, dass er nach seiner Mutter und seinen Brüdern kam und ein großer Mann werden würde. Noch verstörender war für Horace, dass auf einmal charmant und gewollt erschien, was früher für Hohn und Spott gesorgt hatte; Gideons vormals hohe und schrille Stimme bekam einen Honigklang, seine »weichliche« Art galt jetzt als wohlerzogen und intelligent. Horace vermied es, ihn anzusehen.

Er hätte sich selbst belogen, hätte er behauptet, sich nicht zu Gideon hingezogen zu fühlen, jetzt noch stärker. Aber sich das einzugestehen erzeugte eine so unbändige Schuld, dass er sich genauso gut selbst hätte kreuzigen können. Wie? Wie konnte er es aushalten, so eng mit ihm zusammenzuarbeiten? Warum konnte der Herr ihm diese Pein, diese gemeine Falle nicht ersparen? Ihn stattdessen gegen andere Versuchungen kämpfen lassen, Diebstahl zum Beispiel? Seine Frömmigkeit in Frage stellen? Ihn anstiften zu lügen, falschen Göttern zu huldigen, Mutter und Vater nicht zu ehren, des Nächsten Haus zu begehren ... doch warum Gideon?

Dann malte er sich aus – ein Hintergedanke zunächst –, was seine Familie über die enge Zusammenarbeit sagen würde. Er und der Sohn des Whiskeybrenners! Und da wusste er, dass er über die Lösung gestolpert war.

Großvater, Miss Hedgeson sagt, ich muss mein Projekt mit Gideon Stone zu Ende führen.

Und?

Du weißt schon. Gideon Stone. Lucius Stones Sohn.

Und?

Ich meine ...

Was meinst du, Junge?

Na ja, weißt du ... sein Vater und so ...

Ja ...

Das sind keine ... rechtschaffenen Leute.

Wie bitte, Junge?

Das hast du gesagt.

Komm her, Junge, komm mal her.

Ja, Sir.

Nun, mein Sohn. Nur weil die Leute es nicht so machen, wie ich es für richtig halte, heißt das nicht, dass ich sie verurteilen darf. Ich sage manchmal mehr, als ich sagen sollte, aber hör mir zu, Junge: Halt dich niemals für was Besseres als all die anderen hier in Tims Creek. Hörst du? Niemals. Nirgendwo. Egal ob weiß oder Schwarz. Leute tun, was sie tun müssen, und nur weil es nicht das ist, was *du* tun würdest, ist das kein Grund, die Nase über sie zu rümpfen. Schreib es dir hinter die Ohren, Junge. Mach schön weiter und arbeite mit Gideon Stone. Das tut keinem von euch weh.

So wurde es abgemacht. Festgesetzt. Verpflichtet. Gebunden. In Stein gemeißelt. Er konnte John Anthony spotten hören: Der alte Horace hat jetzt eine Gehilfin. Sie kümmern sich zusammen um ihren kleinen Garten. Wie ... Adam und Eva – hm, Horace? Werdet ihr auch jedem Tier seinen Namen geben? Oder willst du ihn die verbotene Frucht kosten lassen? Vielleicht eine kleine Erbse?

Als Horace das erste Mal zu Gideon nach Hause ging, um an den Grafiken zu arbeiten, dachte er nicht an die Erbsenpflanzen. Gideon hatte sich während ihrer Zusammenarbeit benommen. Zu Horace' Überraschung gab es keine versteckten Andeutungen, keine Grabschversuche oder anderes ekelhaftes Verhalten. Tatsächlich war Gideons Verständnis für das Projekt so umfassend, dass es Horace ärgerte. Mit einem Mal war es Gideons Projekt und Horace hatte Mühe zu beteuern, dass *er* sich das alles ausgedacht hatte *er* es angestoßen und den Großteil der Arbeit geleistet hatte und dass *er* nun auch die Meriten verdiente und dass es sich, ohne jeden Zweifel, Mr Stone, um *mein* Projekt handelt.

Lucius Stones Haus befand sich auf einem Weg, der von einem anderen unbefestigten Weg abging und tief in den Wald führte. Es war gräulich braun mit einem grünen Blechdach, ungestrichen und älter, als Horace sich vorstellen konnte. Der Garten, ein unebener, klumpiger Streifen zwischen Scheune und Wald, war vollgemüllt mit Fässern und Blechbüchsen, gestapeltem Holz für eventuelle Anbauten am Haus und Autos. Mindestens sieben. Vier davon standen ohne Reifen auf Blöcken, hier eines ohne Motor, da eines ohne Tank, dort eines ohne Rücksitz. Überall rannten Hühner herum, weil Mrs Stone behauptete, sie könne keine gekauften Hühner essen – für sie mussten sie frisch geschlachtet sein. Haus und Garten befanden sich in der Nähe eines Bachs, der Boden war sumpfig und nass. Das ganze Grundstück roch nach dem Bach, nach verrottetem Holz, Moos, Hühnerscheiße, nach alten Autos und Benzin und Öl.

Lucius Stone war immer von Menschen umgeben. Als Horace den Weg hinaufging, sah er ihn zusammen mit Mrs Stone und drei seiner sieben Jungs auf der Veranda sitzen – Bo-Peep, dem ältesten; Bago, dem stärksten; und Boy-Boy, dem dunkelsten. Sam Vickers saß bei ihnen, immer noch in seinem Sonntagsanzug, außerdem Joe Allen Williams und John Powell im Overall. Außer Lucius hielt jeder ein Glas in der Hand; Lucius trank aus einem Einwecktiegel.

Er war ein winziger Mann mit einem Gesicht wie ein Wiesel. Rattig, hatte Horace einmal seine Großtante Jonnie Mae sagen hören. Sein Haar war staubgrau und er trug einen zotteligen Bart ohne Schnauzer. Seine Augen wanderten in den Augenhöhlen herum wie die eines Blinden, doch wenn er jemandes Aufmerksamkeit hatte, fokussierte er ihn wie ein Falke. Manche behaupteten, seine Augen irrten so herum, weil er angestrengt nachdachte, andere sagten, in seinem Kopf herrsche gähnende Leere. An diesem Tag fixierte Lucius Horace klar und deutlich. Alle anderen auf der Veranda sahen Horace unfreundlich an, nur Lucius strahlte, grinste und lehnte sich vor.

»Du kommst, um mit Gideon an diesem Projekt zu arbeiten, hab ich recht?«

»Ja, Sir.«

»Gut. Gut.« Er hob den Kopf und rief: »Gideon! Gideon? Der Cross-Junge ist hier!« Lucius sah mit einem schnellen Kopfzucken wieder zu Horace. »Er ist gleich draußen. Setz dich.«

Keiner sagte etwas, als Horace Platz nahm, also wünschte er verlegen guten Tag. Die Männer grummelten ein »Hey« und schauten weg. Viola Stone saß da wie ein Fels – ihre Beine weit geöffnet, so dass man ihren Satinschlüpfer unter dem orange-schwarzen Kleid sehen konnte.

»Woran arbeitet ihr so?« Es klang mehr wie ein Vorwurf; ihre Stimme, tief wie aus einem Fass, dröhnte wie die eines Mannes.

»Ein Forschungsprojekt für die Schule.«

Lucius schlug sich aufs Knie. »Seht ihr, sehr gut. Ich rate Gideon immer, auf der Schule zu bleiben und sie nicht abzubrechen wie seine Brüder, die hier an Autos herumschrauben, als wäre das alles, was das Leben zu bieten hat.« Skillet sah seinen Vater finster an. Lucius wendete sich wieder Horace zu, dann seinem Glas, nahm einen Schluck und schaute weg. »Weißt du, ich habe nicht viel Bildung mitbekommen. Als ich in der vierten Klasse war ...«

»Lucius.« Ein Auge geschlossen, sah Viola ihn an. »Der Junge will nichts von dem ganzen Unsinn über dich und deine Zeit in der Schule hören.«

»Halt den Mund, Frau. Ich rede nicht mit dir.«

Sie runzelte die Stirn und nahm einen kräftigen Schluck aus ihrem Glas.

»Ist es nicht so« – Lucius lächelte –, »Bildung ist alles heutzutage. Stimmt's, Jungs?«

Alle Männer pflichteten ihm mit einem müden »Mhmm« bei.

»Ja, so ist es. Der weiße Mann hat die Dinge so gedreht, dass ein Schwarzer Mann nirgends hinkommt, es sei denn, er hat einen Haufen Geld auf der Bank oder einen Schulabschluss.«

»Das ist wahr.« Joe Allen Williams sprach in sein Glas.

Lucius schloss die Augen und nickte, zufrieden mit seiner Beobachtung. Als er sie wieder öffnete, streifte sein Blick

Viola, die voller Abscheu den Mund verzog. Er sah Horace an und beugte sich vor.

»Du verstehst mich, stimmt's, junger Mann?«

»Ja, Sir.«

»Bleib dran, so ist es richtig.«

Viola machte einen Katzenbuckel und kratzte sich mit der freien Hand am Rücken. »Worum geht es bei eurem Forschungsprojekt?«

»Es ist eine Darstellung von Pflanzentropismus.«

»Pflanzentropismus?« Joe Allen lachte in sich hinein.

»Schwarzer Mann!«, Viola verzog wieder den Mund und guckte zu Joe Allen. »Worüber lachst du? Weißt du, was das ist?« Er zuckte verlegen mit den Achseln, drehte sich weg und stürzte seinen Schnaps runter.

»Okay.« Sie wandte sich Horace zu, zog Luft durch die Zähne. »Was ist ... wie hieß das noch mal? Trophytismus?«

»Tropismus.«

»Ja. Was zur Hölle ist das?«

Lucius sprang auf. »Viola, weißt du, wer der Junge ist? Sprich nicht so vor ...«

»Halt die Klappe, Lucius. Wir unterhalten uns gerade.«

»Ja, aber das ist kein Grund zu fluchen.«

»Ich fluche nicht, ich frage. Und jetzt halt für ne Minute die Klappe.«

»Frau, du verbietest mir nicht den Mund.«

»Mann! Lässt du mich jetzt meine Frage stellen?«

»Dann frag deine verdammte Frage, gottverdammt!«

»Mach ich.«

»Na, dann los.«

»Wenn du endlich still bist!«

Horace sagte schnell: »Dabei wird untersucht, warum die Pflanzen wachsen, wie sie wachsen.«

»Das ist alles? Scheiße.«

»Viola!« Lucius sprang beinahe vom Stuhl auf. Viola hob drohend ihr Glas.

In diesem Augenblick erschien Gideon in der Tür. »Hey, Horace, komm rein.«

Horace sprang erleichtert auf und entschuldigte sich. Er merkte sofort, wie brav und gestelzt sein »Entschuldigen Sie mich« für die Leute auf der Veranda klingen musste.

Wie der Garten ähnelte auch das Haus einem Schrottplatz. Unordnung und Müll, Möbel mit Löchern und Brandstellen und überall leere Gläser. Es roch wie draußen, feucht, faulig und moosig – nur intensiver. Doch plötzlich dämmerte ihm: Etwas an dem Geruch fand er erregend. Oder den Geruch selbst? Gideons Zimmer hingegen war ordentlich aufgeräumt und sauber, nahezu spartanisch. Ihr Arbeitsmaterial stand gestapelt auf seinem Bett.

Mit der Geschäftigkeit von Termiten begannen sie zu arbeiten. Sie sprachen wenig. Sosehr Horace es versuchte, konnte er die Situation nicht ignorieren. Er war mit Gideon allein. Seine Gedanken schweiften ab. Farbenfroh. Verboten. Aufregend. Sie kamen und gingen in seinem Kopf, eine ruhelose Armee von Ideen, Möglichkeiten, Analysen. Gideon erwischte Horace mehrmals dabei, wie der ihn anstarrte. Er lächelte und fuhr mit der Arbeit fort. Er schien Horace' Verstörtheit nicht zu teilen. Horace wiederum konnte nicht anders, als Gideons flinke Finger zu beobachten, ihre Form, oder die satte kaffeebraune Farbe seines Unterarms, die Wölbung seines Bizeps, oder die Muskelspannung seiner gekreuzten Beine, die Krümmung seines Nackens, anmutig und stark wie bei einem Pferd, voller Konzentration. Horace fielen all die Sticheleien und Witze ein, die er diesem Menschen an den Kopf geworfen hatte. Sie arbeiteten bis zum Nachmittag.

Als Horace seine Position veränderte, stellte er voller Verlegenheit fest, dass sich seine Hose spannte. Panik fuhr ihm bis ins Herz: Was, wenn im Haus ein Feuer ausbricht? Was, wenn mein Großvater anruft? Was, wenn Gideon mit mir in ein anderes Zimmer gehen will? In seiner Vorstellung sah er Viola Honeyblue Stone einen kompletten Automotor nach ihm werfen und mit hasserfülltem Gesicht ›Schwuchtel!‹ schreien. Die anderen Männer platzten fast vor Lachen. Je mehr es ihn beunruhigte, desto deutlicher spannte es – er dachte an Tricks, die er Miss Hedgeson gegenüber hätte versuchen sollen, an Skandale, die er seinem Großvater hätte vorsetzen können. An alles, was ihn von diesem Raum, diesem Tag, diesem Jungen ferngehalten hätte.

Als es Zeit für ihn war zu gehen, hatte die Verlegenheit nachgelassen, das Verlangen aber nicht. Er schämte sich und wollte es Gideon erzählen, wollte ihn fragen, ob er auch etwas gefühlt hatte. Doch er traute sich nicht. Was, wenn Gideon keine ›Schwuchtel‹ ist? Was, wenn wir all die Jahre falschlagen? Was, wenn ich queer bin und er durch und durch hetero?

Gideon stand auf, und plötzlich war sein Gesicht ganz verändert – berechnend, teuflisch und verschlagen. Hatte er es gesehen?

»Ich bin froh, dass du vorbeigekommen bist, Horace. Wir haben eine Menge geschafft.«

Gideon stand mit dieser kalkulierten Knabenchor-Attitüde vor ihm und Horace wusste nicht, was er sagen oder tun sollte.

Er ergriff Horace' Schulter, zwinkerte und sagte: »Mach es gut.« Dann hockte er sich hin und machte sich daran, die Materialien einzusammeln.

In dieser Nacht träumte Horace. Nicht, dass er vorher nie von Männern oder Jungs geträumt hatte, aber in der Nacht träumte er von einem ganz bestimmten Jungen. Es fühlte sich warm und weich an. Gleichzeitig war da das Grauen, die vertraute Frage, die zu stellen er sich stets geweigert hatte. Eine schreckliche Stimme sprach: Du musst das sündige Denken beenden! Bist du verrückt? Ist dir klar, was passieren wird? Aber er war nicht bereit, sich von diesem seltsamen neuen Gefühl zu trennen. Und die Gefahr, die wirkliche Gefahr, machte seine Obsession noch wertvoller.

Von da an war er freundlich zu Gideon. Sie gingen zusammen in die Unterrichtsstunden und wieder aus dem Klassenzimmer (es war kein Stigma mehr, mit ›diesem Stone-Jungen‹ gesehen zu werden) und sie sprachen über *Star Trek* und Science-Fiction und Horrorromane. Allein in der Nähe dieser Person zu sein, machte Horace glücklich. Es war, als hätte er jemand Neues kennengelernt. Was war daran Sünde?, dachte er. Jede Nacht ergab er sich der Vorstellung, Gideon zu sagen, dass er ihn liebte. Und jeden Morgen, wenn er diese braunen Augen und die kräftigen Zähne sah, bekam er Angst. Er fürchtete, was er sagen und was es bedeuten würde. Er fürchtete, Gideon könnte ihn auslachen, es jedem erzählen und sich über ihn lustig machen. Ihm dämmerte, dass er anders und verletzlich war; die simple Freude, verliebt zu sein und es offen zu zeigen, blieb ihm verwehrt. Es ließ ihn todtraurig zurück und nur die Gedanken an Gideons faszinierende Gegenwart konnten ihn erretten. Die kleinen Dinge – Gideons Lachen, Gideons Lächeln, die Art, wie Gideon ein Wort aussprach, die Weise, wie er das Kinn mit der Hand hielt, wenn er in Gedanken war …

Bei Gideon allerdings war nicht erkennbar, ob er verknallt war. Er schien total verschlossen, geradezu reserviert, was Horace fast in Rage brachte. Gideon schien außer seiner Musik und seinen Büchern nichts und niemanden zu brauchen. Er war so lange gehänselt und ausgeschlossen worden, dass er sich eine eigene Welt erschaffen hatte. Andere Leute interessierten ihn einfach nicht. Seine neu erlangte Popularität, diese plötzliche Aufmerksamkeit, die ihm zuteilwurde, machten ihn noch introvertierter. Horace war die Ausnahme: Er mochte Horace, und das machte diesen kühn und hoffnungsvoll.

Horace schrieb einen Brief. Eigentlich schrieb er ungefähr dreiundzwanzig Briefe. Obwohl er schrieb und zerriss und für eine Weile beiseitelegte und wieder von vorn begann und dabei dachte: Nein, das kann ich nicht sagen, ich würde nicht ›liebe‹ sagen, ich würde sagen ... mag dich total, mag dich wirklich, liebe dich?, beendete er letztendlich den Brief und steckte ihn in Gideons Spind. Er bestand aus drei Absätzen:

Der erste schwor Gideon auf Verschwiegenheit ein. Er erklärte, wie viel Nerven es ihn gekostet hatte, aufzuschreiben, was er wirklich sagen wollte, und ihm diese Epistel zukommen zu lassen. Außerdem beschrieb er genau, wie sein Ruf und sein Seelenfrieden ruiniert würden, sollten diese Informationen jemals in die falschen Hände gelangen.

Im zweiten gestand er Gideon, dass er der Erste und derzeit Einzige war, den er jemals geliebt, ja, geliebt, hatte, und dass er gleichzeitig durcheinander und glücklich und ängstlich war.

Im dritten bat er Gideon, ihm auf irgendeine Weise zu antworten, und zwar bald, wobei er ihn erneut daran erinnerte, dass sein Ruf, sein ganzes Leben von Gideons Gnade abhing.

An diesem Tag ging Gideon in der Cafeteria zu Horace, der allein saß. Horace' Herz schlug, als müsste er ohnmächtig werden; Schweißperlen glänzten auf seiner Stirn.

Gideon setzte sich hin und biss in seinen Hamburger. »Du bist was Besonderes, Horace, weißt du das?«

Horace fühlte sich wie aus dem dritten Stock gefallen. Er war überzeugt davon, dass Gideon ihn verraten würde. Er wurde schlagartig wütend, hielt sich selbst für den größten aller Idioten. »Was genau meinst du damit?«

»Ich meine, ich war seit der sechsten Klasse verknallt in dich.« Gideon zwinkerte ihm zu und aß weiter seinen Burger.

Horace starrte auf seinen Teller, erlebte zum ersten Mal, was es bedeutet, sprachlos zu sein. Er konnte nicht weiteressen.

Sie küssten sich zum ersten Mal während eines Footballspiels, nachdem sie sich auf die andere Seite der Schule geschlichen hatten. Dabei standen sie in einem unbeleuchteten, zurückgesetzten Türeingang. Horace war sicher, dass Gideon das schon zuvor getan hatte – er machte es so gut. Aber Horace konnte sich nicht überwinden, ihn zu fragen.

Es begann kurz vor den Weihnachtsferien ihres ersten Jahres auf der Highschool, aber sie zogen es nie ganz durch, bis kurz vor den Sommerferien. Eines Samstags sollte Horace' Großvater den ganzen Tag weg sein. Gideon kam vorbei.

»Hast du Angst?«, fragte er Horace.

Oh, ja.

Wenn es jemals irgendeinen Zweifel daran gegeben haben sollte, wie er fühlte, oder irgendeine Vorstellung davon, sich von seinen lasterhaften Absichten abzuwenden, erweiterte diese Erfahrung sein Wissen über sich selbst und vertrieb jegliche solche Gedanken für einige Zeit. Es war irgendwie notwendig gewesen – die Berührungen, die Nähe, die Körperwärme, das Liebkosen. Zum ersten Mal begriff er den Unterschied zwischen Wissen und Erfahrung. Zum ersten Mal begriff er, dass man auf mehr als eine Art wissen kann.

Nun, Horace, sagte Miss Hedgeson. Um es zusammenzufassen: Sag uns, was genau ist Tropismus?

Die Ausrichtung eines Organismus – üblicherweise eher durch Wachstum als durch Bewegung – als Reaktion auf einen äußeren Reiz.

Horace sah sich um; der Raum war dunkel und menschenleer. Für den Bruchteil einer Sekunde hörte er das schwache Echo seiner Stimme, während er dort saß und seinen nackten Hintern auf dem kalten Stuhl fühlte. Langsam kam er sich dumm vor – so dumm wie ein Mann, der gehängt werden soll und mit dem Strick um den Hals dasteht. Er erhob sich, sah sich im leeren Klassenzimmer um und hoffte halbherzig, jemanden zu sehen. Keiner da. Er nahm das Gewehr und ging hinaus. Er lief den Flur hinunter, vorbei an den Unterrichtsräumen von Mrs Clark, Mr Potter, Mr Johnson und Mrs Garcia, bei denen er Englisch, Geschichte und Spanisch gehabt hatte. Als er durchs hintere Treppenhaus wieder nach unten stieg, schmerzten die kalten Metallstufen an seinen nackten Füßen. Obwohl es nicht kühler war als eben noch, fing er an zu niesen und zu frösteln, sobald er wieder im Freien war.

Neben dem kastenförmigen Schulgebäude verlief ein langer, überdachter Weg, der von der Schule zur Sporthalle führte. Beim Gehen hielt Horace die Augen offen und lauschte auf die mysteriöse Präsenz. Er hörte die Schüler, die hin und her liefen; den lauten elektronischen Schulgong, der Beginn und Ende der Unterrichtsstunden verkündete; er konnte hören, wie ein Junge lachend und atemlos einen anderen verfolgte, der seiner Freundin erzählt hatte, er habe ihn mit einem anderen »Babe« gesehen; er hörte, wie sich zwei Mädchen über das Ende ihrer Lieblings-Soap stritten, und die klackenden High Heels der Lehrerinnen auf dem Weg zum Büro des Schulleiters ...

Was hatte ihn verändert? Konnte er in so kurzer Zeit so weit aus der Kurve geflogen sein? Im Sommer nach dem ersten Jahr an der Highschool war etwas mit Horace passiert. Plötzlich war er sich seiner Verantwortung als Mann bewusst geworden, und die Vorstellung, ein Homosexueller zu sein, jagte ihm über alle Maßen Angst ein.

Sein Großvater interessierte sich verstärkt für ihn. Er redete ihm gut zu, sich im Herbst für einen Sportkurs anzumelden, fragte ihn zu potenziellen Freundinnen aus. Er ließ sich von Horace herumfahren und prahlte mit dem fast erwachsenen Enkelsohn. Schaut nur, sieht er Sammy nicht wahnsinnig ähnlich? Und ob. Will tatsächlich mal Wissenschaftler werden. Ich verstehe nichts davon, aber ich nehm an, er wird sich gut schlagen. Warum? Weil er ein Cross ist! Wir kriegen alles hin, was wir uns in den Kopf setzen. Oh, ja. Ein guter Junge. Ein richtig guter, in der Tat.

Horace wiederum gewann seinen Großvater immer lieber, während er bemerkte, wie das Alter in aller Würde nach ihm griff. Sein Gang wurde unsicherer, sein Schlurfen langsamer. Sein immer noch gerader Rücken neigte sich leicht nach vorn. An manchen Sonntagmorgen bat ihn sein Großvater um eine Rasur. Dann seifte ihm Horace auf der Hinterveranda das runzelige braune Gesicht ein und zog den alten Rasierer langsam und vorsichtig über die braunen Wangen, wobei er besonders auf die Falten und die harten Bartstoppeln, die er sonst vielleicht nicht erwischte, achtgab. Sein Großvater kicherte und betrachtete sich im gesprungenen, leicht verzerrten Spiegel. Spritzte sich Wasser aus der Schüssel ins Gesicht, tastete es ab und zwinkerte Horace zu, herzlichen Dank.

Wie konnte er seinem Großvater sagen, dass er nicht wie er war? Wie konnte er überhaupt in Betracht ziehen, es ihm zu sagen? Wie würde Ezekiel Cross reagieren, wenn er wüsste?

Am Ende des Weges setzte er sich hin, betrachtete die Tennisplätze und die Sporthalle und dachte an seinen Großvater. Zu Beginn des Sommers hatten er und sein Onkel Lester sowohl Zekes als auch Jonnie Maes Haus gestrichen. Die weißglänzende Farbe glitt so leicht über die Hausseite, wie das Licht am Morgen über das Gras streift. Sein Großvater saß mit übergeschlagenen Beinen unter einem Apfelbaum, schaute zu, rieb sich das Kinn und gab wie üblich seine Ratschläge.

Anfangs hatte Horace, wie sein Großvater es ausdrückte, mehr Farbe auf sich verteilt als auf dem Haus. Doch mit der Zeit wurde er besser, fand den verborgenen Rhythmus des Pinsels, die natürliche Maserung des Holzes.

Leute kamen auf der Straße vorbei, hielten kurz an, um ein bisschen mit Zeke zu plaudern und zu sehen, was die zwei Männer so trieben. Zeke saß da, beobachtete Horace mit dem einen Auge und Lester mit dem anderen, nippte an seiner Cola und unterhielt alle mit Geschichten aus seiner Jugend.

»Das hast du nicht wirklich getan, oder, Cousin Zeke?« Unter dem Apfelbaum scharrten sich sechs Männer um ihn.

»Doch. Wie schon gesagt, ich war vielleicht vierzehn oder fünfzehn – noch nicht mal in Horace' Alter. Ich nahm das Gewehr und sagte: ›Mister, Sie denken, Sie könnten einfach so mein Geld nehmen, aber Sie schulden mir zwei Dollar und fünfzig Cent, und ich habe vor, sie mir zu holen‹ – ihr wisst, zwei Dollar und fünfzig Cent waren damals eine Menge Geld.«

»Allerdings.«

»Und er sah mich an und sagte: ›Hör mal, Junge, eine Waffe auf einen weißen Mann zu richten, ist für einen kleinen Farbigen wie dich der schnellste Weg, getötet zu werden.‹ Aber ich habe ihm direkt in die Augen gesehen und gesagt: ›Mann, ich habe dreizehn Tage auf Ihren Feldern gearbeitet. Die ganze Zeit haben Sie gesagt: Ich bezahl dich am Ende der Woche. Ich bezahl dich am Ende der Woche. Das Ende der Woche kam... Sie haben mich nicht bezahlt. Ich frage nach dem Wann und Sie sagen: Hau ab, Junge. Ich hab keine Zeit für dich. Hab andere Dinge im Kopf.‹ Ich halte ihm also das Gewehr noch dichter vors Gesicht und sage: ›Denken Sie mal kurz drüber nach.‹«

Die Männer schlugen sich auf die Knie und brüllten: »Nein, das hast du nicht getan, Bro Zekiel? Hast du nicht.«

»Hast du das Geld gekriegt, Zeke?«

»Ja, Mann, hab ich. Ich hab ihm jeden Penny abgenommen, den er hatte.« Er lächelte und rieb sich das Kinn. »Ungefähr zehn Dollar. Dann bin ich abgehauen. Ich war schlau genug, nicht nach Hause zu gehen, aber dumm genug, rüber nach Pickettstown zu laufen und mein Versteck damit selber zu verraten.«

»Hat er dafür gesorgt, dass sie hinter dir her waren?«

»Ja, Sir, war doch klar.«

»Und – haben sie dich erwischt?«

»Oh, ja.«

»Und … was haben sie mit dir gemacht?«

»Ich sag's euch. Die haben mich runter zum Gerichtsgebäude in Crosstown geschleift und weggesperrt. Und eins könnt ihr mir glauben, da ging mir der Schwarze Arsch auf Grundeis.«

»Sie haben dich nicht geschlagen?«

»Nein, sie haben's schlau angestellt, mich aufzumischen, aber sie haben mich weder geschlagen noch getreten oder mit einem Stock malträtiert oder so. War trotzdem nicht schön. Sie schickten nach meiner Familie. Pa und der alte Onkel Paul Henry, Pas Bruder – ihr erinnert euch doch an ihn, John? Ja, er war schon tot, als Großvater starb. Ich glaube, das war 1949 … Egal, jedenfalls blieb ich den ganzen Tag im Gefängnis. Sie brachten mich vor den Richter, den alten Flint. So hieß er. Das werd ich nie vergessen, nicht bis zu dem Tag, an dem ich sterbe. Ich geb's zu, ich hatte noch nie in meinem Leben so viel Angst.«

»Nie, Onkel Zeke?«

»Sohn, nicht, soweit ich mich erinnern kann. Ich war eine arme verängstigte Seele.«

»Also, der alte Mann Flint hat zu mir gesagt: ›Junge, du weißt, dass du was Falsches getan hast, oder?‹

Ich sage, ›Ja, Sir.‹

›Weißt du, was dich erwartet hätte, wenn du älter wärst?‹

›Nein, Sir‹, sage ich.

›Doch, tust du, Junge. Bewaffneter Raub – das ist eine schwere Straftat. Wusstest du das nicht, Junge?‹

Ich sage: ›Nein, Sir.‹

›Also: wenn du Manns genug bist, eine Waffe zu tragen, nehme ich an, du bist auch Manns genug, das Gesetz zu kennen. Ist das nicht eine verständliche Annahme, Junge?‹

Ich sage, ›Ja, Sir, ich schätze schon.‹

Dann wurde er ganz still und lehnte sich vor, sah über den Rand seiner Lesebrille und sagte – seine Stimme war ganz tief, und während er sprach, wurde sie noch tiefer –, er sagte: ›Junge, ich könnte dich bis zum Tag des Jüngsten Gerichts wegsperren.‹«

Alle Männer schüttelten den Kopf. »Oh, oh, oh.«

»Der Richter sah rüber zu Pa und sagte: ›Boy, dein Sprössling muss lernen, wo er hingehört. Und auch Respekt vor dem Gesetz. Ich werde ihn gehen lassen, aber wie du weißt, können wir nicht erlauben, dass kleine Schwarze Jungs rumrennen und ihre Waffe auf erwachse weiße Bürger richten. Das können wir nicht zulassen. Was für ein Land wäre das? Also, wie gesagt: Ich lasse ihn gehen, aber du und der andere da, ihr müsst ihm eins mit der Peitsche verpassen, direkt hier, vor dem Gericht, vor meinen Augen. Und zwar richtig.‹

Und das haben sie gemacht. Onkel Paul Henry hat mir kaum wehgetan. Aber der alte Thomas Horace Cross, das kann ich euch sagen, der hat es diesem Hinterteil ordentlich verpasst. Wahrscheinlich, weil er zwanzig Dollar hinblättern musste.«

»Wetten, so was hast du nie wieder gemacht.«

»Ich will es mal so sagen: Beim nächsten Mal war ich cleverer, um hinterher nicht erwischt zu werden.«

Die Männer lachten. Der Großvater nahm einen ordentlichen Schluck aus der Cola-Flasche, Horace warf ihm einen flüchtigen Blick zu. Zeke wischte sich mit dem Handrücken über den Mund und zwinkerte Horace zu.

»Junge, hast du da beim Fenster nicht ein Stück vergessen?«

»Ja, Sir, ich glaube schon.«

»Worauf wartest du?«

»Ja, Sir.«

Alle Männer sahen zu ihm und Lester hinüber. Ihm wurde schwindlig von der Farbe.

»Also, ich erinnere mich, damals ...«

Horace stand auf und ging zur Sporthalle. Sie war verschlossen, also sah er durch die Scheiben, konnte allerdings nicht viel erkennen. Er lief seitlich um das Gebäude zur Footballtribüne und weiter zu dem Eingang, durch den das Footballteam normalerweise aufs Feld lief. Auch die Türen waren verschlossen. Horace setzte sich auf den Boden und zupfte am Gras.

Er dachte über die Stimme nach und fragte sich, ob sie ihn tatsächlich verlassen hatte. Er wünschte, sie würde zurückkommen und ihn mitnehmen, damit er sich nicht an jenen Tag erinnern musste. Vor allem nicht hier, vor allem nicht unter diesen Fenstern; hier hatte er die Entscheidung getroffen, gegen die Krankheit anzukämpfen, als die er seine Sexualität mittlerweile betrachtete.

Er mochte Football nicht. Er glaubte auch nicht, dass er es im Herbst ins Team schaffen würde, vor allem, weil das Team schon im Sommer zusammengestellt wurde. Also beschloss er, es stattdessen mit dem Laufteam zu versuchen, und wurde sofort in die Mannschaft aufgenommen. Er hatte ganz allein mit dem Laufen angefangen, denn er dachte, wenn schon nichts anderes half, würde vielleicht das einen Mann aus ihm machen. Horace beschloss, ein Sportlertyp zu werden, das Bücherwurm-Image abzustreifen und alles daranzusetzen, in der sozialen Hackordnung der Highschool aufzusteigen.

Es war gar nicht schwer. Er wurde Präsident des Spanischclubs, Vize-Präsident der *National Honor Society*, Mitherausgeber der Schulzeitung und designierter Vorsitzender des Wissenschaftsclubs. Somit blieb ihm keine Zeit, sich Gedanken über das Problem zu machen, das ihn in diesen Aktivitätsrausch getrieben hatte. Nur selten sprach er mit Gideon, der Horace' neue Distanziertheit erstaunt zur Kenntnis nahm. Am seltsamsten war vielleicht, dass Horace neuerdings mit einigen von den weißen Schülern abhing, bekannt als die »Reichen und Schönen« – Leute mit dem Geld, dem Aussehen, dem Grips und der Anspruchshaltung, die man ihrer Meinung nach brauchte, um Erfolg zu haben. Für sie war Horace ein Kuriosum: seine schulischen Leistungen, seine Umtriebigkeit und seine Sportbegeisterung räumten ihm eine Sonderstellung unter ihnen ein. Seine Schwarzen Mitschüler kritisierten ihn dafür, dass er sich anscheinend für etwas Besseres hielt, ein Oreo war, sich den Snobs angeschlossen hatte. Er ignorierte sie.

Jetzt war er ein anerkannter Sportler und konnte mit den Footballern und den Basketballern rumhängen. Nie mehr wurde er für mangelnde Hipness oder Coolness niedergemacht. Die langen Basketballer und die breiten Footballer scherzten mit ihm und betrachteten ihn als einen der Ihren. Als korrekten Typen. Und was noch wichtiger war: jetzt eine echte Option.

Hatten ihn die sündhaften Gedanken verlassen? War er

›normal‹ geworden? Hatte er sich geändert? Es gab nichts zu verändern ... sagte sein Kopf. Du bist normal. Davon war er nun überzeugt.

Er ging auf Partys. Er begann, sich mit Mädchen zu treffen. Gracie Mae Mayfield wurde seine feste Freundin, er hatte sogar ein paar Mal Sex mit ihr. Als sie ihm sagte, er sei ihr hoffentlich nicht böse, aber sie dürften das nicht mehr tun, war er erleichtert. Aber er dachte sich nichts dabei.

An einem Nachmittag blieb er nach dem Training länger und rannte eine zusätzliche Meile. Danach ging er zur Sporthalle zurück, um sich umzuziehen. Ein Spieler aus dem Footballteam, Rick Peters, ein riesiger blonder Junge, dessen Vater Anwalt war, hatte Horace und Gracie Mae für diesen Sonntag zu seiner Geburtstagsparty eingeladen. Horace war noch unschlüssig, was Rick betraf. Er redete sich ein, dass das Gefühl in seiner Magengrube Kameradschaft war, nicht Anziehung, Bewunderung, nicht Lust; dass allein Gracie Mae ihn anmachte und er Rick bloß, bloß ...

»Hey, Horace, was geht ab?«

Die Sporthalle, ein Saal mit niedriger Decke, war leer; alle Geräusche hallten leise von den Kacheln und den Betonwänden wider. Nur Gideon stand am Ende des Korridors vor der Jungenumkleide. Er lächelte – teuflisch und verschlagen. Sein Hals, der Hals, den Horace nur zu gut kannte, die braune, verführerische Silhouette; für Horace sprach Gideons ganze Haltung von Sex.

Er wollte Gideon anschreien, damit er verschwand. »Hi«, sagte er kühl und ging schnell zur Umkleide weiter, ohne ihn anzusehen. Gideon folgte ihm. Horace wollte so etwas sagen wie ›Das ist eine Männerumkleide‹, aber er beschloss, sich einfach umzuziehen und zu gehen. Umziehen und Gehen. Und: Gideon ignorieren.

»Horace, was ist los mit dir? Warum weichst du mir aus? Mann, ich will keinen Stress. Ich will nur den Grund wissen.«

Plötzlich wurde Horace bewusst, dass sie in einer Umkleide standen, erfüllt von Moschusduft und üblen Gerüchen von Schweiß, Urin, verschwitzten Socken und Suspensorien. Er wusste selbst, dass er log, und es machte ihn noch wütender. »Ich will, dass du mich in Ruhe lässt, Gideon.«

»Wie bitte?«

»Ich sagte … Ich sage … Gideon, was wir getan haben … was du tust – es ist falsch.«

»Falsch?«

»Ja, falsch.« Er dachte daran, wie er Gideon im Arm gehalten hatte, warm und weich; er erinnerte sich an die Hitze, den Geschmack seines Mundes, daran, wie sich seine Haare anfühlten, an seinen Duft. Und er dachte bei sich: Was ist falscher – Sex mit einem Mann oder zu lügen? »Ja, falsch.«

Gideon stand fassungslos da. Nach einer Weile lächelte er. »Okay, Horace. Kein Stress. Überhaupt kein Problem.« Er machte auf dem Absatz kehrt, hielt aber noch einmal inne.

»Es ist einfach falsch, Gideon.«

Horace hatte sich das T-Shirt ausgezogen und kehrte Gideon den Rücken zu.

»Meine Güte, da hast du aber hart an dir gearbeitet!« Gideon trat auf Horace zu und stellte sich hinter ihn. Seine Hände glitten über Horace' breite Schultern, als wollte er die Flügelspanne prüfen.

»*Fass mich nicht an!*«

»Ach, komm schon. Niemand ist hier.« Gideon schlang seine Arme um Horace' Taille, stützte das Kinn auf Horace' Schulter und gab einen katzenähnlichen Laut von sich.

»Ich sagte, du sollst aufhören, du Schwuchtel!« Horace packte Gideon bei den Händen und schob ihn weg.

»Mensch, Horace.« Gideon lachte fast, und die Tatsache, dass er das alles anscheinend nicht ernst nahm, machte Horace noch wütender. Gideon näherte sich ihm erneut und berührte seine Hüften. Horace ergriff seine Hände und drückte zu in der Hoffnung, ihm wehzutun.

»Ich sagte *aufhören*, verdammt noch mal!« Er biss die Zähne aufeinander.

Sie standen sich gegenüber. Langsam schien Gideon klar zu werden, dass Horace es ernst meinte.

Er zog seine Hände zurück. »Sag mal, wer hat dir denn in die Cornflakes gepisst, Cowboy?«

»Hau ab, Gid. Lass mich verdammt noch mal in Ruhe.«

»Sag schon, Horace. Was ist in dich gefahren?« Als wäre nichts passiert, packte Gideon grinsend Horace' Handgelenke und zwinkerte verschlagen. »Komm, wir machen's gleich hier. Hier in der Umkleide. Das wird großartig. Niemand ist hier. Keiner wird was erfahren.« Er zog Horace in Richtung der Duschen.

»Gideon!«

»Komm schon. Das wird aufregend.«

»Stopp!«

»Ach, komm schon. Ich weiß, es wird dir gefallen. Du willst es doch auch. Komm.«

Horace schlug zu. Direkt auf Gideons Mund. So schnell, dass er selbst nicht begriff, was er tat, und so hart, dass kein Zweifel an seiner Absicht bestand. Doch wollte er wirklich Gideon schlagen oder doch eher sich selbst, dafür, dass er ihn nicht schlagen wollte? Gideon taumelte zurück; seine Lippe blutete. In seinen Augen stiegen Tränen auf, aber auch Ungläubigkeit, Wut, Enttäuschung, Verrat, Schmerz. Sein Mund öffnete sich zu einem fast komischen und stimmlosen »O«.

Horace sah das Blut und fühlte sich elend. Plötzlich wollte

er zu Gideaon eilen, ihn an sich reißen, ihn küssen, wiegen und um Vergebung bitten. Aber das würde er nicht tun. Niemals. Er biss die Zähne zusammen und sah weg. »Entschuldige, aber du hast nicht aufgehört.«

»Du Mistkerl. Du hast mich geschlagen, verdammte Scheiße.«

»Ich kann nicht, Gid. Nicht mehr. Es ist einfach falsch.«

»Verdammte Scheiße, warum hast du mich geschlagen?«

»Ich hab's dir gesagt. Du hättest mich nicht antatschen sollen.«

»Du hättest mich nicht schlagen müssen. Verdammter Idiot!« Seine Stimme war Schmerz. Nicht: wie Schmerz. Nicht: voller Schmerz. Sondern: Schmerz. Horace tat es leid, so leid, dass er diesen Schmerz verursacht hatte. Und er wusste, dass nicht nur seine Faust daran schuld war. Niemals hätte er für möglich gehalten, dass er einem anderen so etwas antun konnte. Er stellte sich eine andere Welt vor, einen anderen Ort, wo er Gideons Aufforderung gefolgt und sich lustvoll, schwitzend, lasziv hingegeben hätte – aber nein.

»Tut mir leid.«

»Zur Hölle mit dir.« Gideon ging zum Spiegel und tupfte sich die verletzte Lippe ab. Schluchzer stiegen in seiner Kehle auf. Er benetzte sich das Gesicht mit Wasser.

»Gideon, bitte versteh doch ... Ich ...«

Gideon fuhr herum, Horace spannte alle Muskeln an. Gideons Blick, gemein, fies, ließ ihn an einen hungrigen Schakal denken. »Fick dich, Horace Cross.« Er schnappte sich seine Bücher. »Idiot!«

»Gid ...«

»Nichts *Gid*. Mann, ich werde dir jetzt mal was sagen. Ich weiß, was du denkst. Ich sehe, was du meinst mit deinen neuen Freunden erreichen zu können. Aber vergiss nicht, Schwarzer Junge, von mir hast du es hier zuerst gehört: Du bist eine

Schwuchtel. Verstehst du? Eine Schwuchtel! Du kannst wegrennen, du kannst dich verstecken, aber am Ende des Tages ... lutschst du Schwänze. Und leckst keine Muschis.«
»Du bist widerlich, Gideon.«
»Ich bin widerlich. Aber wenigstens weiß ich, was ich bin.«
»Fahr zur Hölle, Gideon.«
»Hey.« Gideon hob resigniert die Hand. »Wie in alten Zeiten, was?« Er berührte seine kaputte Lippe und zwinkerte Horace spöttisch zu. »Hab dich lieb, Baby.« Er drehte sich um, ging hinaus und überließ Horace sich selbst und den stinkenden Phantomen der Männer, von denen er sich in den vergangenen Monaten eingeredet hatte, dass er sie nicht begehrte; der Erkenntnis, dass es eine Lüge war und er bald, sehr bald straucheln und hart aufschlagen würde.

Moment ... da war es wieder. Das Schlagen von Flügeln. Horace sah sie vor sich, hellviolett und weit. In seiner Vorstellung konnte er sie sehen, drüben auf dem Footballfeld. Er sprang auf und rannte los, seine Genitalien flatterten zwischen den Oberschenkeln.

Am Tor in dem Zaun, der ums Footballfeld gezogen war, blieb er stehen. Durch die Zuschauertribüne hindurch konnte er die Gestalt sehen. Sie stand mitten auf dem Feld, halb im Schatten, aber eindeutig von menschlicher Gestalt, finster, in eine schwere, mattschwarze Robe gehüllt. Auf dem Kopf trug sie einen silbernen Helm, außerdem hielt sie einen riesigen Krummsäbel, in dem sich das fahle Mondlicht widerspiegelte. Und die Flügel! Sie ragten mindestens einen halben Meter über den Kopf hinaus, und die längsten Federn berührten fast den Boden. Eine Hand lag am Säbel, die andere lockte Horace: Komm, komm. Horace konnte viele Stimmen hören, die ihm zuflüsterten, ein Wispern und Flüstern: *Denn siehe, es kommt ein Tag, der brennen soll wie ein Ofen* – Wispern und

Flüstern – *da werden alle Verächter und Gottlosen Stroh sein. Komm, komm!* Zu verängstigt, nicht zu gehorchen, setzte Horace langsam einen Fuß vor den anderen. Komm. Die Stimmen flüsterten Geflüster: *Euch aber, die ihr meinen Namen fürchtet, soll aufgehen die Sonne der Gerechtigkeit und Heil unter ihren Flügeln.* Flüstern, Geflüster, flüsternd: Komm!

Horace hörte eine Autotür schlagen. Aufgeschreckt drehte er sich um und entdeckte zwei Autos neben den Tennisplätzen. Fünf Männer stiegen aus – jung, wahrscheinlich noch in der Highschool. Sie waren weiß. Horace stand fröstelnd auf der Zwanzig-Yard-Linie, die Erscheinung auf der Fünfzig-Yard-Linie. Sie gab ihm Zeichen. Komm, komm. Die jungen Männer packten zwei Six-Packs aufs Autodach, rissen die Büchsen aus den Plastikschlaufen und stürzten das Bier hinunter. Aus dem Radio kreischte die Charlie Daniels Band. Horace schnappte Fetzen ihrer Unterhaltung auf:

»Du kennst doch den alten Ford von meinem Vater?«

»Uh-huh.«

»Tja, gestern Abend bin ich damit ein Rennen gegen einen nagelneuen Pontiac Firebird Turbo gefahren – und hab gewonnen.«

»Du lügst.«

»Ich schwöre!«

»Doch, Pernel, ich glaube ihm. Die neuen Karren können mit den alten nicht mithalten.«

»Scheiße.«

In Horace' Ohren flüsterte es unermüdlich: Komm, komm. Der Engel streckte die Hand aus und beugte sich vor.

»Wartet mal kurz. Seht ihr das? Da drüben?«

»Was zur Hölle ist das?«

»Was?«

Scheinwerferlicht. Horace erstarrte wie ein Waschbär.

»Ein nackter N*****.«
»Mit einem Gewehr?«
»Was zur Hölle ...«
»Den holen wir uns!«

Die dunkle Gestalt war verschwunden, hatte sich in Luft aufgelöst, brauchte keinen Wind, um die Flügel auszubreiten und sich ohne Gnade in die Luft zu erheben. Sie war einfach nicht mehr da. Und da stand Horace, plötzlich das Ziel ganz anderer Wesen, die nicht einfach so verschwinden würden.

Er sprintete zum Parkplatz und zu dem kotzgrünen Buick. Er hörte die Schritte der Männer hinter sich. Vom Langlauf wusste er, dass er sich nicht umdrehen durfte. Seine Hoden schmerzten, so wild schlugen sie zwischen seinen Beinen hin und her. Er hörte Motorengeräusche. Die Scheinwerfer richteten sich suchend auf ihn; sein Schatten wuchs, grässlich und verzerrt. Er hörte jemanden »Mein Gott« keuchen. Vor ihm war ein niedriger Zaun. Ohne zu zögern, sprang er hinüber, streckte das rechte Bein aus, lehnte sich vor. Das Gewehr hielt er fest umklammert. Elegant überwand er das Hindernis, aber er kam falsch auf und ein Schmerz schoss ihm durchs rechte Bein. Er hörte jemanden fluchen, »Gottes willen!«. Er ignorierte den Schmerz, rannte weiter zum Auto, das nur noch ein paar Meter entfernt war. Die Autotür sprang auf, und wie zu seiner Rettung ertönte eine Stimme aus dem Nichts und sagte: Die Waffe, du Idiot. Benutz die verdammte Waffe.

Horace lehnte über der Autotür und zielte auf den Typ an der Spitze. Er schoss ihm knapp vor die Füße, die Kugel wirbelte Staub auf. Jemand schrie: »Mein Gott! Der N***** ist verrückt!«

Er schoss noch einmal und traf den zweiten Verfolger am Fuß. »Verdammt!«, brüllte er, stürzte und umklammerte sich das Bein.

Horace schlüpfte auf den Fahrersitz. Die Kälte des Kunstleders erschreckte ihn. Er hörte den Motor des Autos aufjaulen, das ihm den Weg abschneiden wollte. Er trat aufs Gaspedal, drehte den Zündschlüssel. Das Auto sprang nicht an. Noch mal, der Motor jaulte auf. Horace knallte den Rückwärtsgang rein und schoss hinter den Wagen, dessen Fahrer erwartet hatte, dass er vorwärts fuhr. Er hörte einen Südstaatler-Schlachtruf, sein Blut gefror. Das zweite Auto näherte sich – ein Ford. Horace konnte die Scheinwerfer sehen. Er legte den ersten Gang ein, wich dem einen Wagen aus und verfehlte den zweiten, einen Chevy, nur knapp. Beide hängten sich an den Buick. Horace bemerkte den Ford zu seiner Linken und schwenkte nach rechts, wo plötzlich der Chevy auftauchte. Horace riss das Lenkrad wieder nach links, sah den Ford und machte eine Vollbremsung wie im Film. Legte den Rückwärtsgang ein. Fuhr einen Schlenker und kollidierte mit dem Ford. Er legte den ersten Gang ein und fuhr los, gerade noch rechtzeitig, bevor der Chevy in den Ford krachte.

Ohne sich umzudrehen, gab Horace Gas, ließ den Parkplatz, das Schultor hinter sich und raste mit quietschenden Reifen und hundertdreißig Sachen davon. Er hörte den Dämon in seinem Kopf lachen und fragte sich, was die dunkle Gestalt eigentlich genau gewesen war. Ob dort auf dem Feld – vielleicht – seine Erlösung gestanden hatte.

ALTE DÄMONOLOGIE

… und immer so fort.
Nicht, dass der Erfolg ihm sicher wäre, garantiert.
Jedoch danach zu streben, fürchtet er nicht.
Sein Leid ist Legion,
zu streben sein Gesetz.

Gwendolyn Brooks

James Malachai Greene • Bekenntnisse

»Sieh mich an!«

Worte können nicht beschreiben, welche Gefühle sie in mir auslöste. Nicht dass diese Worte nicht existieren – aber sie entziehen sich. Ich bin unfähig, meinen Gefühlen, Vorstellungen und Gründen die richtigen Worte zuzuordnen. Für mich war sie weder Ursache noch Wirkung – purer Affekt. Reinste Zuneigung.

»Was siehst du?«

Das gedämpfte Licht im Zimmer umhüllte sie, umgab sie wie der Lichtschein einer Lampe. Die Luft im Raum war schwer, unabhängig von der Jahreszeit oder dem Wetter, versetzt mit einem Hauch Moschus aus Achselhöhlen und Schamhaar. Mein Geruch, ihr Geruch, vermischt mit ihrem Parfum, ihrem Duft, leichtes Sandelholz und Zimt. Süß.

»Siehst du mich wirklich?«

Der Bann, den sie auf mich ausübte, war fernöstlich, wie der einer Geisha. Ich war ihr Leibeigener. Ihr Diener. Gleichzeitig war sie mein Besitz.

»Mich?«

Wie sie ihre Brust hielt, die Hand darum legte, als wollte sie Milch zum Fließen bringen; die tiefbraune, runde Brustwarze, die sich von ihrer sandfarbenen Haut abhob, sich in meinem Mund zusammenzog. Wie meine Zunge das allmähliche Zucken und Hartwerden fühlte; ihr leises Ooooh und Aaah; wie ihre Zunge, einer dicken, rosa Schlange gleich, ihre Oberlippe mit süßem Schlangengift benetzte; wie ihr Körper sich anfühlte: glatt, weich, braun.

»Wirklich?«

Meine Zunge kannte jede Falte ihres Körpers: von der Halsbeuge bis zum Leberfleck auf ihrer linken Schulter, vom Geburtsmal an der Innenseite des linken Oberschenkels bis zur Einbuchtung der Taille oberhalb der Hüfte und bis zur angespannten Sehne über der Ferse; vom Geschmack ihres Speichels bis zur satten Röte zwischen ihren Beinen.

»Willst du überhaupt?«

In ihr war es eine andere Welt. Sie umfing mich mit den Beinen, ihr Atem kitzelte in immer kürzeren Abständen an meinem Ohr. Die Summe, die Gesamtheit, der Geruch unserer Körper, das Zimmer, die Hitze, die wir erzeugten, die Geräusche, nicht nur unserer Atemzüge, auch der Uhr an der Wand, das Knistern des Hauses, die Mäuse auf dem Dachboden, der Geschmack unseres vermischten Speichels, alter Tee und Wein, alles schichtete und schichtete und schichtete sich übereinander und nahm Ausmaße an, dass es zu leuchten begann. Manchmal trug mich eine einzige zusätzliche Berührung davon, jagte mich über eine Grenze, als hätte ich meinen Körper verlassen und als sähe ich zwei wogende Formen, die heftig versuchten, zu einer zu werden, indem sie sich immer tiefer in die Seele des anderen eingruben, bis ...

»Kannst du das überhaupt?«

Die metaphysischen Dichter nannten es den kleinen Tod. Ich glaube, sie hatten recht.

Ich habe gelogen. Mich selbst angelogen. Nichts war »idyllisch« oder malerisch oder perfekt, als Anne starb. Erinnerungen zensieren sich mitunter selbst, nur das Süße, Angenehme, Freudvolle bleibt ... selten der Schmerz oder die Kränkung oder die Ungewissheit. »Das Leben« war zu keiner Zeit derart glatt und schön gewesen. Vielleicht für Anne. Aber die

Wahrheit ist, dass ich es nie erfahren werde. Und da liegt das Problem. Ich glaube, am Ende war sie unergründlich. Das schmerzt, sogar bis heute. In unseren Gesprächen war ich offen und voller Vertrauen, geständig und erklärend, als wäre sie die perfekte Mutter Gottes, und sie hielt mich umschlungen und liebkoste und tröstete mich. Doch nie verriet sie mir, nie vertraute sie mir etwas an. Sie redete – oh ja, sie war eine Meisterin des Small Talk, der Konversation, des Themenwechsels, des Ausweichens. Ich wusste, ich kannte sie nicht, aber ich dachte mir: Wie gut kann ein Mann seine Frau kennen, eine Frau ihren Mann? Ich redete mir ein, dass diese Distanz normal sei und dass einseitige Beziehungen nun mal existierten.

Es hat lange gedauert, bis ich wirklich »zu Gott fand«. Seit ich ein Teenager war, hatte ich meine Berufung akzeptiert. Damals saß ich auf der Büßerbank eines Erweckungstreffens und weinte vor Angst echte Tränen; ich fürchtete Gott. Da war keine Liebe, nur diese alttestamentarische Ehrfurcht vor dem Herrn, an den ich so fest glaubte wie an den Frühling und den Herbst, so fest wie an die Kraft des Feuers und den kalten Tod in den Tiefen des Ozeans. »Er ist wirklich«, heißt es in dem Lied, und ich sang es aus voller Überzeugung.

Mit dreizehn wurde ich getauft und in die Gemeinschaft aufgenommen. Ich half als Kirchendiener aus, war Platzanweiser, engagierte mich in dieser und jener Arbeitsgruppe und las die Bibel mit Begeisterung, wieder und wieder und zur großen Freude meiner Großmutter. In den Augen der Gemeinde der First Baptist Church war ich ein vorbildlicher Christ. Ich besuchte die Kranken und unterrichtete in der Sonntagsschule – alles mit dem anerkennenden Nicken der Diakone und Kirchenmütter im Hintergrund und unter dem wohlwollenden, aber strengen Blick meiner Großmutter.

Als ich vierzehn wurde, zog Isador fürs Studium fort. Franklin erwies sich als fleißiger Schüler, tüchtiger Feldarbeiter und darüber hinaus als ausgezeichneter Sportler, immer respektvoll und pflichtbewusst. Doch wie seine Onkel liebte er die Frauen am Ende mehr als den Herrn. Und so wurde ich der Fromme, der Gottgefällige. Dass er die Highschool besuchte und Mädchen traf und ich, der bescheidene kleine Bruder mit der Bibel, zu Hause blieb, trieb einen Keil zwischen uns. Mir konnte er die schmutzigen Witze nicht erzählen, über die er und seine Freunde lachten, nichts über die gemeinen Streiche, die sie anderen spielten, und schon gar nichts darüber, was er in Malachais altem blauen Ford mit den Mädchen anstellte. Er versuchte es gar nicht erst.

Aufs College zu gehen, änderte alles für mich, was scheinbar niemand bedacht hatte. Die meisten Familien entlassen ihre Kinder nur widerwillig in die Welt, aber meine Großmutter, die so viel Enttäuschung und Scheitern erlebt hatte, setzte ihr unbeirrbares und stures Vertrauen in mich, und ich wusste es. Und sie wusste, dass ich es wusste. Sie sah keinen Grund, an mir zu zweifeln, und sie war sich sicher, dass ihr großer Moment endlich gekommen war. Doch sobald ich durch das Tor der geheiligten Hallen der North Carolina Central getreten war, lernte ich die berauschende Wirkung der Freiheit kennen. Ich war weit von den wachsamen Augen der Diakone und Diakoninnen entfernt. Ich hatte mein Schicksal selbst in der Hand.

Rückblickend waren meine Eskapaden relativ harmlos, kaum schlimmer als die Ausschweifungen eines durchschnittlichen Erstsemesters, aber damals war ich überzeugt, der wandelnde Antichrist zu sein – und total glücklich darüber. Ich schlief mit allen, die es wollten. Im ersten Jahr war ich fast jedes Wochenende betrunken, häufig auch unter der Woche –

bis ich beinahe durch die Prüfungen gefallen wäre. Ich machte immer weiter, von Blüte zu aufreizender Blüte, und leid tat mir nur, dass meine Tanten und meine Großmutter nicht ahnten, dass ich ein Heuchler und ein Lügner war. Wenn ich zurück nach Hause fuhr, las ich in der Kirche nämlich immer noch aus der Bibel vor und erteilte Unterricht, nur um dann ins College zurückzufahren und die erste Kommilitonin abzuschleppen, die mir einen interessierten Blick zuwarf. Heute weiß ich, dass das die wahre Sünde war.

Im Frühjahrssemester meines zweiten Studienjahres lernte ich Anne kennen. Bis ich mit ihr schlief, vergingen fast zwei Jahre; sie ins Bett zu kriegen, war nicht mein ursprüngliches Ziel gewesen. Sie faszinierte mich, sie war eine der militanten Anführerinnen auf dem Campus. Das war 1971, unmittelbar nach der Bürgerrechtsbewegung und den Studentenunruhen der Sechzigerjahre. Und obwohl wir es damals nicht so wahrnahmen, traten Studenten zu der Zeit schon weniger radikal, weniger kritisch und weniger lautstark auf. Deswegen stach Anne heraus, erschreckenderweise.

Als ich sie zum ersten Mal sah, fühlte ich mich irgendwie unterlegen. Nichts in meinem Leben war vergleichbar mit dieser Dashiki und Afro tragenden Radikalen mit der zitronenfarbenen Haut. Anfangs fand sie mich belustigend. Sie stammte aus dem privilegierten Schwarzen Bürgertum von Upstate New York. Sie hatte eine angesehene Privatschule besucht und war vor dem College ein Jahr in Südfrankreich gewesen, und danach hatte sie sich aus Trotz für die North Carolina Central entschieden statt für das Wellesley oder das Sarah Lawrence College. Für sie war ich ein smarter, aber naiver Landjunge mit frischer Hühnerscheiße zwischen den Zehen, Heu im Haar und vom Hacken schwieligen Händen. Das Original: groß, stark, Schwarz und furchtbar ernst. Obwohl ich im Knutschen, Küssen und Beißen und allem, was den direkten Körperkontakt mit dem anderen Geschlecht betraf, inzwischen ein Experte war, fühlte ich mich unbeholfen, sobald es darum ging, etwas so Subtiles und Starkes wie meine Gefühle für sie auszudrücken. Damals war ich noch nicht in sie verliebt, aber sie weckte Bewunderung, Staunen und Ehrfurcht in mir.

Sie suchte meine Nähe. Um mit mir zu reden und um ihre Bereitschaft zu demonstrieren, mit jenen zu verkehren, die weniger gebildet und weltgewandt waren als sie. Sie wollte alles darüber wissen, wie ich aufgewachsen war, wie meine Familie lebte, was wir aßen. Ich begleitete sie zu Arbeitstreffen, Kundgebungen und anderen Veranstaltungen, fast wie ein Schoßhündchen. Sie schlief mit anderen Männern – mit vielen, wie ich manchmal vermutete. Trotzdem versuchte ich erst nach Monaten, sie zu küssen. Ich hatte aufgehört, mich durch die Betten zu schlafen, und war fast wieder zu einer frommen Seele geworden, und das Objekt meiner Anbetung war jetzt eine mysteriöse Macht namens Anne Gazelle Dubois.

An einem Tag im Herbst, als sie ausnahmsweise einmal nicht zu einem Treffen hetzen musste und wir unter einer riesigen Schwarzpappel auf dem Campus standen, sah sie mich an und fragte: »Warum hast du nie versucht, mich flachzulegen?«

Ich wusste nicht, ob ich lachen, weinen oder einfach nur ihren Blick erwidern sollte. Sie hatte hellbraune Augen, die sie manchmal mit einer so grenzenlosen Ernsthaftigkeit auf etwas richtete, dass sie über ihren Scharfsinn hinwegtäuschten. Ich küsste sie lang und leidenschaftlich.

»Dann bist du also keine Schwuchtel?«

Ich schmunzelte.

»Gut.«

Als sie mich das erste Mal ins Bett zog, bekam ich keinen hoch. »Sicher, dass du keine Schwuchtel bist?«, fragte sie. Wir lachten über die Situation und gingen Chinesisch essen. Wir würden das Problem nicht noch einmal haben.

Doch sie gab sich mir nie ganz hin, öffnete sich nie. Vor allem damals nicht. Die Menschen – die Menschen waren ihre Mission, ihre Überzeugung, ihr Leben. Dort lag ihr Ehrgeiz, ihr Lebenszweck. Gab ich zu, eifersüchtig zu sein, warf sie mir vor, ich sei schwach und kein Teil der Bewegung und habe den Blick für die Hoffnungen »der Menschen« verloren.

»Das ist Blödsinn, Anne. Ich liebe dich.«

»Du liebst mich? Komm schon, Priesterchen. Verstehst du es denn nicht? Deine Vorstellung von Liebe ist ein albernes westliches Konstrukt, das der weiße Mann erschaffen hat, um wen zu versklaven? Mich. Die Frau. No, Sir, Mr Man, ich bin meine eigene Frau.«

»Anne, ich liebe dich.«

»Ja, ja, ich liebe dich auch, Kleiner.«

»Ich liebe dich.«

»Meinen Körper hast du schon, verdammt. Und meine Freundschaft. Lass meine Scheißseele da raus!«

War es die Schönheit? Oft frage ich mich: Lag es daran, dass sie so hell war und ich mich in die Situation verliebt hatte, an einer psychologischen Behinderung, wie Franklin sagen würde? Wollte ich mit einer weißen Frau schlafen, hatte ich in ihr eine Möglichkeit erkannt, beides zu haben, ohne dafür bezahlen zu müssen? Ich traf mich nicht mehr mit ihr. Ich traf mich mit niemandem mehr. Mein relativ kurzes Leben als Casanova war vorbei. Mein gebrochenes Herz deutete ich als Gottes Ruf zurück in die Herde.

Als ich meinen Abschluss gemacht und meine Lehrbefähigung erhalten hatte, eröffnete ich meiner Großmutter und meinen Tanten, ich wolle noch eine Weile in Durham bleiben und unterrichten. Außerdem wolle ich das Priesterseminar besuchen und Prediger werden. Ich war überzeugt, dass meine Großmutter weinen würde, und sicher weinte sie auch, aber nie im Beisein anderer. Sie erzählte allen Leuten, sie habe es schon immer gewusst: Ich wusste, aus dem Jungen wird ein Prediger. Ich hab's gewusst. Meine Tanten backten mir Kuchen und Pasteten.

Ich unterrichtete an öffentlichen Schulen im Wake County, zuerst in Raleigh und dann in Cary, wohnte aber weiterhin in Durham, wo ich einige Abendkurse und Sommerseminare an der Southeastern belegte. Während jener Zeit gab es, wie ich jetzt weiß, wenig Freude in meinem Leben; ich lebte fast wie ein Mönch. Die graue Tabakindustriestadt deprimierte mich und ich fürchtete, alt und einsam zu enden, selbst als Prediger. Nach Frauen hatte ich kein Verlangen.

Eines Tages kam ich gerade aus der Bank und sah sie. Ich war überzeugt gewesen, dass sie die Stadt nach dem Abschluss fluchtartig verlassen hatte und nach Spanien oder Brasilien gegangen war und ihre hitzigen Reden von vor zwei Jahren aufgegeben und vergessen hatte. Ich schlug vor, einen Hamburger essen zu gehen. Sie willigte ein.

»Hast du es dir anders überlegt?«

Sie war Sozialarbeiterin geworden und nun dafür zuständig, Pflegekinder im Durham County unterzubringen und zu betreuen.

»Nein. Du?«

Sie wirkte älter und weniger verwegen, aber nicht weniger stark. Tatsächlich schien ihre Entschlossenheit noch gewachsen zu sein.

»Nun, Priesterchen. Willst du wissen, was ich rausgefunden

habe?« Sie drückte ihre Zigarette aus. »Manche Männer sind die Mühe nicht wert. Andere schon.«
»Hattest du Ärger? Hat dich jemand verarscht?«
»Alles ist in Ordnung. Zurzeit. Du weißt ja, wie es sein kann.«
»Weiß ich das?«
»Ich glaube schon.«
»Tut mir leid.«
»Es muss dir nicht leidtun. Ich bin die Idiotin.«

Ich war derjenige, der sich zum Idioten machte, ihretwegen, wieder mal. Mit Freuden. Ist es nicht erstaunlich? Wie eine Kleinigkeit den Blick aufs Leben verändern kann? Durham war nicht länger grau, und die Vorstellung, älter zu werden, verlor ihren Schrecken. Ich sparte genug Geld, musste nicht mehr unterrichten und besuchte das Priesterseminar in Vollzeit, um mein drittes Jahr abzuschließen. Anne und ich heirateten in Tims Creek, weil sie sich in den Ort verliebt hatte und partout dort leben wollte, sehr zum Missfallen ihrer Eltern. Ihr Vater war Arzt und stammte ursprünglich aus Oklahoma, und ihre Mutter, die leicht als Weiße durchgegangen wäre, war Kunsthistorikerin und arbeitete als stellvertretende Kuratorin in einem kleinen Universitätsmuseum. Sie war stolz darauf, ihre Abstammungslinie bis zu Thomas Jefferson zurückverfolgen zu können, was Anne verabscheute. Ihre Eltern akzeptierten mich nicht: Ich war zu dunkel, zu arm, kein Episkopale, nicht weitgereist, nicht richtig – Anne liebte es. Meine Familie wiederum liebte Anne und war doppelt stolz auf mich, weil ich mir einen so attraktiven Fisch geangelt hatte, allerdings bezweifelten alle, dass Anne sich in Tims Creek wohlfühlen würde. Noch stolzer war meine Familie nur an dem Tag, an dem ich in der First Baptist zum Priester geweiht wurde.

Ich blieb noch zwei weitere Jahre in Durham, um meinen Master in Pädagogik zu machen. Prediger in kleinen Südstaatengemeinden beziehen in dem Sinne kein Gehalt, und so brauchte ich dringend noch ein zweites Standbein.

Trotz all dieser Erfolge glaube ich nicht, dass es jemals einen Moment gab, in dem ich das Gefühl hatte, Anne wirklich zu kennen, und ihre entspannte Selbstgenügsamkeit irritierte mich die ganze Zeit.

Dann eines Tages fühlte ich mich nicht wohl und verließ die Uni früher als üblich. Es war drei Uhr am Nachmittag und mitten im Frühling, Autos und Trucks hupten, Studenten liefen durch die Stadt. Ich war unschuldig und arglos wie ein Lamm – obwohl ich unbewusst wohl eine Ahnung gehabt haben musste. Ich betrat das Haus, vermutete, Anne müsse irgendwo draußen auf dem Feld sein, doch dann sprachen ein paar Dinge dafür, dass sie zu Hause war. In der Küche hing eine Jacke über einem Stuhl – eine abgetragene, staubige Jeansjacke. Ich konnte mir den Mann vorstellen, dem sie gehörte: groß, kräftig, vielleicht mit kleinem Bauchansatz. Ein Arbeiter vielleicht, ein Packer aus der Tabakfabrik oder ein LKW-Fahrer. Ich weiß es bis heute nicht, und irgendwie ist mir auch egal, wer er war. Ich weiß auch nicht, ob ich mich richtig verhalten habe. »Richtig«? Als gäbe es, wenn man sich in einer solchen Lage wiederfindet, ein Richtig oder Falsch.

Ohne Vorwarnung betrat ich das Schlafzimmer. Ich ging einfach rein. Ich war schon in diesem Moment verzweifelt, doch hoffte ich insgeheim, die Jacke könnte einem Klempner oder Elektriker oder Lieferanten gehören, auch wenn ich wusste, dass kein Rohr gebrochen war, keine Kabel repariert werden mussten und nichts geliefert werden sollte. Ich hätte nicht mit dem Zweifel leben können. Auf gar keinen Fall. Ich musste es wissen. Also ging ich einfach hinein, ganz ruhig, und sammelte meine Beweise.

Der Mann zog sich gerade die Hose an, nicht in übertriebener Eile, was mich noch ärgerlicher machte. In gewisser Hinsicht war er, wie ich ihn mir vorgestellt hatte: älter, grauhaarig. Er sah mich nicht an; Anne schon. Sie schaute mir direkt in die Augen, ohne zu lächeln, zu lachen oder zu weinen. Sie sah mich an, ohne eine Spur von Reue. Sah mich einfach nur an.

Ich drehte mich wortlos um, verließ das Haus, setzte mich auf die unterste Treppenstufe der Veranda und wurde mir des Krankheitsgefühls bewusst, das mich überhaupt erst nach Hause geführt hatte. Unsere Nachbarin, eine Polin mittleren Alters mit stahlgrauem Haar, kam vom Einkaufen nach Hause. Busse fuhren vorbei. Ein streunender Hund blieb vor mir stehen, schnüffelte und lief weiter. Der Tag war wunderschön: der Himmel blau und klar, hoch oben Schleierwolken. Nur der mit Autoabgasen vermischte Geruch von Tabak und das entfernte Brummen der Interstate erinnerten mich daran, dass nicht alles Glorie und Verzückung war.

Ich saß stundenlang da. Mein Nebenbuhler verschwand wahrscheinlich durch die Hintertür. Ich weiß es nicht. Es war mir egal. Zwischendurch machte diese Gelähmtheit mir Sorgen, aber ich konnte buchstäblich nichts dagegen tun. Schließlich fühlte ich mich so krank, dass ich zurück ins Haus musste. Anne saß auf dem Stuhl, über dem vorher die Jacke gehangen hatte. Sie drückte ihre Zigarette aus.

»Ist es wirklich so schlimm?«

Ich musste mich unbedingt hinlegen. Ich schwankte. Ich wollte nicht mit ihr diskutieren. Auf der Schwelle zum Schlafzimmer hielt ich inne – mir wurde klar, ich würde nicht in diesem Bett schlafen.

»Ist es so schlimm?«

Ich sah sie an, schleppte mich ins Gästezimmer und schloss die Tür hinter mir. Auf dem Bett lag alles Mögliche, Kleidungsstücke, Garn, Nadeln, Geschenkpapier. Ich schob alles zu Boden und ließ mich bäuchlings aufs Bett fallen. Es klopfte. Ich schwieg. Es klopfte wieder. »Jimmy?« Ich schwieg. Der Türknauf drehte sich.

»Jimmy. Ich … Ich weiß, du willst keine zerknirschten Erklärungen hören. Und ich weiß auch, dass es da eigentlich nichts zu sagen gibt. Aber du weißt, dass ich dich liebe, oder? Jimmy, er hat mir nichts bedeutet. Er bedeutet mir nichts.«

Ich rührte mich nicht.

»Verdammt, Jimmy. Sag was, du verdammter Schwächling!«

Ich setzte mich auf, mit schweißnassem Gesicht, und sah sie an, die Verkörperung, das Symbol all dessen, was ich wertschätzte in der Welt, die absolute Personifizierung meines Glaubens, meines Respekts, meiner Vernunft, und erkannte meine eigene Fehlbarkeit, meine Schwächen und Stärken, die Farben verschwanden aus der Welt und ich ahnte, dass ich alt und grau werden würde und dass ich, verdammt noch mal, nichts dagegen tun konnte, dass ich klein war und verletzlich und so dermaßen leicht getroffen werden konnte; und dass die Dinge, in die ich mein Vertrauen gesetzt hatte, nur so stark waren wie dieses Vertrauen, und letzten Endes war ich allein und unverstanden und unergründlich, genau wie sie, allein und unergründlich auf der anderen Seite des Raumes in diesem Augenblick, verunsichert durch mein Schweigen und ängstlich, und da öffnete ich den Mund und ließ meine Furcht, meine Qual, meinen Schmerz als stinkenden Schwall auf die Kleider und das Garn und die Nadeln und das Geschenkpapier niedergehen.

»O Gott, Jimmy.«

Ort: Esszimmer in Jonnie Mae Greenes Haus.
Zeit: Thanksgiving 1983, 17:15 Uhr

EZEKIEL CROSS *sitzt am Kopfende einer langen Tafel;* REVEREND HEZEKIAH BARDEN *sitzt zu seiner Linken;* JIMMY GREENE *zur Rechten;* LESTER GREENE *sitzt in der Mitte;* JONNIE MAE *sitzt* ZEKE *gegenüber.* RACHEL, REBECCA *und* RUTHESTER *laufen zwischen Esszimmer und Küche hin und her und bringen Schüsseln und Platten. Auf der Leinentischdecke stehen viele Speisen und in der Mitte ein riesiger Truthahn. Überall hängen Familienfotos; alte, sepiafarbene Aufnahmen von ernst dreinblickenden Männern und Frauen, dazu Polaroids und Schulporträts. Aus der Küche sind undeutlich die Stimmen der Ehemänner der drei Schwestern zu hören.*

ZEKE (*zu* REVEREND BARDEN): Aber ich bin nicht überzeugt, dass wir dafür Geld sammeln sollten. Die erste Pflicht der Kirche ...
JONNIE MAE: Zeke – Reverend, verzeihen Sie die Unterbrechung – aber: wo ist dein Enkel? Er weiß, dass wir an Thanksgiving pünktlich um fünf mit dem Essen anfangen.
ZEKE: Keine Ahnung, Jonnie Mae. Er hat gesagt, er hat was mit seinen Freunden zu erledigen. Er wollte rechtzeitig hier sein.
JONNIE MAE: Okay. Ist er aber nicht. Freunde. Du meinst diese weißen Jungs, mit denen er sich rumtreibt?
ZEKE: Kann sein.
JONNIE MAE: Zeke, du musst dir den Jungen mal zur Brust nehmen. Dieser Umgang ist nicht gut für ihn. Die Leute reden schon. Und das gefällt mir gar nicht.
ZEKE: Gut, mach ich.
RUTHESTER (*stellt die Cranberrysauce neben den Truthahn*): Fangt mal besser an. Wir wollen doch nicht, dass es kalt wird.

BARDEN: Nein, Ma'am. Das wollen wir nicht. Oder, Reverend?
(Er zwinkert Jimmy zu.)
JIMMY *(leicht abgelenkt)*: Nein, nein, das wollen wir nicht.
JONNIE MAE *(schaut zur Uhr)*: Dann lasst uns anfangen. Horace sollte es besser wissen und nicht zu spät kommen. *(In fröhlicherem Ton:)* Reverend Barden – würden Sie uns die Ehre erweisen?
BARDEN: Natürlich, Schwester Greene. Lasset uns beten: Herr, demütig treten wir heute vor dich. Du hast uns durch ein weiteres Jahr gebracht, und wir sind dankbar, dass du es uns erlaubt hast, zu arbeiten, zu gedeihen, zu loben deine ... *(Fährt mit dem Gebet fort.)*
(Im Hintergrund ist eine Tür zu hören. HORACE kommt herein. In seinem linken Ohr ein Ohrring.)
HORACE: Sorry! Ich ...
RACHEL: Schsch!
(HORACE bemerkt, dass BARDEN betet, und senkt den Kopf.)
BARDEN: ... in dieser Welt, die kein Ende haben wird. Wir beten in Jesu Namen.
ALLE: Amen.
HORACE *(geht zu seinem Platz am Tisch)*: Tut mir leid, ich bin spät dran.
JONNIE MAE *(greift nach dem Teller mit kandierten Yams)*: Es *sollte* dir leidtun. Deine Tanten schuften den ganzen Tag, um dieses köstliche Mahl zuzubereiten, und du hast nicht mal genug Respekt, pünktlich hier aufzutauchen.
HORACE *(sieht verlegen zu seinen Tanten)*: Sorry!
JONNIE MAE *(zu JIMMY)*: Schneidest du den Truthahn an, Junge? *(Zu REBECCA)*: Hast du den Kuchen im Auge? Müsste bald fertig sein, oder? *(Zu HORACE)*: Und, wo wart ihr? *(Sie entdeckt den Stecker in HORACE' Ohrläppchen und lässt den Löffel und die Maisplatte auf ihren Teller*

fallen. Alle zucken zusammen und heben den Kopf.) Großer Gott, Junge. Was hast du gemacht?
(Alle sehen HORACE *verwirrt an.)*
HORACE: Ma'am? Ich …
JONNIE MAE: Er hat sich ein Ohrloch stechen lassen. Ein Ohrloch! Junge, hast du den Verstand verloren?
HORACE: Ich …
ZEKE: Ich bin stinksauer! Bist du verrückt geworden? Was hast du dir dabei gedacht, dir so ein …
RACHEL: Horace, wie konntest du nur? Du solltest wissen …
REBECCA: Du hast kein Quäntchen Verstand, oder?
LESTER: Also, mir gefällt's irgendwie, mein …
RACHEL: Halt die Klappe, Lester.
JONNIE MAE: Ein durchstochenes Ohr.
*(*BARDEN *lehnt sich zurück, grinst, schüttelt amüsiert den Kopf.* JIMMY *scheint von der Reaktion der Frauen verblüfft.)*
REBECCA: Warum musstest du so was Idiotisches tun?
(Alle sehen HORACE *an und warten auf eine Antwort;* HORACE *versucht vergeblich, ein Lächeln zu unterdrücken.)*
JONNIE MAE *(mit Grabesstimme)*: Wisch dir das Grinsen aus dem Gesicht, junger Mann. Da gibt es nichts zu lachen, auch wenn du das denkst. Ich finde, es ist einfach nur eine Schande.
RUTHESTER: Warum, Horace?
LESTER: Also, wenn ihr mich fragt …
RUTHESTER: Wir fragen dich nicht, Lester.
HORACE: Die anderen … also, die Jungs … ich … wir …
JONNIE MAE *(zu* ZEKE*)*: Mmh! Siehst du, Zeke? Siehst du? Was hab ich dir gesagt? So fängt es an, aber wie soll es enden? *(Steht auf.)* Nichts Besseres im Kopf, als diesen weißen Schwachköpfen alles nachzumachen. Denen würdest du glatt in die Hölle folgen, was? Ich …

RUTHESTER (*versucht, sie zu trösten*): Mama, so schlimm ist das nicht. Er hat nur ...
JONNIE MAE: Er hat *nur* sein Ohr durchstechen lassen. Wie ein kleines Mädchen. Wie einer von diesen Perversen.
JIMMY: Mama, das ist wirklich keine große Sache. Viele Jungs lassen sich heutzutage Ohrlöcher stechen. Das gilt nicht mehr als ...
LESTER: Mich erinnert das an ...
REBECCA: Ruhe, Lester.
JONNIE MAE: Keine große Sache? Kapierst du es nicht? Zeke, mach, dass das aufhört. Wer weiß, auf welche Ideen diese Jungen den Dummkopf als Nächstes bringen. Stiften ihn an, was zu stehlen. Bringen ihn in den Knast. Am Ende ist er tot, und die lehnen sich zurück und lachen ihn aus.
RUTHESTER: Mama, du solltest dich jetzt hinsetzen und essen. Wir können später darüber reden. Du willst doch nicht, dass dein Essen kalt wird.
(JONNIE MAE *murmelt etwas und setzt sich hin.*)
ZEKE: Nimm das Ding aus dem Ohr, Junge. Ich dulde das hier nicht.
HORACE: Aber Opa, ich hab mir den gerade erst reinmachen lassen. Ich kann ihn nicht so einfach rausnehmen.
ZEKE: Ich sagte, nimm das raus. Sofort.
HORACE: Kann ich nicht.
ZEKE: Junge, widersprich mir nicht ...
HORACE: Aber ...
ZEKE: Raus damit!
JIMMY: Onkel Zeke, ich glaube, er will damit nur sagen, dass er eine Weile warten muss, bis er den Stecker rausnehmen kann. Das Ohrläppchen muss erst verheilen.
ZEKE (*zu* JIMMY): Du magst das lustig finden, Jimmy, ich nicht. (*Zu* HORACE:) Das Ding kommt raus. Und deine

Freunde, diese Clique – damit ist Schluss, hast du mich verstanden? Du hältst dich von ihnen fern, und sie sollen dich in Ruhe lassen.

HORACE: Aber ...

ZEKE: Jetzt iss. Wir klären das später.

JONNIE MAE: So ist es recht.

REBECCA: Aber Horace, du musst schon zugeben, dass du zu viel Zeit mit diesen Jungen verbringst.

JONNIE MAE: Jede Sekunde ist zu viel. Aber er versteht es nicht. Er versteht es einfach nicht.

HORACE (*gereizt*): Was verstehe ich nicht? Erklär's mir!

(JONNIE MAE *ist sprachlos, in Frage gestellt zu werden. Alle sehen* HORACE *ungläubig an.*)

RUTHESTER: Horace!

HORACE: Sie sind meine Freunde!

JONNIE MAE: Freunde? Ha! Mein Gott, dass der Tag kommen würde, an dem einer der Meinen hier an diesem Tisch die Weißen verteidigt!

HORACE: Aber sie sind anders. Sie sind nicht von hier. Sie ...

RACHEL: Sie sind weiß, oder?

HORACE: Ja, aber ...

REBECCA: Du bist Schwarz, oder?

HORACE: Aber sie sind nicht ...

RUTHESTER: Er ist einfach dumm. Er versteht es einfach nicht.

HORACE: Sie ...

REBECCA: Nach allem, was der weiße Mann uns angetan hat, läufst du ihm nach und tust alles, was er dir sagt. Junge, ich dachte ...

HORACE (*verärgert*): Ihr versteht es alle nicht. Ihr seid scheinheilig. Ihr kennt sie nicht. Ihr ...

(JONNIE MAE *reißt die Hand hoch, und* HORACE *hält instinktiv inne.*)

JONNIE MAE (*ruhig*): Junger Mann. Ich glaube, du bist nicht mehr ganz bei dir. Das hier ist deine Familie. Wir sind die, die hart gearbeitet und sich immer um dich gekümmert haben. Hast du das vergessen? Wir wollen, dass du zu einem anständigen jungen Mann heranwächst. Dass du uns stolz machst. Du hast ja keine Ahnung, was hart bedeutet. Du hast keine Ahnung, was scheinheilig ist oder was Vorurteile sind. Keine Ahnung vom Hass.

HORACE: Ich …

JONNIE MAE (*ungeduldig*): Lass mich ausreden. Kannst du dir vorstellen, wie viele weiße Männer mich Gal und Aunt gerufen haben? Aus mangelndem Respekt? Aus Hass? Wie viele weiße Männer deinen verstorbenen Onkel Malachai – Gott hab ihn selig – Boy und Uncle genannt haben? Weißt du das? Und das ist noch gar nichts. Trotzdem wagst du es, *mich* scheinheilig zu nennen. Ich brauche keine Vorurteile – ich kenne die Fakten. (*Zu* ZEKE:) Da hast du's. Verstehst du jetzt, was ich meine? Verstehst du?

ZEKE (*zu* HORACE): Tja, ich glaube, du hast den Verstand verloren. Steh auf! Du hast deinen Platz am Tisch verwirkt. Kein Fitzelchen Dankbarkeit, was? Nein, ich denke nicht. Du hast dich nicht wie ein Gentleman benommen. Und der gute Reverend Barden und deine Tanten, die sich ein Leben lang um dich gekümmert haben, sitzen hier und müssen sich so was anhören. Entschuldige dich, und dann geh nach Hause. Geh einfach. Wir reden später. Geh schon. Ich meine es ernst.

RUTHESTER: Ach, Onkel Zeke. Er …

ZEKE: Er muss gehen.

(HORACE *steht ohne ein Wort auf und geht hinaus.*)

ZEKE: Man arbeitet. Man redet mit ihnen. Man tut sein Bestes, und sie kommen doch vom Weg ab.

BARDEN: Man kann sie großziehen, aber man kann nicht für sie denken.
JONNIE MAE: Absolut richtig. Ich weiß es, und das weiß der Herr.
JIMMY: Ich werde mit ihm reden.
RACHEL: Was willst du ihm sagen?
LESTER: Mmh, ich denke …
JONNIE MAE: Iss, Lester.

War es das, was Horace am Ende traf? Das frage ich mich ständig. Wie ich war er ein Produkt unserer Gesellschaft. Er war ein Sohn der Gemeinde, mehr als die meisten hier. Anscheinend war er nur auf der Welt, um die Seinen zu erlösen. Aber in den Augen der Gemeinschaft hafteten Makel an ihm. Erstens liebte er Männer; eine einfache, normale Abweichung, die die Gemeinde aber nie akzeptiert hätte. Und zweitens wusste er nicht so recht, wer er war. Was ich gar nicht verstehen kann, denn schließlich hatten sie es ihm oft genug gesagt, es ihm von der Wiege an beigebracht. Wahrscheinlich haben sie nicht erwartet, dass die Welt, in die sie ihn entließen, sich von jener unterschied, die sie bezwungen hatten, und sie war von neuen und hasserfüllten Monstern bevölkert, die einen anderen Preis einforderten.

Was ist mit uns passiert? Kann ich Gott anrufen, wie der Prophet Jona, und ihn bitten, mich an die Hand zu nehmen und mich zu heilen? Oh, ja, früher konnte diese bewundernswerte, starke, trotzige, ruhmreiche Truppe die Welt niederringen, sich selbst befreien, das Meer teilen, auf Wasser gehen und sich vom Wind tragen lassen. Was ist passiert? Warum sind wir jetzt krank und siech? Anscheinend haben alle Söhne und Töchter, die einmal die Führung übernehmen sollten, die Flucht ergriffen … Wie kann das sein, Herr? Wie? Der

Krieg ist noch nicht vorbei. Der Feind hat sein Lager auf der anderen Seite des Bergs aufgeschlagen. Mit der aufgehenden Sonne wird er über die Mauer stürmen. Er wird brandschatzen und plündern, die Frauen und die Kinder vergewaltigen, unsere Ernte vernichten, unsere Lager leeren, unseren heiligen Tempel entweihen. Warum, Herr? Warum? Wie können wir uns selbst verteidigen und wieder stark werden? Wie können wir die Kraft finden, unsere Köpfe zu erheben und zu singen? Wann wird der Herr der Heerscharen uns mit seiner Kraft und Stärke beehren?

Jona. Es scheint so leicht, sich zu verstecken und zu sterben. Jetzt verstehe ich, dass das Leben nicht nur ein Kampf ist – es ist ein Krieg. Und bloß für das Gute zu kämpfen, ist nicht genug.

Bei Anne wurde Bauchspeicheldrüsenkrebs diagnostiziert. Im April bekam sie die Diagnose, im Mai ging sie zum letzten Mal ins Krankenhaus. Sie starb Anfang Juni, ironischerweise nicht an Krebs, sondern wegen einer Lungenkomplikation während der Operation. Sie war siebenunddreißig. Seltsamerweise schien es meine Großmutter am härtesten zu treffen. Vielleicht hatte sie auf Urenkel gehofft. Vielleicht hatte sie Anne mehr geliebt, als ich wusste. Vielleicht war es nur der Gedanke daran, dass Anne so gut und so jung war.

Jonnie Mae ist letztes Jahr gestorben.

Die Angst vor den Toten habe ich nie verloren. Egal, wie viele Trauerreden ich halte, egal, zu wie vielen Beerdigungen ich gehe, vielleicht sogar egal, wie alt ich werde – ich fürchte die Toten. In meinen Träumen sehe ich sie auferstehen, sie tragen Rüstung und sind mit Pfeil und Bogen, mit Schwertern, Gewehren und Messern bewaffnet. Vielleicht geht der Kampf weiter. Vielleicht kann der Krieg gewonnen werden.

8. Dezember 1985 • 15:00 Uhr

»Sue« stand auf dem Schild, das die Kellnerin an der linken Brusttasche ihrer dünnen weißen Polyesteruniform trug. Jimmy konnte sich ein ungläubiges Lächeln nicht verkneifen. Wie sie eine Kaugummiblase platzen ließ und lasziv die Hüften schwang – als wäre sie eine Karikatur ihrer selbst.

»Also, meine Lieben, was darf es sein, hm?« Ihre forsche Art ließ Jimmy zusammenzucken. Sie rollte die Augen und verweigerte dabei jeden Blickkontakt, blätterte in dem kleinen Bestellblock, zückte einen Stift, baute sich neben dem Tisch auf und starrte lautstark kauend aus dem Fenster.

»Was nimmst du, Jimmy?« Um die mit Ketchup verschmierte Karte lesen zu können, musste Zeke sich seine Brille mit dem riesigen Horngestell aufsetzen.

»Tja, der Hamburger sieht gut aus.«

Die Kellnerin kritzelte etwas auf ihren Block. »Wollen Sie Bratkartoffeln oder Pommes dazu?«

»Pommes. Nein, doch lieber Bratkartoffeln.«

Sie schob sich die Zunge in die Wange, warf ihm einen fast bösen Blick zu, schüttelte das Haar mit einer pferdeähnlichen Bewegung zurück und fing an zu radieren.

»Ich glaube, ich nehme dasselbe. Sie braten das Fleisch doch richtig durch, oder?«

»Was meinen Sie mit ›richtig durch‹? Wir braten es, reicht das nicht?«

»Mmh, ich meine, da spritzt kein roter Saft mehr raus? So mag ich Fleisch nämlich nicht. Davon wird mir schlecht. Da esse ich es lieber angebrannt.«

»Die Burger sind ziemlich dick«, erwiderte sie trocken. »Wird schwer, sie durchzubraten, ohne sie zu verbrennen.«

Zeke runzelte die Stirn. »Okay, dann nehme ich den Grillteller. Schlachten Sie selbst?«

»Nein. Wollen Sie Krautsalat, Kartoffelsalat oder Pommes dazu?«

»Oh, mal sehen. Krautsalat, glaube ich. Nein, nein, ich nehme Kartoffelsalat. Sind da Eier drin?«

»Eier?«

»In Ihrem Kartoffelsalat?«

Die Frau schob wieder die Zunge in die Wange, drehte sich zur Küche um und brüllte: »Ernestine, sind da Eier im Kartoffelsalat?«

»Ja, Schätzchen.«

»Ja.«

»Gut, dann möchte ich keinen. Ich mag keine Eier im Kartoffelsalat. Ich kriege Blähungen davon. Nein. Pommes sagen Sie? Die mag ich nicht so gern, aber … Nein, ich nehme den Krautsalat – ist er fein geschnitten?«

»Meine Güte.«

»Wie bitte, Miss?« Zeke sah die Frau über den Brillenrand an. Sie verdrehte die Augen. »Er ist gerieben.«

»Gut, dann nehme ich die Pommes.«

Die Kellnerin seufzte abermals. »Was wollen Sie trinken?«

»Tee.«

»Sie auch?«

»Ja«, sagte Jimmy.

»Und Sie, Ma'am, was kann ich Ihnen bringen?«

Ruth hatte schweigend die Speisekarte studiert. Genaugenommen hatte sie kein Wort mehr gesprochen, seit sie das Krankenhaus verlassen hatten, außer: »Ich habe Hunger.« Und als Jimmy auf das Roseboro Café gezeigt hatte, hatte sie

»okay« gemurmelt. Nun runzelte sie die Stirn. »Ich sehe, es gibt einen Meeresfrüchteteller. Sagen Sie: Ist der Fisch frisch? Das ist nämlich das Einzige, was mich auf der Karte anspricht.«
»Er ist so frisch, wie wir ihn kriegen können.«
»Wie frisch?«
»Ma'am, das weiß ich nicht.«
»Sollten Sie aber!«
»Soll ich nachfragen?«
Ruth winkte großmütig ab. »Nein, nein, nein. Ich nehme was anderes.« Sie raschelte mit den Seiten, blätterte vor und zurück und murmelte: »Die haben hier nichts, was ich will.« Das ging ungefähr eine Minute so. »Woraus machen Sie den ›Salat‹? Senfblätter? Rübstiel? So was in der Art?«
»Aus Kopfsalat, Tomate, Gurke und einem Dressing Ihrer Wahl: Thousand Island, French oder Italian.«
»Nein, nein.« Ruth schob die Unterlippe vor und blätterte weiter in der Speisekarte.
»Tante Ruth?« Jimmy ärgerte sich zunehmend über die Kellnerin, obwohl er einsah, dass ihre Ungeduld inzwischen gerechtfertigt war. »Warum nimmst du nicht die Empfehlung des Tages? Steak mit Kartoffeln.«
»Warum wird das empfohlen?«
»Wegen des Preises.« Die Kellnerin schob sich den Stift hinters Ohr. »Meine Liebe, wissen Sie was, ich komme gleich noch mal wieder. Was wollen Sie trinken?«
Ruth sah der Kellnerin in die Augen. Offensichtlich irritiert darüber, wie sie »meine Liebe« gesagt hatte.
»Nur ein Glas Wasser. Bitte.«
Die Kellnerin setzte ein falsches Lächeln auf, zerrte sich das kurze Uniformkleid herunter und wackelte davon.
»Ich will nichts von diesem Fraß. Die Weißen können einfach nicht kochen.«

»Tante Ruth, ich habe dich gefragt, ob dieses Restaurant in Ordnung wäre, und du hast ja gesagt.« Er merkte selbst, wie weinerlich er klang, und er hasste es.

»Wo bleibt sie? Ich möchte bestellen, irgendwas, damit wir dann endlich gehen können, denn ich will nach Hause.«

Die Kellnerin brachte den Tee und das Wasser. »Haben Sie was gefunden?«

»Ja. Ich nehme den Rindereintopf. Bei Eintopf kann man nichts falsch machen, so viel steht fest.«

Die Kellnerin grinste doof und notierte.

»Mein Tee ist ungesüßt!« Zeke verzog das Gesicht. »Haben Sie keinen Süßstoff?«

Die Kellnerin griff über den Tisch, nahm eine Handvoll weiße Zuckertütchen und rosa Tütchen Sweet'N Low und warf sie neben Zekes Glas. »Bitte sehr.« Sie drehte sich um und ging davon.

Zeke starrte ihr hinterher und murmelte verächtlich: »Schlampe.«

Jimmy sah ihn, nur leicht konsterniert, an. Auch Ruth war überrascht und stieß ein kurzes »Hah« aus, hob aber nicht den Kopf. Das war Spott, keine echte Belustigung.

»Nimm den Süßstoff«, sagte Jimmy und streute etwas davon in sein Glas. »Der löst sich besser auf.«

Zeke nahm eins der Päckchen, und sein Gesicht hellte sich auf. »Weißt du, das erinnert mich an die Zeit ...«

»O Gott, wieder so eine Lüge, die du uns als alte Geschichte verkaufen willst.« Ruth starrte aus dem Fenster. Ihre Mundwinkel zuckten leicht verärgert.

Zekes Mund klappte auf, ungläubig. »Wirklich, Ruth, das war nicht nett.«

Als dächte sie darüber nach, sagte sie: »Nein, das war es nicht, oder?«

Um die Fassung wiederzuerlangen, trank Zeke einen Schluck Tee. »Was belastet dich, Ruth? Du bist schon den ganzen Tag so böse wie ein nasses Huhn. Was ist los?«

»Böse?«

»Ja, böse.«

»Asa sah wirklich schlecht aus, oder?« Jimmy legte seine Hand auf Zekes, doch Zeke sah ihn ernst an und schüttelte den Kopf: nein, dieses Mal nicht.

»Was belastet dich, Ruth?«

Sie ignorierte Zeke und sah stattdessen Jimmy an. »Ja, Asa sah schlecht aus. Wirklich sehr schlecht.«

Die Kellnerin brachte ihre Bestellung, und der Duft erinnerte Jimmy daran, wie groß sein Hunger war. Sobald das Essen auf dem Tisch stand, machte er sich darüber her. Da fiel ihm auf, dass er, der Prediger, das Gebet vergessen hatte. Zeke zog eine Augenbraue hoch.

»Onkel Zeke, möchtest du den Segen sprechen?«

Zeke sagte einen kurzen Dank.

»Uh.« Ruth grunzte und verzog angewidert das Gesicht. »Nein, ich kann diesen Fraß nicht essen. Ruf dieses schreckliche Mädchen her.«

»Alle sind schrecklich. Alle außer Ruth.« Zeke schob sich eine Gabel Grillfleisch in den Mund. Zum ersten Mal an dem Tag sahen die beiden einander in die Augen.

Jimmy hob die Hand und winkte die Kellnerin heran. »Onkel Zeke, bitte lass Tante Ruth in Ruhe. Wahrscheinlich hat es sie sehr mitgenommen, Asa so im Krankenhaus zu sehen, und ...«

»Nein, nein.« Ruth tupfte sich den Mund mit der Serviette ab. »Lass ihn. Soll er sich doch mit mir anlegen, wenn er glaubt, er ist Manns genug.«

»Ja, mit Männerkastrieren kennst du dich aus, was, Ruth?«

»Also wirklich. Hört auf, ihr beiden. Das ist peinlich.« Jimmy wischte sich übers Gesicht. Er schwitzte.

»Pass auf, Ezekiel Cross. Pass bloß auf.«

Die Kellnerin kam zurück. »Was ist jetzt schon wieder?«

»Ich kann das nicht essen.« Ruth schob ihr den Teller hin.

»Was stimmt damit nicht?«

»Das ist gar nicht gewürzt. Das Fleisch ist totgekocht. Und alt. So was würde ich nicht mal den Schweinen vorsetzen.«

»Bitte, Ruth ...«

»Nichts da *Ruth*. Ständig willst du anderen vorschreiben, wie sie reden und was sie anziehen und wie sie leben sollen. Tja, ich kann das gut für mich selbst entscheiden. Verstanden?«

»Ma'am?« Die Kellnerin stand über sie gebeugt wie eine Katze vor dem Sprung.

»Das wirst du noch bereuen, Ruth.«

»Ich bin alt genug, mich um meinen Kram zu kümmern. Du kannst mir gar nichts.«

»Ma'am.«

»Tja, Frau, ich wusste immer, wie mürrisch und gemein du bist, aber für niederträchtig hab ich dich nie gehalten.«

»Das war ja klar. So seid ihr alle. Verdreht mir das Wort im Mund, bis richtig falsch ist und falsch richtig. Ich ...«

»Ma'am!«

»Was?«

Die Kellnerin richtete sich auf. »Wollen Sie was anderes bestellen?«

»Macht ihr hier Apfelkuchen?«

»Ja.«

»Gut, dann nehme ich ein Stück.«

Die Kellnerin ging kopfschüttelnd davon. Jimmy suchte fieberhaft nach einem anderen Gesprächsthema. »Ich habe gehört, heute Nacht soll es schneien. Ich frage mich, ob das stimmt?«

Ohne Jimmy zu beachten, schlug Zeke auf den Tisch. Das Besteck klapperte. »Siehst du, Ruth, wie rücksichtslos du bist? *Das* ist das Problem.«

»Du hast vielleicht Nerven, Schwarzer Mann, mich rücksichtslos zu nennen. Du und die ganze Familie Cross, ihr haltet euch für was Besseres und seid einfach zu überheblich. *Das ist das Problem.*«

»Ich habe gehört«, versuchte es Jimmy noch einmal, obwohl er sich dumm und wie ein Außenseiter vorkam, »drüben in Dobsville planen sie einen Anbau ans Gemeindezentrum.«

Zeke schmunzelte und nahm einen weiteren Bissen. Als er ihn zu Ende gekaut und heruntergeschluckt hatte, deutete er mit der Gabel auf Ruth. »Los! Mach ruhig weiter. Machst du doch sonst auch. Gib ruhig mir die Schuld. Mir und meiner Familie. Gib der ganzen großen Welt die Schuld an deinen Problemen. Du weißt ganz genau, dass du dir dein Unglück selbst zuzuschreiben hast, Ruth. Das weißt du, oder?«

»Vorsichtig, Ezekiel Cross. Du betrittst gefährlichen Boden.«

»Nicht gefährlicher als sonst auch bei dir.«

»Lass mich zufrieden, Ezekiel. Lass mich.«

»Du hast angefangen, Schätzchen. Wenn ich wollte, könnte ich noch ewig so weitermachen.«

Sie waren so laut geworden, dass das ganze Restaurant sie hörte. Die Leute merkten auf, einige waren so frech, sich nach ihnen umzudrehen. Jimmy fragte sich, ob er aufstehen, wie ein Schiedsrichter beim Boxen die Hände heben und rufen sollte: »Onkel Zeke! Tante Ruth!« Doch er fühlte sich, als wäre er gar nicht mehr im selben Raum wie sie.

»Ich weiß, wem du hier die Schuld zuschieben willst, Zeke. Bist dir nicht zu schade, in so einem Moment mit den alten Sachen anzufangen und mich böse zu nennen. Du hast wirklich Nerven.«

»Ja, genau das hab ich dich genannt. Und du hast nie irgendwas getan, mir das Gegenteil zu beweisen.«

»Siehst du!? Du forderst mich heraus. Du kannst es einfach nicht lassen.«

»Nein, Ruth, *du* kannst es nicht lassen.«

Jimmy bekam feuchte Handflächen. »Kommt schon, Leute ...«

»Halt den Mund, Jimmy.« Ruth lächelte nicht mehr. »Sei einfach still.«

»Ist schon in Ordnung, Jimmy.« Jetzt tätschelte Zeke Jimmys Hand. Ruth sah ihm zu und lächelte höhnisch.

»Dann spuck es doch endlich aus.« Sie kniff die Augen zusammen.

»Was?«

»Du weißt genau, was ihr alle mir immer vorgeworfen habt. Ihr habt mir die Schuld gegeben.«

»Siehst du, jetzt bist du diejenige, die davon anfängt. Weil du genau weißt, dass es stimmt. Du ...«

»Aah. Ich wusste es. Du schamloser alter Bock.«

»Es stimmt doch, Ruth. Du kannst genauso gut dazu stehen.«

»Er war dein Bruder. Dein Fleisch und Blut. Du kanntest ihn viel länger als ich ...«

»Oh ja, Ruth. Das stimmt. Und daher weiß ich, dass er vor dir keinen Tropfen Alkohol angerührt hat. Er war ein guter Mann, bis er dich getroffen hat.«

»Tja, Ezekiel Cross, eines Tages wirst du es ja sehen. Dann wirst du sehen, was du und deine böse Familie allen angetan habt. Nicht bloß Jethro, auch Lester und dem Jungen hier. Und deinem Enkel. Ihr seid wirklich das Letzte.«

»Pass bloß auf, Ruth.«

»Auf gar nichts muss ich aufpassen. Du hast wirklich Nerven. Sieh dich an. Fühlst dich wie von Gott erwählt. Wie vom

Himmel runtergestiegen. Wie Jesus höchstpersönlich. Ist es das, was du zu deinem Neunzigsten planst? Übers Wasser zu gehen?«

»›Und sie werden voller Häme über dich sprechen.‹«

»So ist's richtig. Zitier nur weiter aus der Bibel, statt nach ihr zu leben.«

»›Richte nicht, ehe du nicht selbst gerichtet wurdest.‹«

»Du bist so zufrieden mit dir, Zeke. Aber weißt du was, ich war dabei, ich weiß, dass du deinem eigenen Bruder die Tür gewiesen hast, obwohl er krank war und Schmerzen litt.«

»Lüge!«

»Du und deine Schwester. Monatelang lag er krank im Bett, aber du und deine geheiligte Schwester hattet es nicht nötig, einen Fuß in unser Haus zu setzen, um mal nach ihm zu sehen.«

»Sprich nicht schlecht von den Toten.«

»Ich scheiß auf die Toten.«

»Du bist eine hasserfüllte, boshafte alte Hexe, Ruth Cross.«

»Ich bin keine Cross, verdammt. Ich bin als eine Davis zur Welt gekommen, du alter Idiot.«

»Nenn mich nicht alt, du abgetakelte Kuh. Sieh dich doch an. *Du* bist alt.«

»Heuchler!«

»Lügnerin!«

Gerade als Ruth aufzustehen versuchte, brachte die Kellnerin den Apfelkuchen. »Ich habe keinen Hunger.« Die Kellnerin verzog das Gesicht. Jimmy sah ihren Unterarm zucken, als müsste sie sich zurückhalten, Ruth den Kuchen ins Gesicht zu drücken.

Ruth kam unter Mühen auf die Beine und sah auf Zeke hinunter. »Die Wahrheit wird ans Licht kommen.« Sie drehte sich zu Jimmy um. »Junge, ich warte im Auto.« Dann machte sie so rasant wie ihr eben möglich kehrt und humpelte zur Tür. Alle beobachteten Ruths Abgang, ihr quälend langsames Fortkommen. Ein Weißer, der am Ausgang saß, hielt ihr die Tür auf. Während sie davonhinkte, schwankte ihr Rücken wie ein Schildkrötenpanzer.

Jimmy griff zu seinem Teeglas. »Ich schäme mich für dich, Onkel Zeke.«

»Du schämst dich? Für mich? Junge, ich …«

»Hör mal, Onkel Zeke. Tante Ruth ist starrsinnig, ich weiß. Aber sie hat viel durchgemacht. Ausgerechnet du solltest wissen, wie man Mitgefühl und Verständnis zeigt.«

Zeke sah Jimmy ungläubig an. Er lehnte sich zurück und sagte langsam: »*Sie* hat viel durchgemacht? Was ist mit dir? Oder mir? O mein Gott! Ich geb's auf, ehrlich, ich bin es leid, die Bosheiten dieser alten Krähe zu ertragen. Sie hat viel durchgemacht? Unglaublich.« Er streckte die Hand nach dem Teeglas aus.

Jimmy stand entmutigt auf. »Wir haben alle viel durchgemacht.« Er zog einen Zwanzigdollarschein aus der Tasche und warf ihn auf den Tisch, auf dem Weg hinaus überlegte er sich, dass er, der Prediger, vielleicht strenger zu seinem Großonkel hätte sein sollen. Aber wie?

Als Jimmy zum Auto kam, saß Ruth bereits auf der Rückbank und starrte geradeaus. Als er so da stand vor der Autotür, vor ihr wurde ihm erneut klar, dass er nicht wusste, was er zu ihr sagen sollte oder wie oder ob er überhaupt etwas sagen sollte. Doch das, was ihn als Prediger anspornte, sagte ihm, dass er mit ihr sprechen musste. Also öffnete er die Tür. Sie würde einen Teufel tun, ihn anzuschauen.

»Alles okay, Tante Ruth?«

Sie betrachtete ihre Hände. Jimmy beobachtete sie, wie sie

ausatmete, ihre Finger dabei rieb und den Kopf schüttelte. Dann sah sie auf und schnalzte mit der Zunge, als wäre ihr etwas Wichtiges eingefallen. »Wann fahren wir los? Es wird bald regnen.«

»Meinst du?«

»Ja.«

Er schloss die Autotür vorsichtig und sah sich um. Sie befanden sich in einer Kleinstadt mit einer Tankstelle, einem winzigen Lebensmittelladen, einem in einem Wohnhaus untergebrachten Antikladen und einem Postamt. Kleiner als Tims Creek. Er setzte sich auf den Fahrersitz.

»Bestimmt wird Onkel Zeke sich entschuldigen.«

»Interessiert mich das?«

»Bitte, Tante Ruth. Es ist nicht christlich, Groll zu hegen und so lange daran festzuhalten wie ihr zwei. Ich erwarte, dass ihr das Richtige tut.«

»*Du* erwartest?«

»Oje.« Er schmunzelte und sah sie an. »Ihr müsst mir ein Vorbild sein.« Sie warf ihm einen eisigen Blick zu, schloss die Augen und drehte den Kopf zur Seite.

Jimmy massierte sich die Schläfen. Er bekam Kopfschmerzen.

Zeke schlurfte aus dem Restaurant und bearbeitete seine Zähne mit einem Zahnstocher. Er stieg grunzend ein und rieb sich mit einer Hand den Oberschenkel, während er mit der anderen weiter zwischen seinen Zähnen herumstocherte.

»Gut. Können wir los?«

Jimmy legte eine Hand an den Zündschlüssel und zögerte. Das Richtige tun, dachte er. Er drehte sich zu den beiden um. »Jetzt seht euch nur an, seht euch beide an. Ich muss schon sagen, es ist eine Schande. Ihr wisst, wie stolz ich immer auf euch war. Darauf, wie ihr …«

»Mein Gott, Junge.« Ruths Blick war immer noch eisig. »Ich

bin jetzt nicht in der Stimmung für eine Predigt. Bring mich bitte nach Hause. Ich will ins Bett.«

»Aber, Tante Ruth, ich meine das ernst. Ich ...«

»Junge, vergeude nicht deine Zeit. Du hast sie gehört. Genauso gut könntest du mit einer Wand reden. Sie ...«

»Ezekiel Cross, halt einfach den Mund.«

»Halt ihn mir doch zu, du ...«

»Werde ich, wenn du nicht aufhörst, du ...«

»Ich ...«

»Hört nur! Hört euch mal an! Ein Diakon und eine Kirchenmutter!« Jimmy stützte die Ellenbogen aufs Lenkrad. »Ich fasse es nicht! Ich fasse es einfach nicht. Zwei Menschen, die so lange leben, die so viel durchgemacht haben, dass die sich so bockig und kindisch aufführen! Lächerlich.«

Zeke verdrehte die Augen und seufzte laut. »Okay, ich habe mich danebenbenommen. Ich bitte um Entschuldigung, Ruth. Ich ...«

»Bei mir brauchst du dich nicht zu entschuldigen, Mister.« Ruth hob eine Hand. »Nein, denn die Wahrheit wird ans Licht kommen. Auf die eine oder andere Art. Meine Seele ist rein, aber ...«

»Gut. Ich hab's versucht, verdammt noch mal. Mit ihr ist nicht zu reden.«

»Recht hast du. Mit mir ist nicht zu reden.«

»Gut.«

»Gut.«

Beide starrten aus ihrem Fenster und schwiegen eisern. Jimmy saß da wie vom Donner gerührt und sah zwischen ihnen hin und her. Er wusste, dass hier kaum noch etwas auszurichten war, also drehte er den Zündschlüssel.

Der Motor blieb stumm. Er versuchte es noch einmal. Nichts war zu hören außer ein Schwertransport auf dem

Highway und das leise Flüstern des Windes. Irgendwo wurde eine Tür zugeschlagen.

Auf die Windschutzscheibe fiel ein Regentropfen, dann zwei, dann drei.

»Ja, es kann einen jederzeit erwischen, und immer ohne Vorwarnung.«

Der Automechaniker beugte sich über den Motor wie eine Henne über ihre Brut: im stillschweigenden Wissen um jedes einzelne Teil, persönlich, vertraut, mit viel Respekt. Vielleicht sogar mit ein bisschen Liebe, dachte Jimmy.

Jimmy war durch den Regen zur Tankstelle gelaufen, wo ihm ein Automechaniker müde mitgeteilt hatte, der Abschleppwagen sei irgendwo unterwegs. Also schlug Jimmy vor, den Wagen in die Werkstatt zu schieben, immerhin waren es nur ein paar Meter. Der Mechaniker spuckte aus – er hatte den Mund voller Tabak –, wischte sich über die Lippen und nickte.

Während der kalte Regen auf sie niederprasselte, schoben sie das Auto mitsamt der zwei Insassen in die Werkstatt. Der Mechaniker, ein kleiner, dicklicher Mann mit fettigem, schwarzem Haar und grünen Augen, erkannte das Problem auf Anhieb und spuckte seinen kompletten Tabakklumpen aus.

»Also«, sagte er und griff nach seiner Cola, »gestern hättet ihr ein echtes Problem gehabt.« Er nahm einen Schluck, spülte seinen Mund damit und spuckte dann aus. »Ich hatte das Ersatzteil nämlich nicht da.« Er wischte sich mit dem Handrücken über den Mund. »Die produzieren es erst seit 1979 wieder.« Er trank noch ein paar Schlucke, diesmal behielt er sie drin. »Aber ihr habt Glück. Ich bin nämlich ein vorausschauender Mensch.« Er fischte in seiner Hosentasche und zog einen Tabakbeutel heraus. »Also, ich kannte da einen Typen, ganz schick und im Anzug, der hatte ein neues Oldsmobile und hat vor dem Roseboro geparkt, weil er was essen wollte. Er kam wieder raus, stieg in sein Auto und – peng!« Er zupfte etwas Tabak aus dem Beutel, schob ihn sich in die Backentasche, zupfte und schob noch einmal nach. »Das Auto sprang nicht mehr an.« Er zwinkerte Jimmy zu: »Aber wie gesagt – ihr habt Glück, denn das Teil ist heute reingekommen.«

Jimmy seufzte.

»Aber es wird mindestens zwei Stunden dauern, weil: Ich muss vor vier noch ein anderes Auto fertig kriegen. Ihr könnt euch gern reinsetzen.«

Die drei gingen hinein. Der Verkaufsraum der Tankstelle war schäbig und mit Ware vollgestopft, hinter, über und vor dem Kassentresen, an den Wänden und überall dazwischen. Massenweise Zuckerzeug, Zigaretten und Lufterfrischer in der Form von Katzen. Kaugummi und Feuerzeuge und Feuerzeugbenzin, Moon Pie und Schlüsselanhänger und Batterien. Billige Armbanduhren. Taschenlampen. Motoröl. Kondome. Sie nahmen auf den ausgebauten Rückbänken eines längst verschrotteten Autos Platz, vor ihnen eine Kühlbox mit braunen, orangefarbenen, zitronengelben, limettengrünen und roten Softdrinks in Flaschen und Dosen. Es gab auch Eiscreme. In einer Ecke stand ein Automat für Videospiele; ein Kind drückte auf den Knöpfen herum. Eine Frau mit ähnlich fettigem, schwarzem Haar wie der Automechaniker saß an der Kasse, las im *True Confessions*-Magazin und aß dabei eine Banane.

»Was für ein fürchterlicher Tag, finden Sie nicht auch?« Sie sah sie fröhlich an.

»Das können Sie laut sagen.« Jimmy bemerkte, wie Ruth fast lächelte, fast.

»Wo kommen Sie denn her?«

»Tims Creek.« Zeke beobachtete weiter den Regen hinter der schmutzverschmierten Fensterscheibe.

»Ja? Was bringt Sie her?«

»Unser kranker Cousin liegt drüben in Fayetteville.«

»Es ist doch hoffentlich nichts Ernstes, oder?«

»Doch, Ma'am.« Zeke rieb sich die Hände. »Sehr ernst.«

»Mmh, ein Jammer.« Ganz kurz starrte sie mit leerem Blick vor sich hin. Nichts war zu hören außer der Regen und das Rumsen, Brummen und Plärren aus dem Automaten.

»Wissen Sie was, ich setze uns erst mal einen Kaffee auf.« Die Frau klatschte in die Hände wie eine Marktschreierin, die versucht, Kundschaft anzulocken. »Möchten Sie?«

»Aber ja, danke.« Jimmy war wirklich froh, denn obwohl es hier drinnen ein bisschen wärmer war, blieb es immer noch kalt.

»Ja, das wäre schön«, sagte Ruth, und wieder wunderte Jimmy sich über sie. Sie sah zu dem kleinen Mädchen am Spielautomaten hinüber.

»Was ist das für ein Ding?«

»Ein Videospiel.« Jimmy war überzeugt, dass sie das Kind nun verärgert auffordern würde, nicht so einen Krach zu machen, aber ihr Gesicht war entspannt und ihre Stimme klang kein bisschen genervt. Wenn überhaupt, war sie neugierig.

»Macht aber ne Menge Krach, oder?« Sie beugte sich vor.

Sie saßen alle drei schweigend da und sahen dem Kind beim Spielen zu. Der Lärm übertönte die Kaffeemaschine.

»Also«, erklärte die Frau, als sie ihnen die Tassen brachte, »mir gefällt es nicht, aber Amy ist ziemlich gut darin.«

Das Mädchen drehte sich um, und zu Jimmys großer Überraschung und ganz sicher auch zu der von Ruth zwinkerte sie ihr zu. Zuerst war Ruth perplex, dann lächelte sie und trank mit geschlossenen Augen einen kleinen Schluck Kaffee. »Der ist wirklich gut, Miss. Danke schön.«

»Aber gerne doch.«

»Oh.« Jimmy griff in seine Hosentasche. »Wie viel macht das?«

»Schon gut.« Die Frau ging zurück hinter den Ladentisch. »Keine Ursache. An einem Tag wie heute wären Sie bestimmt überall lieber als hier.«

Zeke schnaubte in seinen Kaffee: »Sicher.«

Ruth sah immer noch neugierig zu dem Automaten hinüber. »Bestimmt müssen wir nicht lange warten.«

Jimmy konnte den ungewohnten Gesichtsausdruck seiner Großtante nicht deuten. Das Mädchen drehte sich ein ums andere Mal lächelnd zu Ruth um – und Ruth lächelte zurück. Jimmy fragte sich, ob ihm etwas entgangen war.

Als das Spiel zu Ende war, kam das Mädchen auf Ruth zu, munter wie ein Eichhörnchen. Ruth betrachtete sie, wie man einen Kobold betrachten würde: entzückt und ein bisschen misstrauisch.

»Willst du auch mal spielen?«

»Amy!« Die Frau war leicht amüsiert, trotzdem verlegen. »Wirklich, du weißt doch, dass man so nicht …«

»Ich zeige dir, wie es geht.«

»Amy, ich bin sicher, sie will nicht …«

»Na dann.« Ruth wollte aufstehen und bedeutete dem Mädchen mit einer Geste, ihr den Gehstock anzureichen. »Ich kann es ja mal versuchen. Schadet ja nichts, oder, Amy?« Sie lächelte die Frau an, die unschlüssig wirkte, schließlich lächelte.

Das Mädchen ergriff Ruths freie Hand, und Ruth erhob sich und hinkte in ihrer schiefen, gebeugten Haltung zum Automaten. Jimmy sah verwirrt und ungläubig zu.

Zeke schlug die Beine übereinander, stützte das Kinn in die Hand und zog Luft durch die Zähne. Jimmy musste an einen missmutigen alten Jagdhund denken, der Welpen beobachtet, die zu dicht an seinem Lager herumtollen. Sein Blick verriet Missbilligung und noch etwas anderes – fast Verachtung.

»Also.« Die Stimme des Mädchens nahm einen gouvernantenhaften Ton an. Die Kleine stand direkt unter Ruths hängenden Brüsten, zwischen ihren Armen. Ruth stützte sich an der Konsole der riesigen schwarzen Kiste ab.

»Der kleine Mann da«, erklärte Amy, »will die vielen kleinen Punkte fressen. Aber die Typen da hinten wollen *ihn* essen. Verstanden? Wenn er aber an eine von den blauen Pillen hier rankommt und sie isst, wird er groß und stark und kann sie fertigmachen und sie ins Gefängnis stecken, wo sie hingehören.« Sie sah auf zu Ruth. »Alles klar?«

»Na ja, wir werden sehen.«

»Okay, ich spiele die erste Runde für dich. Guck genau zu.« Das Kind steckte einen Vierteldollar in den Schlitz, eine fröhliche Musik ertönte. Jimmy näherte sich dem Automaten und hoffte, dass Ruth ihn nicht bemerkte.

»Oh, sieh mal!«, quiekte Ruth in einer Stimme, die Jimmy noch nie gehört hatte. »Oh-oh, er kriegt ihn. Achtung. Achtung! Ups. Jetzt bist du tot, oder?«

»Ja, aber ich habe fünf erwischt. Du bist dran.«

Ruth legte die Hand an den Hebel und bewegte ihn, wie sie es bei dem Mädchen gesehen hatte. Nach weniger als einer Minute war ihre Runde vorbei, aber die Freude – ja, das war es – in ihrem Gesicht war wie eine Offenbarung für Jimmy. Er sah zu Zeke hinüber, der das Ganze mit Argwohn beäugte.

Nachdem das Mädchen gespielt hatte, war Ruth wieder an der Reihe, schlug sich schon etwas besser und jubelte laut. Als der Vierteldollar verbraucht war, bat sie Jimmy, ihr aus ihrer Handtasche eine weitere Münze zu holen. Sie kamen auf fünf Spiele, und Ruth kreischte vergnügt, was für ein Spaß das sei.

»Siehst du, Miss, aus dir wird eines Tages eine tolle Spielerin.«

Ruth lachte und strich dem Mädchen über den Kopf. »Danke, Amy. Wenn ich dann so gut spiele wie du, stimmt das allemal.«

»Wie heißt du?«

»Ich bin Ruth.« Sie gaben sich die Hand.

Die Kleine ging zu ihrer Mutter, die gab ihr eine Banane und schickte sie los, irgendwas abzuholen. Ruth – wahrscheinlich war sie vollkommen erschöpft, dachte Jimmy bei sich – ging zurück zu Zeke, der sie streng ansah. Seine Laune war unverändert schlecht, wenn nicht sogar noch schlechter geworden. Ruth warf den Kopf zurück und lachte das herzhafte Lachen einer Frau, die sich ihr Recht zu lachen erkämpft hatte und sich nicht darum scherte, wer es hörte oder sie dafür verurteilte. Sie drehte sich wortlos um und ging langsamer jetzt, aber gewohnt zielstrebig hinaus und durch den Regen zur Werkstatt.

Sobald sie durch die Tür war, entfuhr es Zeke: »Tsss. Das ist mal eine sonderbare alte Frau.«

»Noch sonderbarer als du?«

»Geh mir nicht auf die Nerven, Junge.«

»Ich möchte dich etwas fragen, Onkel Zeke. Grandma und du, habt ihr mich aufgezogen, damit ich mich so benehme wie du heute?«

»So wie ich heute? Wie habe ich mich heute denn benommen, Sir?«

»Boshaft. Egoistisch. Kleinlich. Mitleidlos.«

»Du redest viel über Mitleid, junger Mann. Weißt du, was das ist?«

»Ja, ich glaube schon.«

»Und weißt du auch, was alle Vergebung mit sich bringt?«

»Also, in der Bibel steht …«
»Nein. Ich rede nicht von der Bibel, James Malachai Greene. Ich rede von dir. Was *du* davon weißt, was *du* davon verstehst. Verstehst du, was Vergebung ist?«
»Manchmal muss man einen Schlussstrich ziehen.«
»Einen Schlussstrich ziehen und nicht mehr dran denken, meinst du das?« Zeke seufzte und spähte in den Regen. »Es braucht einen ganzen Mann, um zu vergeben. Und ich will dir was sagen, Junge, ich weiß nicht, ob ich alter Kerl Manns genug dafür bin. Stark genug für den richtigen Weg. Bist du jetzt überrascht?«
»Ja, Sir.«
»Du bist hier der Prediger.« Er schmunzelte. »Und du erzählst mir, wie sehr du dich für mich schämst?« Zeke betrachtete ihn mit hochgezogenen Augenbrauen und fuhr sich dann mit der Hand übers Gesicht. »Eines Tages. Eines Tages wirst du mich verstehen. Eines Tages wirst du wissen, wovon ich rede.«
Weil er nicht verstand, was sein Großonkel gesagt hatte, und weil er sich darüber wunderte, dass er, statt zu tadeln, plötzlich selbst getadelt wurde, suchte er nach einer schlauen Erwiderung.
»Aber heute ist heute, Onkel.«
Zeke sah ihn kopfschüttelnd an. »Ja, ist das so, ja?«
Dann stand er auf und ging zur Werkstatt.

Sie wartete in dem weiten Tor, und der Regen fiel wie ein Vorhang zwischen ihr und der Welt. Jimmy stellte sich unter den Türbogen und lauschte. Zeke ging zu Ruth hinüber. Sie musste ihn gehört haben, so wie er schlurfte, aber sie drehte sich nicht um.
»Ganz schön kräftiger Regen, was?«

»Oh, ja. Aber ich wette, daraus wird bald Schnee.«
»Schnee?«
»Mmh.«
»Da könntest du recht haben.«
Schweigend standen sie da. Jimmy wartete auf sanfte, versöhnliche Worte, doch plötzlich merkte er: Er hatte sie längst gehört, so klar und ehrlich wie der Regen.

Als das Oldsmobile in Ruths Auffahrt hielt, war es schon dunkel. Sechs Uhr. Sie hatten Zeke abgesetzt und sich wie Verwandte voneinander verabschiedet, nicht wie kriegführende Parteien. Während Jimmy darauf wartete, dass seine Großtante sich bettfertig machte, während er ihr vertrautes Hinken sah, noch langsamer nach dem anstrengenden Tag; während er wartete, dass sie sich umgezogen hatte, und ihr dann ins Bett half, dachte er an die tausend Kleinigkeiten, die hätten anders laufen können. Heute. Gestern. Morgen. Wenn Anne nicht gestorben wäre. Wenn Horace nicht gestorben wäre. Wenn seine Großmutter nicht gestorben wäre. Alles ganz bald lange her.

Ruth schloss die Augen, sobald ihr Kopf das Gänsefederkissen berührte, und sagte verträumt: Jetzt schneit es, jede Wette.

Er löschte das Licht im Haus und schloss die Tür hinter sich ab. Auf dem Weg zum Auto fiel eine dicke Schneeflocke auf sein Gesicht und vermischte sich mit einer frischen und heißen Träne.

30. April 1984 • 4:45 Uhr

Ja, wirklich, Mr Cross – darf ich Sie Horace nennen?
Natürlich.
Horace – ich bin Veronica. Ja, wirklich, Horace, die Leute sind manchmal grob. Sicher verstehen Sie, was ich meine? So etwas ist unverzeihlich. Anscheinend haben sie ihre guten Manieren und ihre Höflichkeit vergessen. Niemand hält sich noch an Regeln. Sie benehmen sich wie die Tiere. Wie Tiere. Nicht wahr?
Ja. Ja, natürlich.
Eine Bisondame mitten auf einer Bühne. Sie trug ein weißes Kleid, schmucklos, geradezu schlicht, kaum Rüschen, aber ausgesprochen teuer. Dazu eine Brille mit Goldrand und einen gelben, mit grünen und weißen Blumen geschmückten Hut. Die Bisondame trank Tee, während der Schwanz an seinem breiten Hinterteil träge hin und her schwang wie der eines Löwen, wie eine Schlange. Horace' Fuß pulsierte.
Als ich noch ein kleines Mädchen war ... tja, damals hatten die Leute ausgezeichnete Manieren. Mein Cousin Charles beispielsweise hatte ...
Horace war mit kreischenden Reifen und dröhnenden Kolben durch Crosstown gerast, im Kopf den gackernden Dämon, der in jeder Kurve dasselbe sagte, *schneller*! Die jungen Männer vom Sportplatz hatten sie vor vielen Kilometern abgehängt, sie würden Horace niemals einholen, geschweige denn wissen, wohin er wollte.
... eine Party für meine Tante Clara, und alle Gäste waren so elegant gekleidet. Oh, was für ein Spektakel! Eine meiner

schönsten Erinnerungen. Warum geben sich die Leute heutzutage keine Mühe mehr? Es ist wirklich eine Schande, nicht wahr?

Ja, Ma'am. Ist es.

Sie sind natürlich viel zu jung, um sich zu erinnern, aber so war das damals. Oohh ...

Ohne dass der Dämon es ihm befohlen hätte, war er auf den leeren Parkplatz des Crosstown Theater abgebogen. Er stellte den Motor ab, stieg aus und sah zu der flachen Anlage hinüber, die sich bis an den Waldrand hinunterzog. Das Gewehr hielt er fest umklammert. Aus dem Kassenhäuschen fiel Licht auf ein buntes Plakat mit der Aufschrift:

RIDE THE FREEDOM STAR
Das Musical
Die Saga einer amerikanischen Familie.
Über die Strapazen der Revolution
und des Bürgerkriegs,
über Not und Mühsal,
über Leben und Sterben
und die Wirren und Wagnisse der Liebe.
Dies ist ihre Geschichte.
Die amerikanische Geschichte
24. Juni – 15. August

Auf dem Plakat waren alle Generationen der Familie vertreten: die Siedler, die Revolutionäre, die Rebellen, die Kaufleute, die Plantagenbesitzer, die Staatsmänner, und alle reckten die Werkzeuge ihres Standes in die Höhe – Gewehre, Schwerter, Hacken. Links davon blähte sich theatralisch die amerikanische Flagge, rechts davon die Konföderiertenfahne. Die Männer waren so stämmig und kräftig wie im Bilderbuch, ihre mächtigen Oberkörper drohten fast das Hemd zu sprengen, und die Frauen waren entweder drall oder zierlich, grobknochig und vollbusig oder zart und feminin. Alle hatten strahlend weiße Zähne und ein breites Lächeln. Rechts neben der Gruppe standen drei Schwarze. Ein Mann mit freiem Oberkörper, extrem muskulös und bronzefarben, und eine Frau mit Stofffetzen über dem Haar; beide mit einem unpassenden Grinsen im Gesicht. Zwischen ihnen stand ein Junge, seine Augen waren viel zu groß, sein Lächeln ging in der lichterlohen, falschen Herrlichkeit unter.

Im Sommer vor seinem letzten Highschool-Jahr hatte Horace hier gearbeitet. Den Job als Beleuchter hatte er auf Empfehlung seines Englischlehrers Mr Phelps bekommen. Sein Großvater hatte Bedenken gehabt; er war misstrauisch wegen der vielen Weißen, mit denen Horace zusammenarbeiten würde, und der langen Arbeitszeit. Gegen die Bezahlung konnte er jedoch nichts einwenden; Horace würde dort mehr verdienen als bei der Tabakernte, wenn auch nicht viel mehr. Ezekiel hatte widerwillig zugestimmt. Horace hatte gerade erst den Führerschein gemacht. Er konnte also selbst zur Arbeit fahren, für eine Strecke brauchte er etwa fünfundzwanzig Minuten. Zwei Wochen nach Beginn der Sommerferien fing er an.

Ich glaube, es lag vor allem am Fernsehen, sagte die Bisondame. Sie bewegte sich kaum, nur manchmal verlagerte sie das Gewicht aufs andere Bein. Und fuhr fort: Anders als früher reden die Menschen nicht mehr miteinander. Meine Schwester Effi sagt, sie kennt Familien, die die furchtbare Kiste sogar während des Abendessens eingeschaltet lassen. Unglaublich, oder?

Unglaublich, sagte Horace. Er wollte die Bisondame fragen, wie sie es schaffte, die Teetasse zu halten.

Also, damals zu meiner Zeit ...

Das komplette Theater befand sich im Freien, abgesehen von der Kasse und der versteckten Garderobenscheune. Diesmal versuchte es Horace gar nicht erst an der Tür; er hielt das Gewehr ungelenk umklammert und humpelte direkt zu einer Mülltonne an der hohen Holzwand, die das Amphitheater umgab. Wegen des schmerzenden Beins sprang er auf der anderen Seite nicht einfach hinunter, sondern klammerte sich an der Kante fest und glitt abwärts, und dann ließ er los und landete auf dem guten Fuß. Und im selben Augenblick ging es wieder los: Etwas rief nach ihm, aber es war nicht der Dämon. Nein, es war leiser, aber viel größer. Fremdartig.

Crosstown hatte das Theater mit Mitteln aus der Cross-Stiftung gebaut, und mit Spenden von der Southern American Oil Company und der First American Mercantile National Bank, zwei Unternehmen in Familienbesitz. Der letzte jener Cross' in Crosstown war Owen Oliver III gewesen. 1944 hatte er seine betagte Mutter nach Winston-Salem gebracht, wo er eine kurz zuvor erworbene Bank leiten und das Familienvermögen verwalten würde, das nach dem Ersten Weltkrieg beträchtlich angewachsen war, nach dem Zweiten Weltkrieg sogar noch stärker, und so war die positive Dynamik immer weitergegangen, bis zu den Siebzigern und dem Ölboom. Zudem hatten seine Töchter gut geheiratet. Philip Cross war der letzte männliche Erbe der weißen Cross-Linie. Er war in New York, Martha's Vineyard und Winston-Salem aufgewachsen und zwischen seiner geschiedenen Yankee-Mutter und seinem Vater, einem klassischen Schürzenjäger, hin- und hergependelt. Doch zum Entsetzen seines Großvaters interessierte sich Philip Quincy Cross kein bisschen für Handelsfirmen, Akquisen oder die Kunst der Hochfinanz. Schon während seiner Schulzeit an der Phillips Exeter Academy und seinem

Studium an der Brown hatte er den geheimen Wunsch gehegt, ein Stückeschreiber zu werden.

Die Gründung des Owen Oliver Cross Memorial Outdoor Theater hielt er für eine großartige Idee, nicht zuletzt wegen North Carolinas lange zurückreichender Freilufttheatertradition. Auf dem Spielplan stand fast immer ein von ihm selbst verfasstes Stück über seine illustre Familiengeschichte, im Grunde also eine mit Musik unterlegte, auf die Bühne gebrachte Biografie. Das Stück hatte seine Momente, abgesehen davon war Philip ein grauenvoller Autor.

Ride the Freedom Star war eine verschwenderische Produktion. An den Kosten für die Kostüme, das Feuerwerk, die Beleuchtung, die Kulissen, die Requisiten und das Orchester war nicht gespart worden – für die Musik hatte Philip eigens einen fast berühmten (und teuren) Komponisten vom Broadway angeheuert. Das Stück selbst war furchtbar und dauerte ursprünglich über drei Stunden und fünfundvierzig Minuten. Regisseur und Produzent rangen um die Streichung ganzer Monologe und Szenen und überflüssiger Figuren, aber Philip, der Autor und Finanzier, wachte über jedes Komma und jedes Semikolon. Am Ende einigte man sich auf eine zweieinhalbstündige Version mit drei Pausen. Es gab sechzig Figuren und dreißig Sprechrollen. In langen, statischen Szenen priesen patriotische Väter die Tugend, in die Schlacht zu reiten, während die Mütter die Strapazen auf den durch den Bürgerkrieg in Mitleidenschaft gezogenen Plantagen auflisteten. Die Dialoge waren hölzern und langweilig, viele historische Fakten schlicht falsch. Der Regisseur schrieb immer wieder Szenen um, scheiterte aber jedes Mal an Philip, der auf sein Urheberrecht pochte und alle Änderungen zurücknahm. Obwohl sie einigermaßen talentierte Schauspieler, Tänzer und Sänger engagierten, konnte selbst die schwungvollste Darbietung nicht über den Mischmasch aus unausgereiftem, schlecht formuliertem, klischeebeladenem Gefasel, Knittelversen und der melodramatischen Romantisierung der Südstaatengeschichte hinwegtäuschen.

Was die Leute dazu brachte, immer wiederzukommen – abgesehen von der aggressiven, auf regionaler wie überregionaler Ebene betriebenen Werbekampagne für diese »neue, großartige, aufregende, lustige und ruhmreiche Familiengeschichte«, finanziert von der Cross-Stiftung und erheblich bezuschusst von der staatlichen Kommission für Freiluftbühnen –, war ironischerweise Philips Eingeständnis, dass seine Familie in der Vergangenheit Sklaven besessen hatte. Er hatte versucht, ein Bild vom häuslichen Glück der Haussklaven und der ausgelassenen Kameradschaft unter den Feldsklaven zu zeichnen. Abgesehen von ein paar Auftritten hier und da, die die Wirklichkeit des harten Sklavenalltags wiedergaben, erschienen die Schwarzen hauptsächlich, um das Publikum mit Possen und Unfug zum Lachen zu bringen; in den Kirchenszenen, wo sie ungestüm und ungekünstelt sangen, und während der Predigt des Pfarrers, dem leidenschaftlichsten und spektakulärsten Moment des ganzen Stücks.

Das Bison trat an Horace heran und sagte: Meine Tante Zelda hat selbst noch mit ihren fünfundachtzig Jahren an jedem Donnerstagnachmittag eine Teegesellschaft gegeben. Die machten was her, diese Teegesellschaften. Alle kamen zusammen und unterhielten sich bestens, bloß Unterhaltung. Nicht wie der böse Klatsch und Tratsch heutzutage. Wobei, wenn ich jetzt daran denke, konnten auch wir ziemlich fies sein. Oh, ja, in der Tat. Hier und da haben wir ein wenig Rufschädigung betrieben; aber natürlich waren die schon ...

Das Bison stieß ein gackerndes Lachen aus, der Schwanz schlug ihm auf die Flanken wie eine Peitsche.

Nachdem er den Zaun überwunden hatte, stellte er sich in die letzte Reihe des Amphitheaters und ließ den Blick über die Treppenstufen und die tiefen Sitzplätze ohne Rückenlehne schweifen, die an Picknickbänke erinnerten und bis zu der breiten, leicht erhöhten, dreieckigen Bühne hin abfielen. Sie war zu beiden Seiten von Wänden gerahmt und hinter ihr erstreckte sich der Wald. Als er hatte nachsehen wollen, was da nach ihm rief, hatte er nur die Bisondame entdeckt, die auf der Bühne stand und zu ihrer Tirade angehoben hatte. Allmählich nervte sie ihn. Warum war er hier? Horace setzte sich auf den Bühnenrand. Sein Hoden berührte den Holzboden, während er dem endlosen Vortrag lauschte, der ihn kein bisschen interessierte. Er wollte sie fragen, ob sie wusste, warum er hier war, bekam aber einfach keine Gelegenheit dazu.

Die Leute wollen einfach nicht mehr nett sein, sagte sie. Alle geben sich möglichst vulgär, als wollten sie einander mit ihrem unflätigen Gerede noch überbieten. Findest du nicht auch?

Mh-hmm.

Da war es wieder. Das Gefühl. Als müsste er dringend woanders sein. Als sei etwas Wichtiges im Gange, das ohne ihn nicht beendet werden konnte. Als läge jemand im Sterben und wolle sich verabschieden.

Horace stand auf. Tut mir leid, sagte er, ich muss jetzt weiter ...

Weiter? Aber ich bin noch nicht mit meiner ...

Tut mir leid.

Horace drehte sich um und wollte gehen.

Un-ver-schämt. Die Bisondame stampfte mit dem Fuß auf. Das gibt es doch nicht!

Horace kletterte auf die Bühne, lief an dem Tier vorbei, ohne es weiter zu beachten, und drehte sich dann um. Da war nichts und niemand, nur ein leeres Theater. Das Theater und der Drang, weiterzugehen, Richtung ...

Er wollte, dass die Stimme zurückkehrte und ihm sagte, was zu tun war; nicht dieses vage Klingeln in seinem Kopf, dieses unterschwellige Drängen.

Er lief hinter die Bühne. Die leicht breiten Betonstufen führten in den Wald hinein und bis zu einer kleinen Hütte, in der Requisiten und Stühle eingelagert wurden. Schmale Wege schlängelten sich durch den Wald, von einer Seite des Theaters zur anderen. Er erinnerte sich an die vielen Stunden, die er hier hinten verbracht hatte: Erst wurde gebaut, dann bewegt, dann repariert und dann wieder gebaut. Im Juni hatte er um elf Uhr vormittags angefangen und bis in den Abend gearbeitet, mit einer kleinen Essenspause um fünf. In den Tagen vor der Premiere war er von zehn Uhr morgens bis zwei oder drei in der Nacht dort und unterbrach die Arbeit nur, um einen fettigen Hamburger und Pommes zu essen. Als das Stück Anfang Juli eröffnete, blieb er jeden Abend bis Mitternacht oder ein Uhr, manchmal sogar noch länger.

Die meisten der sechzig Schauspieler stammten aus der Gegend. Sie nutzten die – unbezahlte – Gelegenheit, um sich für die Gemeinde zu »engagieren« und, was das Entscheidende war, ihr Ego zu verwöhnen und auf der Bühne gesehen zu werden. Für die Hauptrollen wurden elf professionelle Schauspieler engagiert, fünf aus New York, drei aus Los Angeles und jeweils einer aus Washington, Chicago und Miami. Junge, ehrgeizige Männer und Frauen, die auf den Durchbruch warteten; sie sprachen mit einer vertrauten Mischung aus Ehrfurcht und Abscheu darüber, als existierte er wirklich und als wäre er ein launisches Ding, das häufiger den Unwürdigen und Faulen passierte als den Talentierten und den Fleißigen. Sie alle waren laut, lebhaft, obszön und voller Energie. Das

Sommerengagement betrachteten sie als ein notwendiges Übel, das ihren Lebenslauf aufwerten und ihren Erfahrungsschatz vergrößern würde; immerhin hatten sie Arbeit. Trotz seiner üppigen Finanzierung zahlte Crosstown nicht mehr als die meisten Regionaltheater, also eher wenig. So führten die verletzten Egos, die Frustrationen, die Erschöpfung und die Sehnsucht nach der fernen Großstadt dazu, dass diese lebenshungrigen Menschen verdrießlich wurden und daher misstrauisch und von oben herab auf das verschlafene, rückständige Crosstown blickten.

Die Männer waren fast alle schwul, was Horace belastete und gleichzeitig verlockte, denn er fand sie alle schön. Egal, ob sie hochgewachsen und schlank und von einer tierhaften Energie waren oder stämmig, stark und untersetzt oder ob sie engelsgleiche Gesichter hatten – hier drohte ganz eindeutig Gefahr. Aber wie sollte er ihr aus dem Weg gehen? Der Hauptdarsteller Edward Gordon war der Spross einer Aristokratenfamilie aus Georgia und nach New York gegangen, um berühmt zu werden; nach sechs Jahren wartete er immer noch auf seinen großen Tag. Er hatte klassisch englische Wangenknochen, blonde Haare, blaue Augen und makellose Zähne. Er war so perfekt, dass es fast schon langweilig war. Es gab tolle Kerle mit pechschwarzem Haar und grünen, blauen oder braunen Augen, darunter Antonio Santangelo, der halb italienisch und halb puerto-ricanisch war. Er war in Brooklyn geboren und aufgewachsen, durchtrieben und sarkastisch. Sein Bartschatten fast bläulich.

Der Mann jedoch, der in Horace eine Veränderung bewirkte – oder der ihn genauer gesagt davon überzeugte, dass sein Verstand die ganze Zeit sein Herz belogen hatte –, war der einzige Schwarze Berufsschauspieler im Ensemble. Everett Church Harrington IV war ein Sänger, Schauspieler und

Tänzer mit hellbraunen Augen und einer Haut wie Karamell. Als Horace ihn zum ersten Mal sah, packte ihn die Wut.

Horace hatte auf den Stufen des Amphitheaters gehockt und versucht, die unglaublich lange Weihnachtslichterkette für die erste Musicalnummer zu entwirren. Everett kam mit dem Manuskript vor der Nase die Treppe herunter und achtete nicht auf das Kabelgewirr zu seinen Füßen. Als Horace den Kopf hob, traf ihn die Eifersucht wie ein Schlag – er wurde von einem unheimlichen, unergründlichen Neid erfasst, ohne jeden Zweifel, ohne eine Erklärung und ohne Aussicht auf Erlösung, ein rotglühender, stinkender, ungedämpfter Neid. Und von der Lust. Er dachte gar nicht daran, den Mann vor den Kabeln zu seinen Füßen zu warnen, im Gegenteil, ein Teil von ihm wünschte sich, er hätte das alles so geplant. Everetts Füße verhedderten sich und er stürzte die Treppe hinunter, linkisch und wunderschön und direkt in Horace' Arme. Horace fing ihn auf und verlor das Gleichgewicht, und so torkelten beide noch ein paar Stufen hinunter, bevor sie schmerzhaft am Boden aufkamen.

»Mein Gott.« Everett sah Horace so verärgert an, als wäre der das Kabel an seinen Füßen. »Wieso hast du nichts gesagt, verdammt?«

Fühlte es sich an wie der freie Fall? Wie ein unerwarteter Sturz in einen Fluss? War das Gefühl gefährlich? Wie ein Spiel auf Eisenbahnschienen? Diese Augen. Seine Augen. »Was?«, sagte Horace.

»Sprichst du Englisch?« Everett machte sich wütend von Horace los und zerrte an den Kabeln an seinen Beinen.

»Tut mir echt leid, ich …«

Everett bekam das Kabel nicht vom linken Fuß. Es hatte sich an einer Sitzbank verhakt und dann festgezurrt. »Was zur Hölle!«

»Warte, ich helfe dir«, sagte Horace unsicher und trat einen Schritt auf den Fremden zu, verwirrt von den eigenen widersprüchlichen Gefühlen.

»Nein, danke.« Everett verdrehte die Augen und zog den Fuß aus dem Knäuel. »Ich schaffe das schon.« Er stand auf und sah sich nach dem Manuskript um, das überall auf den Stufen verteilt lag. »So ein Mist.« Er machte sich daran, die Seiten einzusammeln.

»Ich helfe dir.« Aber dann rührte Horace sich nicht, plötzlich gekränkt von der Schroffheit des Mannes und der Wut, mit der er die Seiten auflas. Horace betrachtete ihn: die Form seines gerundeten, muskulösen Hinterns, als er sich bückte, der breite, starke Nacken, die Hände, die nach dem Papier griffen, selbst ...

»Nein, ich hab's gleich. Pass in Zukunft besser auf.«

»Aber ich ...«

»Ja, ja. Ich will es gar nicht hören. Echt.«

»Du bist nicht gerade nett, weißt du das?« Horace war selbst erstaunt über seine Direktheit.

Everett sah Horace an und verengte die Augen. Er zog andeutungsweise die Oberlippe hoch, was einen Eindruck von dauerhafter, unerschütterlicher Überlegenheit erzeugte. »Nein, wirklich nicht.« Er drehte sich um, ging weiter die Treppe hinunter und widmete sich wieder dem Skript. Horace stand da und sah ihm nach, gebannt weniger von der Schönheit des Mannes als von seiner eigenen Reaktion darauf.

Wozu wurde ECH IV in Horace' Kopf? Wo hatte er sich in dessen Verstand eingenistet? War es Besessenheit? Eine irrationale Fixierung vielleicht? Das Resultat einer emotionalen Verschiebung? Eines stand zweifelsfrei fest: Horace hasste ihn. Er verachtete, verabscheute und verurteilte ihn. Everetts Vater, ein Nachfahre der Boston Freedmen mit Wohnadresse in Beacon Hill, war Juraprofessor, seine Mutter entstammte einer alteingesessenen, hochangesehenen Familie aus Washington, D. C., dem Church-Terrell-Clan. Everett hatte die richtigen Schulen besucht. Everett trug die richtige Kleidung. Everett hatte die richtige Ausdrucksweise und die richtigen Freunde. Everett las die richtigen Bücher und sah die richtigen Filme. Everett konnte gar nichts falsch machen. Er war gutaussehend, gebildet, einfach nur richtig. Everett wurde der Splitter in Horace' Auge. Everett. Alle liebten Everett. Auch Horace. Oder etwa nicht?

Horace fand sich vor der Kostümscheune wieder. An der hohen, breiten Metalltür dieses aus Fertigbauteilen errichteten Metallschuppens hing ein Schloss. Horace wollte hinein, nicht weil der Dämon es befohlen hätte, sondern auf eigenen Wunsch. Er stellte sich vor ein Fenster an der Seite des Gebäudes und drückte dagegen. Das Fenster gab nach, er kletterte hindurch, sprang ab, landete auf dem verstauchten Fuß und stieß einen leisen Schrei aus. Die endlosen Reihen aus Kostümständern warfen seltsame Schatten, und die muffige, unter der hohen Decke gestaute Luft roch nach Staub, stockfleckiger Kleidung, Leinen und Wolle. Auf einmal nahm er eine Präsenz wahr, als wäre er in dem Schuppen nicht allein. Aus der gegenüberliegenden Ecke näherte sich ein Glühen, stärker als das Mondlicht, aber nicht wirklich hell. Er hielt sich in der Deckung der Kleiderständer und schlich so leise wie möglich darauf zu.

Je näher er dem Licht kam, desto deutlicher fühlte er, dass dort tatsächlich jemand war. Er hörte etwas und erstarrte. Sollte er weitergehen? Die Neugier schob ihn weiter.

Mit der einen Hand zog er ein paar Mäntel auseinander, mit der anderen hielt er das Gewehr. Jemand saß vor dem Spiegel einer Frisierkommode und schminkte sich, ein Schwarzer Mann in einem leuchtend bunten Harlekinkostüm, mit Streifen in Orange und Grün und Blau und Rot. Während Horace das Gesicht im Spiegel betrachtete, wurde es immer vertrauter, obwohl es doch langsam unter der milchweißen Theaterschminke verschwand. Und da verstand er. Keine Frage. Das war er selbst, Horace. Er selbst saß dort vor dem Spiegel und schminkte sich. In dieser Nacht hatte er viel gesehen, er war mit seinen Erinnerungen konfrontiert worden und mit Monstern, Geistern und Phantomen, aber nichts davon war so erschreckend wie dieser Anblick. Benommen, verwirrt und bestürzt starrte er in den Spiegel und sah sich, sich und wieder sich.

Als hätten seine Gedanken das Stichwort gegeben, drehte sich der Horace an der Frisierkommode zu dem anderen Horace um, der immer noch zwischen den angeschimmelten Mänteln stand. Er betrachtete ihn schweigend und in aller Ruhe, als hätte er ihn erwartet, als hätte er gewusst, dass er sich verspäten würde, und dann bedeutete er ihm mit einer Geste, näher zu kommen. Noch näher.

Wer bist du?, fragte Horace. Sein Ebenbild schwieg. Horace ging langsam darauf zu, und als er direkt hinter ihm stand, drehte es sich wieder zum Spiegel um und schminkte sich weiter.

Was tust du da? Doch das Ebenbild war weiterhin damit beschäftigt, sich die weiße Schmiere ins Gesicht zu streichen, mit flinken, geschickten Fingern, Horace' Fingern, die diese seltsamen Bewegungen so routiniert ausführten, als wäre es das Normalste von der Welt.

Bald war das ganze Gesicht bedeckt, aber Horace konnte es trotzdem erkennen: die Nase, von der alle sagten, er hätte sie von seinem Urgroßvater, die Lippen, die er angeblich von seiner Großmutter hatte, das entschlossene Kinn seines Vaters, die traurigen Augen seiner Großmutter mütterlicherseits ... und alles war jetzt weiß, schimmerte wie glattes, schweres Porzellan. Das Ebenbild nahm einen Pinsel, tunkte ihn in eine Flüssigkeit, offenbar schwarze Tinte, und färbte sich die Lippen mit einer geradezu unheimlich anmutenden Sicherheit mitternachtsschwarz. Es warf Horace durch den Spiegel einen Blick zu und fuhr sich mit der Zunge über die Oberlippe; die Tinte hielt. Ausdruckslos und ohne zu erklären, was es da tat oder warum oder was es als Nächstes tun würde, starrte es Horace an.

Das Ebenbild stand auf. Es war exakt so groß wie Horace und hatte die gleiche Statur. In seinem bunten Ornat betrachtete es die beiden Männer im Spiegel: der eine Horace in brauner Nacktheit, schmutzverschmiert, mit Asche und Gras im Haar und einem Gewehr in der Hand, der andere Horace mit weißem Gesicht und Clownskostüm.

Er zeigte stumm auf den Stuhl. Horace setzte sich nervös hin und fragte sich gleichzeitig, warum er nicht einfach ging. Ihm wurde immer unwohler, er spürte eine immer größere Angst. Irgendetwas erwartete ihn. Etwas Dunkles.

In einer fließenden, leicht bedrohlich wirkenden Bewegung griff das Ebenbild nach der Tube mit der weißen Theaterschminke, die es eben noch benutzt hatte, und bot sie Horace an, der sie misstrauisch beäugte. Er hatte nicht vor, sie anzunehmen. Er wollte einfach nur weg von hier und möglichst schnell vergessen, was er gesehen hatte.

Nein, sagte er.

Aber der Geist blieb stehen und hielt Horace die Tube hin.

Ich will nicht.

Sie sahen einander in die Augen, die gleichen Augen, als versuchten sie, hinter die Absichten ihres Gegenübers zu kommen. Horace beschloss zu gehen, er wollte aufstehen, aber sein Spiegelbild drückte eine Hand auf seine Schulter und hielt ihm die Tube ins Gesicht.

Ich will nicht. Lass mich.

Das Ebenbild griff nach Horace' Hand, schloss seine Finger um die Tube und zwang ihn, sich einen Fleck aufs Gesicht zu tupfen, dann drehte er Horace' Kopf zum Spiegel. Doch Horace sah weder sich selbst noch sein perverses Ebenbild; stattdessen begann der Spiegel, sich zu bewegen, er verzerrte sie, krümmte und verbog sie, und als er wieder zur Ruhe kam, erkannte Horace sich und Antonio Santangelo in einem Zimmer, auf einem Laken, nackt, beim Sex, sie pressten die Münder fast gewaltsam aufeinander, ihre Zungen forschend, die Hände grabschend und tastend …

Wäre Everett Church Harrington kein Ensemblemitglied gewesen, hätte Horace niemals mit Antonio gesündigt, oder wenigstens redete er sich das ein. Doch ob es nun die Wahrheit war oder nur eine Wunschvorstellung: Er hatte das wirklich getan, er hatte mit Antonio geschlafen und dann noch mit zwei anderen Schauspielern, immer in der Hoffnung, dadurch dem Menschen näherzukommen, der seinen Träumen Zimt und Ingwer zugab, seinem Herzen eine neue Aufgabe.

Er rechtfertigte seine sündhafte Promiskuität damit, dass das gesamte Theater eine Brutstätte fleischlicher Lust war. Der Regisseur schlief mit Edward, die Hauptdarstellerin schlief mit dem Kostümbildner, die Frau des Produzenten schlief mit dem Ersten Tänzer, die zweite Hauptrolle schlief mit dem Elektriker und ein Ehepaar aus dem Ensemble teilte das Bett regelmäßig mit anderen, egal ob Mann oder Frau. Unter Schauspielern und Crew kursierten pikante Gerüchte und erzeugten eine hormongeladene Grundstimmung, und das allgemeine Motto schien zu lauten: Was gäbe es in Crosstown sonst zu tun? Und Horace dachte: Ich bin nur ein einfacher Junge vom Land – wie könnte ich dieser Freizügigkeit widerstehen? Vor allem, wenn sie so unwiderstehlich ist?

Und nun sah er sich und Antonio, dunkle Walnusshaut und goldgelben Bernstein, und erinnerte sich daran, wie Antonio ihn verführt hatte. Er hatte Horace erzählt, dass er Andre ähnele, seinem Geliebten, den er in New York zurückgelassen hatte; dass er jede Nacht an Andre dachte und ihre gemeinsamen Unternehmungen vermisste; sie gingen in den Park, ins Kino, ins Theater, ins Restaurant ... Vielleicht könne Horace seine Einsamkeit ... lindern? Und in der Tat war Horace begierig darauf, auszuhelfen.

Das Liebesspiel im Spiegel erreichte einen fiebrigen Höhepunkt, sie wanden sich unter raubtierhaftem Knurren, Schnurren und Keuchen, das Horace jetzt, wo er es sah, peinlich berührte. Gleichsam war der Voyeur in ihm fasziniert. Antonio rollte sich auf die Seite, Schweiß stand ihm auf der sonnenverbrannten Stirn, sein widerspenstiges schwarzes Haar war zerzaust, er sah zur Decke und seufzte.

Mindestens drei Mal pro Woche trafen sie sich in den frühen Morgenstunden, wenn die Proben vorbei und sie beide erschöpft waren. Trotzdem fanden sie zusammen: auf dem Rücksitz von Antonios blauem 1978er Datsun oder im Auto von Horace' Großvater. Sie parkten in bewaldeten Gegenden, wo Horace sich auskannte, oder auf irgendeinem verlassenen Parkplatz hinter einer stillgelegten Fabrik oder einer Lagerhalle. Dann eines Tages fuhren sie an dem Haus vorbei.

Antonio hielt am Straßenrand, achtlos und stur, wie er war, und sagte, er wolle sich dort umsehen. Das Haus war groß, aber keine Villa; es stand ein wenig zurückgesetzt an einer trostlosen Schotterstraße und erinnerte Horace an die Spukhäuser, vor denen er sich als Kind gefürchtet hatte. Er sagte

Antonio, dass er nicht vorhabe, auch nur einen Fuß in so ein Haus zu setzen, schon gar nicht in dieses und schon gar nicht um ein Uhr nachts und mitten im Sommer. Antonio sah ihn an, seine Augen funkelten im Licht des Armaturenbretts, und er spöttelte: »Ooooh, der kleine Horace hat Angst! Denkt er, in dem Haus wartet der große, böse Wolf?«

»Nein, er denkt, da wartet eine große, böse Schlange.«

Antonio schob eine Hand auf die Innenseite von Horace' Oberschenkel. »Ich beschütze dich.«

»Du und welches Großkalibergewehr?«

»Feigling.«

»Idiot.«

Am Ende siegte die Scham und Horace ging hinein. Die unverschlossene Tür hing schief in den Angeln. Sobald sie eingetreten waren, überwältigte sie der Gestank von Dreck, Fäulnis und verrottendem Holz. Im Lichtkegel ihrer Taschenlampe tanzten die Staubkörnchen, während sie die grauen Fußböden und die Wände begutachteten, von denen der Putz abblätterte. Keine Möbel, kein Hinweis darauf, dass hier jemals eine Familie gelebt hatte. Horace spürte keine Geister, aber als sie die Treppe hochstiegen, klammerte er sich an Antonio fest und konnte gar nicht oft genug sagen, wie verrückt die Aktion sei, während Antonio geschmacklose Witze darüber riss, dass Puerto-Ricaner Schlangen anlocken. Sie betraten ein Zimmer und Antonio begann zu schwärmen – nicht wegen des Raums an sich, sondern wegen des großen, achteckigen Fensters mit den filigranen Holzstreben, das, davon war er überzeugt, noch aus der Zeit vor dem Bürgerkrieg stammte. Sie holten die Decke aus dem Auto, und für ein paar Nächte wurde dies ihr Treffpunkt. In dem heruntergekommenen Hausgerippe war nichts zu hören als das Trippeln der Ratten auf dem Dachboden und den Fluren, die Schreie der Eulen und das Kauen der Termiten. Hier erfuhr Horace Freuden, von denen selbst Gideon nicht geträumt hätte, und er erkannte die Wahrheit hinter der Lust, nicht bloß ihre Macht, sondern die Erfüllung ihrer Verheißungen. Sie wagten sich immer weiter, erkundeten, näherten sich … der Ekstase? War es das?

Danach lagen sie erschöpft und verschwitzt in der Julihitze und lauschten auf das Scharren der kleinen Krallen auf dem Dach und das unerklärliche Ächzen aus dem Erdgeschoss, und Horace fragte sich, warum er sich unfertig fühlte. Er hatte Everett immer im Hinterkopf, Everett in seiner reinen, unerschütterlichen, unerreichbaren Schönheit.

Horace mochte Antonio, körperlich. Ihr Umgang war nicht zärtlich, sondern animalisch; sie fühlten keine Zärtlichkeit, nur Lust; sie waren keine Liebenden, sondern Sexpartner. Er liebte Antonio nicht. Und jetzt, da er die verbotene Frucht gekostet hatte, war Horace voller Reue. Jetzt wünschte er sich mehr als Schweiß und Orgasmen.

Im Spiegel sah Horace, wie er mit den Haaren des Schauspielers herumspielte. »Und, wie findest du das Stück?«

»Es ist Mist. Was glaubst du, wie ich das Stück finde? Wie findest du es?«

»Nun ja, ehrlich gesagt, ist es historisch ziemlich ungenau. Ich hatte keinen Urururgroßvater namens Ebenezer.«

»Verdammt, das Offensichtliche daran habe ich ja gar nicht gesehen. Es geht wirklich um *deine* bescheuerte Familie, oder?«

»In gewisser Weise ja.«

»Scheiße! Und, wie fühlt sich das an? Macht dich wahrscheinlich total sauer, oder?«

»Ja, schon. Aber … ich weiß auch nicht. Es ist lustig, irgendwie bin ich auch stolz. Nicht wegen der Sklaverei und so, aber es zeigt eben auch, wie weit wir es gebracht haben. Verstehst du?« Er rieb sich den Nacken, stand auf und trat ans Fenster. »Weißt du, ich überlege mir oft, wie ich meine Familie stolz machen könnte.«

»Glaubst du nicht, dass sie jetzt schon stolz auf dich sind?«

»Nein, ich meine – wirklich stolz. Immerhin bin ich die nächste Generation.«

»Und?«

»Ich habe einen Plan.«

»Alle Welt aufgepasst, die Superschwuchtel kommt!«

Horace drehte sich um und versuchte, streng zu klingen. »Nenn mich nicht so!«

»Wie?«

»Du weißt schon.«

»Schwuchtel?«

Antonio stand auf, ging zu Horace, umklammerte ihn von hinten und schmiegte das Kinn an seinen Nacken. »Wo ist das Problem? Willst du nicht als das bezeichnet werden, was du bist?«

Horace machte sich los. »Was ich bin? Ich bin ein Genie.«

Antonio verdrehte die Augen und streckte sich wieder auf der Decke aus.

»Nein, im Ernst. Ich will Physik studieren, und … wer weiß … also, Edwin Land hat es geschafft, David Packard hat es geschafft, und Ray Dolby und Percy Julian – Horace Thomas Cross wird es ebenfalls schaffen.«

»Was?«

»Erfinden … gestalten …«

»Mein Gott, du bist so sexy, wenn du Unsinn redest.«

»Unsinn?«

»Ja, Unsinn. Komm her. Ich will dich.«

»Tja, du kannst mich nicht haben.«

»Ich sagte: ›Komm her.‹«

»Nein.«

»Komm her, Boy.«

Horace versuchte vergeblich, sein Lächeln zu verbergen. Er ging zu Antonio, setzte sich und umschlang ihn blitzschnell mit den Beinen, wie ein Ringer. »Nenn mich nicht Boy, du Penner.«

»Warum nicht?«

»Weil ich keiner bin.«

Mit drei schnellen Bewegungen hatte Antonio ihn auf den Rücken gedreht und am Boden fixiert. Er biss Horace in die Unterlippe und sagte durch die Zähne: »Ach ja? Nun, ich werde dich wie einen behandeln.«

»Stopp! Verdammt!«

»Neee! Weißt du was? Ich werde dich fesseln. Das gefällt dir doch, oder, Boy?«

»Ich warne dich, Tonto!«

Plötzlich blickte Horace in einen Zerrspiegel, wie auf dem Jahrmarkt, und im nächsten Augenblick zerplatzte das Bild mit einem Knall. Horace bedeckte sich schützend die Augen, doch dann spürte er keine Scherben, sondern Hände. Als er aufblickte, war der Spiegel intakt und zeigte nur den nackten Horace und dahinter den stummen Clown, der ihm bedeutete, aufzustehen. Horace trat an den Kleiderständer und der Clown zeigte auf den übergroßen, marineblauen Mantel mit abnehmbarem Cape, den Everett im letzten Akt getragen hatte. Er hatte einen gebildeten, kämpferischen Pfarrer aus den Nordstaaten gespielt, einen Rekonstruktionisten, der zusammen mit anderen Glücksrittern in den Süden geschickt worden war, um den Sklaven zu ihrem Recht zu verhelfen. Der Geist nötigte Horace den Mantel auf. Er war ein bisschen groß, passte ansonsten aber, und das seidige Futter fühlte sich kühl auf der Haut an. Horace hob den Kopf und sah, wie die kostümierte Gestalt aus dem Fenster kletterte. Horace lief hinterher und folgte ihr ins Freie. Er trug den riesigen Mantel, seine nackten Füße klatschten auf den kalten Beton.

Die Unterkunft wurde den Schauspielern vom Theater bereitgestellt, eine ehemalige Schule, die fünf Jahre leergestanden hatte. Seit der Renovierung erinnerte sie an ein typisches Herrenhaus mit gotischen Bögen, schmalen Säulen und spitzen Winkeln. Am langen Küchentisch fanden das Ensemble und die ganze Bühnencrew Platz. Die Aula roch nach altem Bohnerwachs und noch älterem Holz, die Eingangshalle war lang und finster. Die meisten Schauspieler hassten das Haus, aber für gewöhnlich waren sie zu müde, um sich zu beschweren oder es überhaupt wahrzunehmen.

Der Geist wartete auf ihn am Ende des Weges, der von der Scheune zum Schulgebäude führte. Während Horace hinüberlief, dachte er an jenen langen Sommer zurück, an die harte Arbeit und das liederliche Leben. Am schmerzlichsten war die Erinnerung an Everett Church Harrington IV, dem er einen geradezu übermenschlichen Status verliehen hatte; er fand ihn schöner, als er eigentlich war, und rechtschaffener, als er je sein konnte. Horace war blind für seine offensichtlichen Makel. Nur seine Sehnsucht hatte ihn getrieben, das redete er sich ein; nur seine schreckliche, verdammte Sehnsucht hatte ihn angestiftet. In dieser Nacht der Phantome und der bösen Geister ging er über den Weg, und dass der Clown-Horace vorauslief, fasste er als Einladung auf. Plötzlich musste er an die Premiere denken, er meinte sogar, das Orchester zu hören; aber diesmal verfluchte er die verdammte, laute, allgegenwärtige Musik. Warum traf sie ihn wie ein Pfeil? Warum brachte sie ihn dazu, über seine Gedanken nachzudenken? Seine Verfehlungen? Sein Begehren? Er hörte alte Popsongs. The Clash. The Beatles. Aretha Franklin. Billie Holiday. Er fing an zu weinen und fühlte sich nackt, obwohl er doch jetzt den Mantel trug. Schließlich setzte er sich schluchzend auf die Vordertreppe des alten Gebäudes.

Premiere. After-Show-Party. Einen Tag zuvor hatte Horace beschlossen, Everett anzusprechen. Er hatte gehört, Everett sei schwul, also war das nicht das Problem. Aber wie sollte er sich ihm nähern? Was könnte er sagen, und wie? Er wollte nicht rüberkommen wie ein Bauerntrampel, der sich unsterblich in den eleganten Stadtmenschen verliebt hatte. Er wollte sich nicht vor ihm kleinmachen, dafür hasste er ihn zu sehr.

Ich bin verliebt in dich.

Wie bitte?

Ich bin verliebt. In dich.

Ach, wirklich? Du kennst mich nicht mal.

Muss ich auch nicht.

Oh. Verstehe. Und was soll ich jetzt machen?

Ich ... Ich ... Ich weiß nicht.

Du weißt nicht. Du weißt nicht? Hör mal, Kleiner, ich sag dir was. Ich weiß nicht, woher du die Eier hast, mich beiseitezunehmen und dann so einen Schwachsinn zu reden. Weißt du, welchen Ärger ich dir machen kann? Ich ... sieh mal ... ganz im Ernst, ich bin vergeben. Ich habe einen Freund. Okay? Es geht nicht, verstehst du?

Das ist mir egal.

Das ... es ist dir egal? Okay, das ist schade, denn weißt du, mir ist es nicht egal.

Hör mal, tut mir leid, dass ich was gesagt habe. Ich weiß nicht, was ich mir dabei gedacht habe. Ehrlich. Vergiss es. Okay?

Kein Problem. Man sieht sich.

Die Musik spielte immer weiter. Anscheinend führte sie ein Eigenleben, in seiner Verzweiflung klang sie für Horace fast übernatürlich. Trommeln, Hörner, Rhythmen. Plötzlich wünschte er sich, er könnte ein Ton sein, von den Wänden widerhallen, in den Ohren, der Decke, der Nacht verschwinden. Seine ganze Energie war verpufft, er fühlte sich leer und taub.

Warum weinte er? Doch bestimmt nicht, weil ein Schauspieler, der sich etwas darauf einbildete, dass seine Haut heller war als Tabak, sich weigerte, mit Horace zu kuscheln und ihn seinen Augenstern zu nennen? Nein. Deshalb weinte er. Weil er verstanden hatte. Er hatte es damals schon verstanden, unbewusst. Nur deshalb hatte er so gehandelt, nur deshalb hatte er sich dieser wilden Raserei hingegeben.

> *Jeremiah was a bullfrog*
> *He was a good friend of mine*
> *I never understood a single word he said*
> *But I helped him drink his wine*
> *And you know he had some mighty fine wine*

Während der hemmungslosen Party leerte Horace jede Bierdose, jede Weinflasche, jedes Whiskeyglas, das er in die Finger bekam ... und alle lachten und tanzten und tranken.

> *If I were the king of the world*
> *I tell you what I'll do*
> *I'd throw away the cars and the bombs and the wars*
> *And make sweet love to you*

Irgendwann beschloss sein vom Alkohol vernebelter Verstand, Everett abermals anzusprechen und ihn zu bitten, sich die Sache noch einmal zu überlegen. Welche Sache? Oder vielleicht war Everett auch betrunken, und Horace konnte es ausnutzen? Er behielt ihn ständig im Auge, sah ihn mit dem blauäugigen Edward aus Georgia reden. Dort in der dunklen Ecke kamen die zwei sich immer näher, während die anderen feierten. Horace wartete auf den richtigen Moment, um hinüberzugehen und mit Everett zu sprechen. Antonio kam zu ihm und sagte, er und ein paar andere wollten zum Friedhof rübergehen. Zum Friedhof? Warum? Einfach nur so, Mann. (Augenzwinkern.) Nur so. Komm mit. Ich komme später nach.

Horace bekam keine Gelegenheit, mit Everett zu reden, denn der verließ die Party mit Edward. Er kicherte betrunken, doch seine langen Blicke in diese blauen Augen verrieten seine Absicht. Horace rappelte sich schwankend auf und ging hinterher. Was hatte er vor? Den knapp einen Meter neunzig großen Edward verprügeln? Was würde er sagen?

Dort auf der Vordertreppe fror Horace zum ersten Mal; er war froh, dass er endlich einen Mantel angezogen hatte. Als er aufblickte, war die Gestalt wieder da, und er wusste, sie wollte ihn führen.

Warum?, fragte er, obwohl er nicht wirklich eine Antwort erwartete. Er erinnerte sich an Geschichten, die er als Kind geliebt hatte. Alle hatten ein schlimmes Ende. Gegenüber vom Theater, auf der anderen Straßenseite, lag der alte Friedhof, umstanden von hohen Ahornbäumen und mit langen Grabreihen, die sich bis an den Waldrand hinzogen.

Jene Nacht. Die Nacht. Er sah, wie die beiden Männer aus der Aula kamen und den dunklen Flur durchquerten. Er lief auf und ab, hielt beiläufig nach ihnen Ausschau. Vielleicht wollten sie nur kurz an die frische Luft. Doch eigentlich wusste er, wohin sie gegangen waren. Wollte er sich danebensetzen und ein Gespräch über Tagespolitik anfangen? Er ging zu Everetts Zimmer. Die Tür stand offen; es war leer. Er ging durch den langen Flur und die Treppen hinunter zu den Zimmern der anderen Schauspieler und fühlte sich dumm, ohnmächtig, geschlagen. Die Tür zu Edwards Zimmer war geschlossen. Für einen Moment stand er reglos davor, er schwankte betrunken. Dahinter wurde gelacht; er erkannte Everetts Stimme. Horace lehnte sich gegen die Tür und dachte an Raumschiffe, ans Laufen, an frisch gebackenes Brot, an Comichefte, an neue Schuhe, die nicht drückten, an den Truthahn an Thanksgiving, an Weihnachtsgeschenke, an das Geräusch der Wellen, die am Strand gegen die Piers schlugen, und er fragte sich, warum er hier stand, warum er an dieser Tür lehnte, er war müde und erschöpft, aber dann drehte er sich um und ging zur Party zurück.

Die Wände wackelten. Die Leute schrien und tobten, rannten die Treppen rauf und runter, lehnten sich aus dem Fenster, gaben alles, übergaben sich; manche küssten und begrabschten sich und trieben es fast vor aller Augen, andere tanzten barfuß und schwenkten die Flaschen zur Musik, dieser lauten, allgegenwärtigen Musik, sie warfen den Kopf in den Nacken wie in religiöser Verzückung, während die Musik stampfte, alles niederstampfte wie die Trommeln von Kriegern, wenn sie genug geplündert und gebrandschatzt haben und glücklich und betrunken ihren Göttern dafür danken, dass sie, im Gegensatz zu ihren Kameraden, noch leben, mit ihren Frauen schlafen und ihre Kinder auf den Schoß nehmen können. Antonio fand Horace wieder und sagte, die Gruppe sei auf dem Weg zum Friedhof. Willst du nicht mitkommen? Warum nicht?

Jetzt stand er hier auf dem Friedhof, genau an der Stelle, an der er damals mit sieben Schauspielern, Männern und Frauen, gewesen war; diese Nacht beunruhigte und faszinierte ihn gleichermaßen und er zergliederte und analysierte sie wie ein richtiger Wissenschaftler – klinisch, sauber, objektiv. Das

Hasch. Die Pillen. Die Orgie. Die seltsame Unvermeidlichkeit des Ganzen. Denn gewissermaßen – wie den Hexen eines Zirkels bei Vollmond, wie wilden Wölfen, die einander gierig zerfleischen, wie Schweinen, die sich in den eigenen Exkrementen suhlen, in Sünde und einsamer Sprachlosigkeit – blieb ihnen nur das, um sich auszudrücken, nur hier gab es Trost, Aufmerksamkeit, Liebe. Doch irgendwie wollte sich der erwartete Nervenkitzel nicht einstellen; dies war nicht die übersinnliche Erfahrung, die es, das wusste er, hätte sein sollen, es war ja nicht einmal befriedigend. Der Mond änderte weder Farbe noch Phase, kein Blitz zuckte vom Himmel, die Erde bebte nicht, die Sonne ging nicht auf. Danach waren sie einfach nur müde und high und verdreckt und stinkend und leer.

Die Erinnerung bohrte sich in seine Seele wie ein ungeschmolzener, unschmelzbarer Eissplitter.

Auf dem Friedhof schien es plötzlich kälter zu sein, viel kälter, und er wollte die Erscheinung, die immer ein paar Schritte vorauslief, fragen, wohin sie gingen, warum die Stimme ihn verlassen hatte, wo die anderen Wesen waren, warum er hier mit der Parodie einer Parodie allein war. So viele Fragen. Doch er sprach sie nicht aus, und der Geist bewegte sich weiter, immer zwischen den Grabsteinen hindurch, über das taunasse Gras, unter den stillen, ernsten Eichen, Ahornbäumen und Platanen hindurch, die hier standen und immer weiter in die Höhe wuchsen, Jahrzehnt für Jahrzehnt.

Horace dachte über das Leben unter der Erde nach. Er wollte nicht sterben, doch was er in dieser Nacht gesehen und erinnert hatte, erfüllte ihn mit Verwirrung und Schmerz, sodass er sich fragte: *Wo soll es enden? Wird es enden?* Er musste an seine Familie denken, an ihre Erwartungen; an seine Freunde und was sie ihm gegeben hatten; an sich selbst ... was wollte er,

Horace, wirklich? Plötzlich erschien ihm das Leben unter der Erde reizvoller denn je, auf eine makabre Weise verlockend. Dort gab es nichts mehr: keine Geister, keine Sünde, nichts, gar nichts.

Der Gottesacker erstreckte sich viele hundert Meter weit in alle Richtungen. Dahinter erhob sich ein eingezäunter Hügel, der ursprüngliche Friedhof mit den ersten Gräbern der schottisch-irischen Familie Cross; hier lagen die Engländer, die im frühen achtzehnten Jahrhundert gestorben waren, Babys, die Krupphusten, Cholera, Grippe und einfache Erkältungen nicht überlebt hatten, im Kindbett gestorbene Frauen und viel zu früh gestorbene Männer.

Weil er überzeugt war, das Ende der Geschichte zu kennen, hielt Horace nach seinem eigenen Grab Ausschau. Er verstand zwar nicht, was die durchschaubare Farce sollte, war aber sicher, dass es wohl besser so war. Er sah sich um, konnte aber nichts Ungewöhnliches entdecken. Da waren nur die angeschlagenen, verwitterten Grabsteine, die im fahlen Mondlicht umso grauer wirkten und schief aus dem unebenen Boden ragten.

Aber dann, unter einer toten Sumpfkiefer am Rand des Friedhofs-auf-dem-Friedhof, erkannte er, was ihn an diesen Ort geführt hatte: den Grund, die Erklärung, den Zweck. Rund und eckig. Hart und weich, schwarz und weiß, kalt und heiß, geschmeidig und rau, jung und alt. Tief und flach, strahlend und matt, Licht absorbierend und Licht spendend, großzügig und habgierig. Heilig und profan. Dumm und weise. Horace sah es, und es sah Horace, wie den Mond, das Meer, die Berge – unübersehbar groß, unerkennbar klein. Das Einfachste, das Komplexeste, das Falscheste, das Richtigste. Horace sah. *Eure Söhne und eure Töchter werden prophetisch reden*, sagt der Prophet Joel, *Eure jungen Männer werden Visionen haben und eure Alten werden Träume haben.*

Aber was werden sie sehen?
Menschen. Die Söhne der Söhne der Sonne und der Erde. Dunkel und kühn und lebendig und frei. Männer und Frauen, gejagt von ihresgleichen an den Küsten eines großen Landes, wo die Sonne brennt und der Boden satt und fruchtbar trägt, *It's gonna rain, it's gonna rain,* und sie werden in Ketten gelegt und auf Schiffe geladen wie Sirupfässer, sie müssen sich hinkauern, in Ketten, sie koten und urinieren und würgen am eigenen Erbrochenen, in der Hitze, im Gestank der Tage, Wochen und Monate, und sie bekommen Kinder, die sterben werden, die sterben sollen, statt in diese böse Welt hineingeboren zu werden, *You better get ready and bear this in mind,* und sie schreien zum Himmel und der Himmel antwortet nur mit einem Sturm, der Sturm bringt sie in ein neues Land, ein Land der Felder und Ströme, ein Land der Qualen. *God showed Noah the rainbow sign,* aber die Ketten werden ihnen nicht abgenommen, nein, dafür bekommen sie neue Namen, verächtliche Namen, sie werden begutachtet wie Vieh, wie Schweine, wie Hühner, und auf die Felder geschickt, in die Mühlen, ins Gedärm der Städte, sie schuften und schwitzen und singen Lieder voller Kummer, *Said it won't be water, but fire next time,* doch die Götter haben neue Namen und sitzen hoch oben und schauen herab, greifen aber nie ein.

Was werden sie sehen?
Kriege. Kriege und Gerüchte vom Krieg, blutig, voller Leid. Kriege. Männer, die die Hand gegen die eigenen Brüder erheben und sterben wie die Fliegen, Männer, die aus Gier, Machthunger, Neid und falsch verstandener Ehre herrschen wollen, *Come by here, my Lord, Come by here,* während die Söhne der Unterdrückung befreit werden, nur um wieder und wieder gefesselt zu werden, mit unsichtbaren Ketten und Stricken und schmerzhaften Schlingen, sie werden gejagt und ermordet

und angesteckt wie Fackeln, die viele tausend Nächte erhellen, erfüllt von Schreien, Entsetzen und Leid, *Kumbaya, my Lord, Kumbaya, Kumbaya, my Lord, Kumbaya*, sie singen die Götter an, damit sie kommen, und sie sprechen mit feurigen Zungen, *Someone's crying, Lord, Come by here, O Lord, Come by here*, doch es gibt kein Pfingsten, kein Himmelfahrt, kein Passahfest, sie bringen Opfer, doch nichts scheint gut genug für diese launischen neuen Götter.

Herr, was werden sie sehen?

Harte Zeiten, Bruder, hast du mal zehn Cent? Männer stehen auf der Straße und suchen einen Job, Frauen müssen ihre Kinder ernähren, aber keine Arbeit, nirgends, *My house burned down, ain't got nowhere to go*, Kriege kommen, Männer speien hasserfüllten Rauch und wollen die Erde besiegen und Gottes Sonne entfesseln, aber dann entfesseln sie nur den Teufel und die Sonnen der Hölle, und die Söhne der Söhne der Unterdrückung singen *My house burned down, and I can't live there no more*, sie singen kummervolle Lieder, die schon ihre Väter gesungen haben, ihre Mütter, vor langer Zeit vertrieben aus dem Land, wo Milch und Honig fließt. Aber der Regen fällt nicht. Wo? Wo bleibt der Regen?

O was werden sie sehen?

Frauen und Kinder mit aufgerissenen Augen und aufgeblähten Bäuchen, kein Essen, nirgends, hier nicht und dort nicht, Herr, Herr, Herr, Arbeit, Plackerei, endlos, bergan, die Frauen schuften in den Häusern der Böswilligen, die Männer sind Sklaven der Fabriken, Sklaven der Felder, Sklaven ihrer selbst, *It's gonna rain, it's gonna rain*, sie alle sind ausgesperrt, ausgesperrt wie die Ratten, nichts zu essen, ausgesperrt wie verhasste Hunde, nichts zum Anziehen, ausgesperrt wie böse Katzen, ausgesperrt aus dem Job, aus der Hoffnung. Wie? Wie sollen sie ihre Kinder ernähren? Wie? Wie sollen sie in die

Zukunft blicken? *God showed Noah the rainbow sign,* und die Kinder der Kinder der Unterdrückung, Herr, wenden sich ab und kreuzigen sich selbst? Wer soll ihr Retter sein? Wo bleibt der Regen? *Won't be water, but fire next time.* Die Menschen versuchen zu singen, haben aber keine Stimme. Blicken die Götter beschämt woanders hin?

Horace sah durch einen Spiegel in einem dunklen Bild und erkannte, wo sein Platz war. Erkannte, was von ihm gefordert wurde.

Er schüttelte den Kopf. Nein. Er wandte sich ab. Nein. Er verschloss sein Herz. Nein.

Das war Horace' Erlösung, und Horace sagte: nein.

Er drehte sich zum Gehen um, zitternd und den Tränen nah und ohne auf den Clown zu achten. Er hatte genug gesehen, er war mutlos und deprimiert.

Wenn es nur so einfach wäre, schrie eine Stimme.

Ich tue, was ich will, sagte Horace, und als er sich umdrehte, sah er abermals sich selbst, diesmal nackt.

Sein Ebenbild stand vor ihm, mit ausgestreckter Hand. Ich bin der Weg, sagte es.

Lass mich in Ruhe.

Ich meine es ernst, das weißt du genau. Ich bin, was du brauchst.

Du? Ich, meinst du.

Genau.

Unsinn.

Folge dem Dämon, wenn du willst. Deine Entscheidung.

Horace betrachtete die Hand. Seine Hand. Nie hatte er einen solchen Selbsthass gespürt. Er starrte den Geist an, und seine Deprimiertheit schlug in Wut um.

Hör auf zu jammern, Horace. Mach dich gerade und sei …

Halt den Mund! Ich will das nicht hören! Ich kann nicht …

Du meinst, du willst nicht.

Es geht nicht!

Das meinst du nicht so, Junge. Du meinst …

Lass mich in Ruhe, verdammt!

In blinder Wut riss Horace das Gewehr hoch und schoss. Der Knall war weniger laut als erwartet. Doch dort am Boden lag er selbst, in der Brust eine blutende, klaffende Wunde. Sein Gesicht war zu einer Grimasse verzerrt, er stöhnte und redete zusammenhanglos. Warum? Warum. Das musste nicht sein. Das hättest du nicht tun sollen. O Gott, bitte, nein, nein. Er betrachtete seine blutverschmierte Hand, Horace blickte zu Horace auf, da war Angst in seinen Augen, aber auch Anerkennung, als wollte er sagen: Du hast es so gemeint, oder? Du hasst mich tatsächlich?

Horace rannte. Er ignorierte den Schmerz in seinem Fuß und drückte sich das Gewehr an die Brust. Ich habe niemanden erschossen, sagte er sich, nur einen Geist. Nicht mal einen Geist. Er war nicht echt. Aber die Tränen in seinem Gesicht waren echt, und auch das bodenlose Gefühl in seinem Bauch. So nicht. Nicht auf diese Art. Als der Wind in seinen Ohren rauschte, hörte er eine Stimme, seine Stimme, ganz sanft: Du kannst davonrennen, aber du kannst dich nicht verstecken.

Da sind wir, sagte der Dämon.

Kurz vor der Stadtgrenze von Tims Creek fing der Buick an zu ruckeln. Die Sonne ging auf und Horace verspürte eine nervöse Angst, einen starken Drang, an einem bestimmten Ort zu sein, er konnte sich nur nicht erinnern, wo der Ort war und was er dort wollte. Der Tank war leer, möglicherweise war er bei der Kollision auf dem Parkplatz beschädigt worden. Horace stieg aus, betrachtete das Auto enttäuscht und ließ es dann stehen, mit geöffneter Fahrertür.

Ich muss dir etwas zeigen, sagte der Dämon.

Sie liefen neben der Straße her; langsam setzte der Berufsverkehr ein, hin und wieder drehte sich jemand nach ihnen um. Was sahen die Leute? Einen Schwarzen Jungen, nicht älter als sechzehn. Sieh mal, Helen. Sieh dir seine Haare an. Voller Schlamm. Und wozu trägt er diesen alten, schweren Mantel? Sieh mal! Er hat keine Schuhe und – Helen – auch keine Hose! Unter dem Mantel ist er nackt! Na so was. Sieh ihn dir nur an.

Auf der Brücke über den Nebenarm des Chinquapin blieb er kurz stehen, betrachtete das Wasser im violetten Morgenlicht und fragte sich, ob sich in den kühlen, trüben Tiefen Meerjungfrauen und Flussnymphen, geflügelte Kröten und sprechende Alligatoren tummelten. Sobald er den Fluss überquert hatte, sagte ihm die Stimme, er solle in den Wald abbiegen, und Horace gehorchte. Manchmal spürte er eine Brennnessel, Dornen oder einen Zweig unter den nackten Füßen, doch er ging weiter, und der magische Lärm vom Vorabend wurde von Fragen, Rätseln und einem Mahlstrom aus Zweifeln und Sorgen verdrängt. Seine Stimmung wechselte abrupt: In einem Moment kicherte er, dachte an einen versauten Witz aus seiner Schulzeit und lachte lauter als damals; im nächsten fing er an zu schluchzen, weil er sich an irgendeinen kleinen Kummer erinnerte, eine winzige Verletzung, die ihn nicht wirklich belastet hatte, aber nie verheilt war, und nun wimmerte er wie ein verlorenes Kätzchen. Ein tiefes Gefühl der Sinnlosigkeit überkam ihn, von Nutzlosigkeit und allumfassendem persönlichen Scheitern. Und eine Erschöpfung, alt und tief; er fühlte sich wie ein achtzigjähriger Witwer und wünschte sich, die Stimme könnte ihm eine Antwort geben, oder Hoffnung, oder ihm wenigstens die Last abnehmen.

Im Herbst nach dem ausschweifenden Sommer hatte er sich

tatsächlich wohl gefühlt; die Monate von September bis November erlebte er als Atempause von seinen Ängsten. Er hatte seine Gang gefunden.

Sie waren zu fünft, vier weiße Jungs und Horace. Fünf Heranwachsende, die nicht in die archaische, eng verbundene, ländliche Gemeinschaft von York County passten. Die anderen stammten von überall her. Nolans Mutter hatte als Ärztin in San Francisco gearbeitet, aber nach ihrer Scheidung vor einem Jahr war sie mit ihren beiden Kindern hergezogen, zurück in die alte Heimat, um eine gynäkologische Praxis zu eröffnen. Ian war ein Armeekind, dessen Vater, ein Oberst im Ruhestand, in seine Geburtsstadt zurückwollte. Jays Vater hatte in Delaware und Atlanta als Werksleiter für Du Pont gearbeitet und führte jetzt die neue Fabrik in York. Teds Vater war ein New Yorker Anwalt, der sich überlegt hatte, nach North Carolina zurückzukehren, dort eine Kanzlei zu eröffnen und so bald wie möglich für das Repräsentantenhaus zu kandidieren. Die Jungen waren aufgeweckt und unterfordert, und schon bald kapselten sie sich vom Rest der East York Senior Highschool ab. Sie waren weitgereist und hatten bessere Schulen besucht. Horace war einfach nur schlau und Schwarz.

Hatte er sich je gefragt, warum er so schnell in die illustre Außenseiterclique aufgenommen worden war? Ob die anderen auf eine ganz eigene, unbedachte Weise auf ihn herabsahen, ob ihre Akzeptanz nur eine Reaktion auf die rassistischen Traditionen der Gegend war? Ob sie, indem sie sich vorurteilsfrei gaben und mit einem Schwarzen anfreundeten, ihre Überlegenheit unter Beweis stellen wollten?

War er ein Token? Aber sie waren sich doch so nah, hielten fest zusammen und unternahmen so viel wie möglich miteinander. Kino. Sport. Ausflüge an den Strand. Sie spielten Tennis. Trafen sich spätabends in durchgängig geöffneten

Pizzerien oder Burgerläden, um lautstark über Politik, Wirtschaft, die schmelzenden Polkappen und den nuklearen Winter zu debattieren. Sie lasen Hesse und Kerouac, Hemingway und Camus und Beckett und Comics. Sie wollten reisen, als Freiwillige in fremde Kriege ziehen, in die Politik gehen und den Nobelpreis gewinnen. Sie rauchten und tranken, setzten sich in die von den Eltern bezahlten Autos, fuhren zu schnell und hörten dabei Bruce Springsteen und Pink Floyd. In ihren Augen schuldete die Welt ihnen alles, ohne dass sie etwas dafür tun mussten, und wenn sie sich doch einmal ein bisschen anstrengten, schuldete sie ihnen umso mehr. Horace war wie berauscht von dieser einzigartigen, ansteckenden Freiheit, er identifizierte sich mit ihrem Anspruchsdenken und glaubte, die Welt sei ihm das Gleiche schuldig. Er glaubte von ganzem Herzen, dass er es am Ende bekommen würde.

Er ignorierte die Einwände seiner Freunde, und die Etiketten, die ihm aufgedrückt wurden. *Oreo. Greyboy.* Er weigerte sich, zur Kenntnis zu nehmen, dass andere Schwarze nicht mehr mit ihm sprachen, ihn nicht länger miteinbezogen, und gab vor, es nicht einmal zu merken, wenn sie ihm in der Schule aus dem Weg gingen oder ihm den Rücken zukehrten. Einige warfen ihm verächtliche Blicke zu.

Als John Anthony ihn darauf ansprach, stellte er sich dumm.

Was geht, Mann?

Nicht viel.

Nicht viel? Du hängst ganz schön oft mit denen rum. Was ist los?

Nichts.

Sag mal, sind wir dir nicht mehr gut genug?

Mann, wovon redest du? Ich …

Hör mal, ich sag dir doch nur, was ich sehe. Okay? Und was ich sehe, finde ich nicht besonders cool. Comprende?

Nein.

Tja, wenn du meinst. Was soll ich sagen? Ist deine Sache. Wir sehen uns beim Wettkampf.

Klar.

Dann wurde es Dezember, und Jay und Nolan beschlossen, sich Ohrlöcher stechen zu lassen. Sie überredeten Ted und Ian. Horace sagte, er käme mit. Sie würden Musketiere sein, Caballeros, Waffenbrüder.

Horace, Alter, bist du dabei?

Klar.

Super, Mann.

Er vermutete, seine Familie könnte etwas gegen die Aktion einzuwenden haben; aber dass sie ihn des Verrats bezichtigen und ihm den Krieg erklären würden, hatte er nicht geahnt. Sie verurteilten ihn ausnahmslos. Angeblich ging es ihnen nicht um das durchgestochene Ohr, sondern um das, wofür es stand. Er wurde aufgefordert, den Ohrstecker zu entfernen, er solle nicht mal dran denken, ihn irgendwann wieder einzusetzen, und auf keinen Fall würde er weiter mit diesen nichtsnutzigen weißen Jungs »abhängen«, wie du es immer nennst! Mich interessiert nicht, wer ihre Väter sind. Halte dich von denen fern. Ich habe dich nicht großgezogen, damit du mit Idioten um die Häuser ziehst und dich betrinkst, egal, ob sie nun weiß sind oder Schwarz ... Ich will nichts mehr davon hören. Allein die Vorstellung, dass einer meiner Enkel so was Idiotisches tun würde! Diese weißen Jungs haben dir wohl den Verstand vernebelt. Tja, damit ist jetzt Schluss. Hast du gehört? Schluss. Du gehst zur Schule, kommst nach Hause und machst deine Schulaufgaben. Du hast Hausarrest, junger Mann ... Du hast dir »einfach nur das Ohr durchstechen lassen«? Mein Gott, du würdest »einfach nur jemanden umbringen«, wenn diese weißen Jungs es dir befehlen. Oder nicht? Nicht? Ich schäme mich für dich, Junge. Ich schäme mich, dass es so weit gekommen ist. Dafür haben wir nicht all die Jahre geschuftet. Ich bin froh, dass deine Großmutter das nicht mehr erleben muss. Es ist eine Schande.

Wodurch ersetzt ein junger Mann die Welt, wenn ihm die Welt verwehrt bleibt? Richtig, die Welt hat ihm nie gehört; aber was, wenn ihm die Verheißung in den Schoß fällt und dann plötzlich wieder genommen wird? Wenn ihm die Rechte und Freiheiten der Patrizier in die Hände gelegt und dann wieder entrissen werden? Wenn er einen Vorgeschmack auf eine strahlende, grenzenlose Stadt bekommen hat und ihm dann gesagt wird, er solle sich wieder in die Wälder verziehen?

Horace hatte keine andere Wahl. Abermals zog er sich in eine Welt aus Schuld und Verwirrung zurück, ohne die Gründe für sein Exil zu verstehen.

Er setzte sich hin und fing an, seine Autobiografie zu schreiben, es war eine lange, ununterbrochene Kraftanstrengung, und die Worte, Ausdruck seines Kummers, flossen nur so aus ihm heraus. Er las sich das, was er geschrieben hatte, nicht noch einmal durch; es diente vielmehr dazu, ihm seine Verwirrung auszutreiben. Sein Glauben an die Worte war stark – vielleicht könnten sie ihn aus dieser seltsamen Welt herausführen, in die er sich verirrt hatte. Aber am Ende hatte er Unmengen von Papier beschrieben und Tausende Sätze hingekritzelt und trotzdem keine Antwort erhalten. Frustriert steckte er alles in Brand.

Er las seine Lieblingsbücher noch einmal, die Klassiker, die ihm früher Trost und Orientierung geboten hatten, doch weder Ahab noch Gatsby oder Holden Caulfield oder Hamlet oder Bilbo konnten ihm helfen. Er wandte sich den Comics zu. Vielleicht waren sie ein Ausweg, vielleicht wussten seine Freunde von damals, als er lesen gelernt hatte, die Lösung. Er folgte Clark Kent, schlüpfte in Telefonzellen und kam stark und allwissend wieder heraus; er folgte Bruce Wayne, und brauchte lediglich die Kleidung zu wechseln und ein Cape überzuwerfen, und schon war er maskiert und ein edler Ehrenmann.

In seiner Einsamkeit ließ er sich auf lieblose Affären mit Männern ein, die ihn nur aufgrund seiner Jugend begehrten, und obwohl er so tat, als wäre es ihm egal, bangte er insgeheim um seine Seele, und seine wachsende Verwirrung führte zu noch mehr Schuldgefühlen und Selbsthass.

Irgendwann hörte er, dass Gideon seinen Platz in der Gruppe eingenommen hatte. Gideon hatte dieses Stipendium bekommen, Gideon wird von jener Uni umworben, Gideon hat schon wieder eine Auszeichnung gewonnen. Unerklärlicherweise ging es mit Horace' schulischen Leistungen bergab. Warum, Horace? Was ist los? Du sitzt doch immer nur zu Hause und liest. Du warst so ein guter Schüler, so vielversprechend. Du hast immer nur hervorragende Noten nach Hause gebracht … wie konntest du in Geschichte eine Vier plus schreiben? Eine Drei in Trigonometrie? Du bist durch den Spanischtest gefallen? Horace? Was sollen wir machen? Warum tust du uns das an?

Er saß in seinem Zimmer und las und suchte einen Ausweg. Und dann, als er eines Tages in der Bibel blätterte, wurde es ihm klar. Zauberei. Hatten die Propheten sich an den Höfen der Könige und Pharaonen nicht mit Magiern herumschlagen müssen? War Saul nicht im Zelt der Hexe von Endor gestorben? Hatte Jesus nicht von Dämonen, Zauberern und Männern gesprochen, die den Weg der Magie beschritten hatten? Warum sollte es nicht auch ihm gelingen? Er jagte der Hoffnung nach wie ein Mann einem Irrlicht, das in den Treibsand führt. Plötzlich hatte er eine Hoffnung, einen Glauben, einen

Grund; und würde sich verformen und verbiegen und neu ausrichten, bis er sein Ziel erreicht hatte.

Er trat aus den Bäumen ins gelbe Sonnenlicht, das auf dem taunassen Gras funkelte, und am anderen Ende des Rasens, hinter der Tims Creek Elementary School, stand Jimmy. Horace erkannte ihn allerdings nicht wieder, denn Horace war nicht mehr da.

»Es ist Zeit«, sagte er.

ALTE GÖTTER,
NEUE DÄMONEN

Konjunktiv (der), Gramm.: Sbst.
1. (im Englischen und in einigen anderen Sprachen)
drückt Modus eines Verbs aus, der für subjektive,
zweifelhafte, hypothetische oder grammatikalisch
untergeordnete Aussagen oder Fragen genutzt werden
kann, wie die Bedeutung von ›sein‹ in ›wenn das
Verrat wäre‹

Horace Thomas Cross • Bekenntnisse

Ich erinnere mich an das erste Mal, als ich Großvater ein Huhn schlachten sah. Ich erinnere mich an das schmutzig weiße, kreischende Ding und wie Großvater es auf den Baumstumpf drückt und mich bittet, es festzuhalten. Ich erinnere mich, wie das Huhn einen hohen Laut aus seiner Kehle ausstößt und irgendwie verärgert mit den Krallen nach mir schlägt und wie Großvater sagt, ich solle zurücktreten, und das Huhn dann mit der Axt köpft. Ich erinnere mich an das Blut, rot wie Rübensaft, und wie das Huhn über die Wipfel der Magnolie hüpft und mit schlagenden Flügeln auf den Boden knallt. Das Blut schießt nicht, sondern fließt aus dem Hals, und das Huhn springt wieder, diesmal nicht ganz nach oben, aber immer noch halb so hoch, und dann niedriger und niedriger, bis es gar nicht mehr springen kann. Es kreiselt am Boden herum, dann zuckt es nur noch. Ich sehe den abgetrennten Kopf auf dem Baumstumpf liegen und denke: Das sieht lustig aus, wie aus einem Zeichentrickfilm am Samstagmorgen. Das Augenlid, nur ein Häutchen, ist halb geschlossen, die lange, orangefarbene Zunge hängt aus dem orangefarbenen Schnabel. Manchmal schlachtete Großvater ein Huhn, und das sprang dann nicht, sondern rannte, und zwar so schnell und so hektisch, als wollte ihm jemand schlechte Nachrichten überbringen, und nun versuchte es davonzulaufen, um sie nicht hören zu müssen, kopflos und während das Blut die schmutzig weißen Federn rot färbte.

Ich erinnere mich, dass Großmutter die Köpfe nicht abgeschlagen hat. Sie packte die Hühner beim Hals, eins mit jeder

Hand, schleuderte sie wie kleine Säckchen und ließ dann los. Sie flatterten davon und schlugen mit den Flügeln, und ihre Köpfe baumelten wie halb gefüllte Wasserbomben und schlugen völlig verdreht gegen die Hühnerbrust, schlugen einen Rhythmus. Einmal sprang ein Huhn in einen Zedrachbaum und Großmutter musste es mit dem Besenstiel herunterschlagen. Einmal sollte ich einem Huhn den Hals umdrehen, und es hat nach mir gehackt.

Ich erinnere mich, wie meine Großmutter und meine Großtante Jonnie Mae und Tante Rachel und Tante Ruthester und Tante Rebecca riesige Töpfe mit Wasser aufsetzten. Sie tauchten die toten Vögel hinein, sobald es kochte, drehten und wendeten sie mehrmals. Ich erinnere mich an den Gestank der nassen, heißen Hühner und der ins Feuer gefallenen Federn. Ich erinnere mich, wie sie die Hühner mit einem Stock herausfischten und sie rupften. Nach dem Überbrühen ließen sich die Federn leichter herausziehen. Ich erinnere mich, dass Großmutter mich ein Huhn rupfen ließ: das Gefühl der nassen Federn, des heißen und dann kälteren Kadavers, die harten Federkiele, die starr aus der Haut ragten, rosa und weiß und beige.

Ich erinnere mich an Musik. Aretha Franklin. Diana Ross. Al Green. Bruce Springsteen. Pink Floyd. The Jackson Five. Elton John. Roberta Flack. Smokey Robinson. Fleetwood Mac. Marvin Gaye. Ich erinnere mich an *What's Going On, What a Fool Believes, It's Over Now, Freebird, The Wall*. Ich erinnere mich ans Fernsehen: *Bezaubernde Jeannie, Verliebt in eine Hexe, Gilligans Insel, Brady Bunch, The Wonderful World of Disney, Julia,* die *Flip Wilson Show,* die *Andy Griffith Show, American Bandstand, Die Flintstones*. Ich erinnere mich an die Nachrichten und dass ich meinen Großvater fragte, wo Peking liegt, und er sagte: in Übersee. Ich erinnere mich daran, dass ich einen Film mit meiner Großtante Jonnie Mae schaute und sie den Fernseher ausschaltete, als die beiden Hauptfiguren miteinander ins Bett gehen. Ich erinnere mich an meine erste G.-I.-Joe-Actionfigur, und wie ich mich fragte, ob er die Nadeln spüren kann, die ich in ihn hineinsteche. Ich erinnere mich an einen Spielzeugroboter als Weihnachtsgeschenk, der noch vor Neujahr kaputtging. Ich erinnere mich, wie wir im Kindergarten unser Lieblingsspielzeug vorstellen durften und ich meinen Kassettenrekorder mitbrachte und wir Simon & Garfunkels »Mrs Robinson« hörten. Ich erinnere mich, wie ich Seifenblasen machte.

Ich erinnere mich, wie ich mich in der Highschool doch noch für Sport entschied, und wie gut es mir gefiel. Ich erinnere mich an Schweiß, an die Luftnot und die brennende Lunge, an die Partien Volleyball und Fußball und Tennis. Ich erinnere mich, wie ich gewann und mich super fühlte; und Terry Garner bemitleidete, der nie gewann. Ich erinnere mich, wie der Coach mir nach einer Niederlage sagte, ich sollte mich weiter vorbeugen und die Arme mitnehmen, wenn ich die 220 lief. Ich erinnere mich, wie ich eines Tages stürzte und mir so schlimm das Knie aufschlug, dass es zwei Wochen lang wehtat und eine große Narbe zurückblieb.

Ich erinnere mich an Batman und Superman und die Fackel und The Thing und Wonder Woman und Black Canary und The Green Arrow und Spider-Man und die Avengers. Ich erinnere mich daran, dass ich ein Superheld sein wollte und versuchte, einen Anzug wie den von Iron Man zu entwerfen, mit dem man fliegen konnte. Dann ein Kostüm wie das von Batman, damit man meine Muskeln sieht. Daran, dass ich mir vorstellte, wie ich es unter meiner Kleidung verstecke und wie aus dem Nichts auftauche, um jemanden zu retten. Ich erinnere mich, wie ich versuchte, mir einen Schild zu bauen wie den von Captain America und herausfinde, dass es so was wie Adamantium nicht gibt. Ich erinnere mich, wie getäuscht ich mich fühlte. Ich erinnere mich, wie ich mir wünschte, reich zu sein und weiß und angesehen wie Bruce Wayne oder unverwundbar und stattlich und vornehm wie Clark Kent. Ich erinnere mich an meinen ersten Avengers-Comic und daran, dass Black Panther vorkam, dass er der erste Schwarze Superheld war, den ich je gesehen habe, und wie wütend er war, weil er zu einem weißen Mann aus einem Land mit dem Namen Rhodesien nett sein musste. Ich erinnere mich, wie ich meinen Großvater fragte, wo Rhodesien liegt, und er sagte: in Übersee.

Ich erinnere mich, wie ich Männer beobachtete, sogar als kleiner Junge. Ich erinnere mich daran, dass ich mich seltsam und gut und verdorben fühlte. Ich erinnere mich, wie ich es trotzdem tat, sie beobachtete und das fühlte. Ich erinnere mich, wie ich nicht damit aufhören konnte, mir Sorgen zu machen, und wie ich dann aufhörte, mir Sorgen zu machen. Ich erinnere mich an den Anblick nackter Männertaillen. An Bäuche wie gemeißelt, hervortretende Sehnen. Fest. Wie das dunkle Haar sich aus dem Hosenbund, über den Bauch und bis auf die Brust kräuselte. Ich erinnere mich, wie ich Arme beobachtete, kräftige Arme mit großem Bizeps, einer reifen Frucht gleich. Ich erinnere mich an den faszinierenden Anblick großer, kräftiger, nackter Füße, sauber und vollkommen und warm und kraftvoll, mit runden, prallen Zehen wie Trauben. Ich erinnere mich an Schenkel, die aussehen wie mächtige Säulen, wie stählerne Sehnenbündel, bedeckt von daunenähnlichem Haar. Ich erinnere mich, wie es in meinem Nacken kribbelte und mein Atem flach wurde.

Ich erinnere mich, wie ich zum ersten Mal das Bild eines nackten Mannes sah. Ich erinnere mich an das Gefühl der Scham, wie ich einen Steifen bekam.

Ich erinnere mich an die Angst. Dunkle Nächte zu Hause, in denen ich den nahen Wald beobachtete, wie ich Grillen, Eulen, Frösche, heulende Hunde, Turteltauben hörte. Ich erinnere mich, wie ich über grundlos knackende Äste und raschelndes Laub nachdachte. Wie ich mit dem Kopf unter der Decke schlief. Wie ich mich fürchtete vor Klauen und Tatzen oder auch nur Händen, die von unter dem Bett nach mir greifen und mich verschleppen. Ich erinnere mich, wie mein Großvater sagte: Bete einfach und der Engel des Herrn wird dich beschützen. Wie ich erwiderte: Aber ich habe ihn noch nie gesehen. Wie er antwortete: Aber Gott kannst du auch nicht sehen, oder?, und ich nein sagte. Und er sagte: Aber du glaubst doch trotzdem an ihn, oder? Und ich sagte: Ja. Und Großvater: Gut, na dann, und ich: Ich habe aber immer noch Angst.

Ich erinnere mich an Dracula und Hexen und Frankenstein und die Mumie und einen Werwolf und den kopflosen Reiter und Bigfoot, und doch vor allem an Dracula, Vampire und die Furcht, dass er nachts in der Dunkelheit nach mir greift und wie ich es nicht schaffe wegzukommen, wie er mir in den Nacken atmet, mit seinen gelben leuchtenden Zähnen und mir ins Genick beißt und das Leben aus mir saugt.

Ich erinnere mich an *Star Trek* und wie ich jeden Tag nach der Schule nach Hause rannte, um keine Folge zu verpassen. Ich erinnere mich an Captain Kirk und Mr Spock und Bones und Lieutenant Uhura und Scotty. An die Musik am Anfang, das Geräusch des vorbeiziehenden Schiffes, an meinen Wunsch, wie Mr Spock zu sein, wie er Physiker zu werden und vielleicht eines Tages der oberste wissenschaftliche Leiter auf einem Sternenschiff, oder gar ein Commander. Und ich erinnere mich, dass ich meine Physiklehrerin auf der Highschool nach Sternenschiffen fragte; dass sie lachte und sagte, dass ich wohl keines erleben, geschweige denn auf einem leben werde. Ich erinnere mich, dass ich so sauer war, dass ich schwor, eines Tages eins zu bauen. Ich erinnere mich, wie ich mit dem Design eines Materie-Antimaterie-Reaktors begann und merkte, dass ich dazu die Infinitesimalrechnung erlernen müsste, wofür meine Mathekenntnisse noch nicht ausreichten. Ich erinnere mich, wie ich stattdessen beschloss, einen Teleporter zu erfinden.

Ich erinnere mich, wie ich den *Hobbit* und *Herr der Ringe* las, dass ich in einem Erdloch leben wollte, hinter einer runden, grüngestrichenen Tür in Form eines Bullauges mit einem glänzenden Messingknauf in der Mitte, dass ich eine Pfeife rauchen wollte, größer als ich selbst, mit Zauberern und Elfen reden und durch die Lande ziehen, um Drachen und Wargs und Kobolde und Trolle zu töten, und auf einem riesigen Adler reiten. Ich erinnere mich, wie enttäuscht ich war, als ich herausfand, dass J. R. R. Tolkien starb, bevor er *Das Silmarillion* zu Ende schreiben konnte. Ich erinnere mich daran, dass er in Übersee lebte.

Ich erinnere mich, wie ich Einsteins Relativitätstheorie studierte, wie ich freiwillig las, über Raum und Zeit und Maxwells Gleichung und Quantendynamik und über Schwarze Löcher und Zeit-Raum-Krümmung und weiße Zwerge und Neutronensterne und Supernovas. Ich erinnere mich an die Gleichung $N=R_f n_e f_l f_i 1$, wie ich sie wieder und wieder berechnete, um herauszufinden, wie viele bevölkerte Planeten es mutmaßlich in der Galaxie gibt, abhängig von dieser oder jener Annahme. Ich erinnere mich, dass ich nie wusste, ob ich richtig rechnete.

Ich erinnere mich ans Essen. Ich erinnere mich an Schokoladenkuchen und Erdbeergebäck und Schweinebäckchen und Barbecue und frittiertes Hühnchen. Ich erinnere mich an Großmutters Rührkuchen, auch wenn ich mich gar nicht so gut daran erinnere. An Großtante Jonnie Maes Pekannusspastete und Blaubeer-Cobbler und Möhrenkuchen. Ich erinnere mich an Tante Rachels Spaghetti mit Hack und Zwiebeln und Pilzen und Knoblauch und wie sie alles den ganzen Tag köcheln ließ. An Tante Rebecca, wie sie Kutteln kochte und darüber schimpfte, wie viel Arbeit das Säubern machte. Ich erinnere mich, wie das ganze Haus danach stank und sich alle aufregten und dann ihre Portion verdrückten. Ich erinnere mich an Tante Ruthesters Chocolate-Chip-Cookies und wie sie immer eine Extraportion für mich machte. Ich erinnere mich, dass sie warm, wenn die Schokolade beim Auseinanderbrechen Fäden zog, am leckersten waren. Ich erinnere mich an das Glück in meinem Mund, wie sie sofort auf meiner Zunge zergingen, buttrig und warm.

Ich erinnere mich, wie ich endlich einen Mann berührte und ihn küsste. Ich erinnere mich an die Überraschung und den Schock, eine fremde Zunge in meinem Mund zu spüren. Ich erinnere mich an den Geschmack von fremdem Speichel, an das Gefühl des fremden Körpers, warm und weich. Ich erinnere mich an die Textur der fremden Haare, an die fremden Oberschenkel, die fremde Taille. Ich erinnere mich an den anzüglichen Geruch von Schamhaar. Ich erinnere mich, wie glücklich ich darüber war, dass ich meine unsterbliche Seele aufs Spiel setzte, und wie ich glaubte, dass ich letzten Endes gewinnen und weiterleben könnte – an das Gefühl der Unsterblichkeit in den Armen eines Sterblichen. Ich erinnere mich, wie sehr ich dann bedauerte, dass es eine solche Sünde war. Ich erinnere mich an das Gefühl nach dem Orgasmus – leer und gelöst und mit dem Wunsch, ein Tier zu sein, ein Wolf, ein Vogel oder ein Delphin, damit ich mir keine Sorgen darüber machen müsste, ob ich es wieder tun will. Ich erinnere mich, wie ich mir Sorgen machte, was mein Gegenüber fühlte.

Ich erinnere mich an die Kirche und ans Beten. An die Erweckungstreffen und die Frauen, die Zeugnis ablegten und vor der Gemeinde weinten und ihre Fürbitten mit dem Wunsch beendeten, dass jene, die das richtige Gebet kannten, für mich beteten. Ich erinnere mich, wie ich mich beim Abendmahl fragte, wie das Brot der Leib, der Traubensaft das Blut sein kann und ob uns das alle zu Kannibalen machte. Ich erinnere mich an meine Sorge, das Abendmahl nicht verdient zu haben, weil ich unrein war, egal wie oft ich gebetet und um Vergebung gebeten hatte. Ich erinnere mich an meine Fragen nach Gottes Gestalt; wie ich mich nach einer Zeit nicht mehr fragte, wie er aussah, sondern wer er war. Wie ich es für möglich hielt, dass er nicht alle Menschen gleich liebte, unabhängig davon, was mein Großvater und die Bibel meinten. Ich erinnere mich, wie ich mutmaßte, was er mir sagen würde, bräche er sein jahrhundertelanges Schweigen. Ich erinnere mich an meinen Entschluss, es selbst herauszufinden, indem ich ein rechtschaffenes Leben führen und schließlich in den Himmel heimkehren würde. Und dann erinnere ich mich an den Tag, an dem mir klar wurde, dass ich wohl nicht in den Himmel heimkehren würde, weil die Regeln für mich unmöglich einzuhalten waren. Dass ich zu schwach war.

Ich erinnere mich an mich.

30. April 1984 • 7:05 Uhr

Jemand hat einmal gesagt, wenn der Mensch ein Produkt der Einbildungskraft Gottes ist, dann sind die Figuren menschlicher Vorstellungskraft nicht weniger real als wir. Vielleicht. Keiner weiß das so genau, aber wir können die Möglichkeit nicht ausschließen.

Denken Sie an den Dämon. Betrachten Sie ihn mit Ehrfurcht und Abscheu, denn er ist, was die Menschen verachten. Oder glauben zu verachten. Sie selbst. An dem Tag war der Dämon – falls er wirklich existierte – die ganze Zeit dabei, er hockte im Ohr des Jungen und flüsterte ihm Worte ein. Er ließ ihn sagen: Fick dich. Jetzt bin ich dran, kleiner Prediger. Das hier ist die neue Herrschaft: keine Herrschaft. Der neue Tag: die Nacht.

Genauso leicht, wie er ihm Fantasien in den Kopf pflanzte, hätte er dem Jungen auch Hass in den Mund legen können; er hätte dafür sorgen können, dass er die Waffe stundenlang umklammert hält. Er hätte ... falls es ihn tatsächlich gab.

Vielleicht hörte er den Mann sagen:

»Horace. Warum? Warum tust du das? Warum?«

Und den Jungen antworten: »Es ist so, der Junge will runter von der Achterbahn. Er will sein Geld zurück. Verstehst du? Er hat keinen Spaß. Armer Horace. Er mag das Leben nicht. Zu viele beschissene Regeln. Zu viele unbeantwortete Fragen. Zu viele lose Enden. Das Leben, wie Horace es will, wird nicht vergeben. Begreifst du das? Und Vergebung, wenn du es so nennen willst, ist das, was er will. Daher ...«

»Ich kann es nicht fassen. Du bist zu intelligent, Horace, um auf so einen Mist reinzufallen. Das ist nichts als eine faule Ausrede.«

»Kannst du dir sparen. Er weiß es. Sie haben es lange genug versucht. Er macht da nicht mit. Er hat sich umentschieden, weißt du. Er spielt ab jetzt nicht mehr mit.«

»Du hast noch dein ganzes Leben vor dir, Horace. Ich verstehe das nicht. Wie kannst du an so etwas nur denken?«

»Weißt du, er hat eine Vorstellung davon, wie die Welt sein sollte, aber so ist sie nicht. Das ist nicht die Welt, die er bestellt hat. Also glaubt er, er holt sich eine neue.«

»Ich kann es nicht fassen. Das ist ein Witz, oder? Ich ...«

»Ein Witz? Glaube nicht. Es sei denn, du lachst auf Beerdigungen.«

»Horace, lass uns darüber reden.«

»Reden, reden, reden. Nichts zu sagen. Du redest einfach weiter. Merkst du? Ich steig aus. Schau.«

Am Ende ist es unerheblich, ob der böse Geist existierte oder nicht, denn egal, ob er das alles verursacht hatte oder nicht – der Junge starb. Das ist eine Tatsache. Die Kugel drang durch die Haut an seiner Stirn, durchschlug seinen Schädelknochen, schnitt durch die Hirnrinde und das Kleinhirn, beschädigte das Großhirn und die Medulla oblongata irreparabel und trat am Hinterkopf mit einem feuchten, blitzenden Knacken wieder aus. Das passierte wirklich. Das Blut floss und vermischte sich mit grauer Hirnmasse, Knochenstückchen und Schädelflüssigkeit. Sein gesamter Körper krampfte, schied Urin aus. Der Darm entleerte sich. Die Zunge hing ihm aus dem Mund und war während der Krämpfe zwischen den Zähnen festgeklemmt; heraus floss Blut, gemischt mit Speichel. Sein Herzschlag ließ nach, der Blutdruck und der Puls, und kam bald ganz zum Erliegen. Die Arterien, Venen und Kapillaren kollabierten. Seine rosa verschleierten Pupillen weiteten sich nicht mehr, ruhten wie riesige Tintentropfen inmitten brauner Flüssigkeit in einer Milchlache. Schließlich verdrehten sich die Augen und starrten nach oben, als wollten sie die Sonne durch ein Dach aus Ästen begutachten. Voller Ehrfurcht und Respekt. Das sind die Tatsachen. Unabhängig davon, ob der Dämon ein Hirngespinst oder ein Geist aus der Unterwelt war – das ist wirklich passiert. Und der Mann schrie, einen hilflosen, empörten, schrillen, schreckerfüllten Schrei voller Ungläubigkeit, Wut und Enttäuschung. Seine Schreie verwandelten sich in ein Schluchzen, in ein Jammern, untröstlich und ursprünglich. Das ist wahr und hat nicht im Geringsten etwas zu tun mit der Existenz von Dibbuks, Dschinns oder Dämonen.

Und vor allem drehte die Welt sich weiter. Die Uhren blieben nicht stehen. Die Schulbusse fuhren. Die Kühe muhten. Mütter schimpften mit ihren Kindern. Pflüge brachen die Erde auf. Lastwagen wurden entladen und beladen. Geschirr wurde gespült. Hunde bellten. Alte Männer gingen angeln. Kosmetikerinnen tratschten. Es wurde gegessen. Und am Abend ging die Sonne mit der vollen Absicht unter, am nächsten Morgen wieder aufzugehen.

In diesem Fall war alles Vielleicht und Wenn und Möglicherweise nutzlos. Die Tatsachen reichen aus, es sei denn, auch sie werden angezweifelt.

REQUIEM AUF DEN TABAK

Sie mögen sich daran erinnern, vielleicht auch nicht, dass die Männer damals den Tabak mit der Hand geerntet haben. Es gab eine Zeit, als die Menschen in einer Gemeinschaft lebten, eins waren. Sie halfen von Tag zu Tag dem, der es gerade brauchte, damit sie alle am Ende der Woche ihren Ertrag in die Scheune kriegten. Unter dem Tabak wurde ein Feuer gemacht, er wurde getrocknet und zu einer Lagerhalle transportiert, wo er sortiert und schließlich zum Markt gebracht wurde. Aber das war damals.

Die Männer haben früher zu Beginn des Frühlings Tabakbeete angelegt: Samen wurde ausgestreut und mit Sackleinen (später mit Plastik) abgedeckt; nach ungefähr einem Monat hatten die Samen gekeimt und waren zu kleinen Tabakpflanzen herangewachsen. Die stärksten wurden ausgepflanzt und in Blechbüchsen mit etwas Wasser getan. Damit liefen die Männer dann die Felder ab, setzten sie in geraden Reihen in die kultivierte Erde und gaben etwas Wasser darauf. Am Ende jeder Reihe schauten sie zurück auf ihre Arbeit; ihre Rücken waren geschafft, ihre Beine müde. Kann es sein, dass Sie von diesen Dingen gehört haben? Sie scheinen so lange her zu sein. Aber es war erst gestern.

Monate später, Ende Juni, Juli oder spätestens im August waren aus diesen Pflanzen kleine Bäume geworden, höher als ein Mann, mit Blättern von der Größe breiter Ruder, in silbrig hellem Grün. Die Männer liefen jede Woche durch die Reihen und schnitten die unteren Blätter ab, steckten sich so viele unter den Arm, wie sie tragen konnten, und warfen sie auf einen sogenannten Blockwagen, der, einst von Maultieren gezogen – später von einem Traktor –, neben ihnen herfuhr. Diese Männer hatten seit den frühen Morgenstunden gearbeitet, waren seit vier Uhr auf den Beinen, um die getrockneten Blätter aus der Scheune zu holen. Sie waren durch dieses Gestänge geklettert – dünne Dachsparren, zehn Sprossen hoch, bis unters Dach der Scheune, an dem der Tabak für eine Woche an Stangen hing. Feuer, die früher mit Holz, später mit Propangas entfacht wurden, brannten wochenlang darunter und färbten die gesunden grünen Blätter zartbraun. Diese beißend riechenden Blätter wurden später zu den Lagerhallen gebracht, von denen Sie schon gehört haben. Dort saßen alte Frauen an Sommerabenden und sortierten den Tabak: die großen Blätter, die dunklen, die gutaussehenden, die verdorbenen, den Abfall. Das kommt Ihnen bekannt vor, oder? Jemand hat es Ihnen erzählt, früher ...

Wenn der Blockwagen am Feld voll ist und keine smaragdgrünen Blätter mehr hineinpassen, ziehen das Maultier oder der Traktor ihn langsam zurück zur Scheune, über holprige, steinige, enge und zerfurchte Wege, unter Bäumen hindurch, an Baumstümpfen vorbei. Meistens Frauen stehen, geschützt unter einem Sonnendach, um einen Tabakhaufen, den die Männer vorher dort abgelegt haben. Sie bündeln die Blätter und achten darauf, dass alle Stiele in eine Richtung zeigen; dann reichen sie sie nach hinten zu einer Frau, die drei oder vier der Bündel um einen dünnen Holzstock wickelt – den ganzen Stock hinauf und immer wieder rundherum, bis zwischen fünfzehn und zwanzig Bündel an jeder Seite des Stockes hängen wie riesige grüne Hände, die nach unten zeigen. Der Stock wird von einer Schlinge, einem sogenannten Pferdeknoten, gehalten und die Schnur macht beim Binden ein Geräusch: whuurr-zzzipp, whuurr-zzzipp, whuurr-zzzipp. Die Gespräche dieser Frauen mit ihren von alten Stoffresten weggebundenen Haaren, den Händen voll dickem Teer und Schmutz und dem Schweiß, der ihnen unaufhörlich über die Stirn bis in die Augen rinnt, sind legendär. Hier unter den blechernen Unterständen rund um die Scheune scheinen alle Probleme der Welt gelöst oder wenigstens bedacht; hier wurde das Ansehen vieler gemacht oder zerstört, hier geben alte Frauen guten und gesunden Menschenverstand an die jungen Mädchen weiter – an die, die zuhören. Ich bin mir sicher, Sie haben von diesen Dingen gehört? Haben Sie es vielleicht in einem Theaterstück gesehen oder in einem Buch gelesen oder …

Sie haben davon gehört, wie die Männer am Ende des Tages zurückkommen, wenn die Felder für die Woche bewirtschaftet waren, und wie sie bei den Frauen herumstanden, während diese die letzten Wagenladungen Tabakblätter gebunden und die Tabakbündel an den Stöcken betrachtet haben und ihnen vor der letzten Aufgabe des Tages graute? Sicher haben Sie das. Männer und Frauen bilden eine Menschenkette … von einem zum anderen, durch die Tür und hinein ins Innere der Scheune, in der sie hängen werden, bis das Feuer sie trocknen wird und wertvoll werden lässt.

Aber, wie ich schon sagte, das war vor langer Zeit. Die Leute kommen nicht mehr wöchentlich zusammen, um Edgar Pickett oder George Harris beim Ernten, Binden, Aufhängen oder Herausbringen des Tabaks aus der Familienscheune zu helfen. Gut möglich, dass der alte Edgar Pickett tot ist und George Harris sein Land verpachtet hat und jetzt Bus fährt. Gut möglich, dass einer das Land an einen mit mehr Land verkauft hat, einer, der ein Niemand ist, aber Viele in seinem Namen. Die Vielen, die die braunen Hände und die schweißbedeckten Augenbrauen und die schmerzenden Rücken durch das klappernde Metall und den beständigen Gummi einer Erntemaschine ersetzt haben. Die Blätter erntet und stapelt, die sie in kleine Minischeunen verfrachtet, die aussehen wie Hühnerställe, aber das Räuchern wird damit schneller, leichter und billiger. Die Vielen, die sich mit Gewinnen, Betriebskosten und Steuerabschreibungen beschäftigen. Die Vielen, die Chemikalien, die neuen Super-Samen und bessere Düngemittel einsetzen. Die Vielen, die nicht von dem Tag wissen, an dem Hiram Crum von dem alten Maultier namens ›Blitz‹ der Schädel eingetreten wurde, oder dem Tag, an dem

Mrs Ada Mae Philips Jess Stokes die Lichter ausblies, weil der sie neugierig nannte, oder der Tag, an dem Henry Perry Lena Wilson hinter die Schwarzpappel zerrte, um seinen Spaß zu haben. Die Vielen, die keine Erinnerung haben.

Oh, aber es musste ja so kommen. Das ist Ihnen doch klar, oder? Das ist nichts Schlimmes. In vielerlei Hinsicht ist es gut. Die Arbeit ist weniger mühsam … für die, die arbeiten. Aber es ist gut, sich daran zu erinnern, dass damals Hände, Menschenhände, die reifen Blätter von den Stielen rupften, und Hände, Menschenhände, sie mit Schnur umwickelten und übers Feuer hängten. Und es ist gut, sich daran zu erinnern, dass Menschen gebunden waren durch diese seltsame Tätigkeit, diese Tätigkeit, die ihnen das Essen auf den Tisch brachte und Kleidung auf die Haut und die ihre Kleinen auf die Schule schickte. Gebunden durch Notwendigkeit, Verantwortung, Menschlichkeit. Es ist gut, sich zu erinnern, denn zu viele vergessen.

Dank

So still und heimlich es auch geschieht – ein Debutroman entsteht nicht bei nächtlichem Kerzenlicht und trocken Brot. Dieses Buch wäre nie geschrieben worden ohne: Familie – Mae, Edythe, Brown, Candie, Nikki, George, Mathis, Eleanor, Cassandra, Jackie; Lehrer – Max Steele, Doris Betts, Daphne Athas, Louis Rubin, Lee Greene; Kolleginnen – Ann Close, Bobbie Bristol, Karen Latuchie, Laurie Winer; einen Lektor – Walter Bode; einen Agenten – Eric Ashworth; Freunde – Randy, Patrick, Zollie, Gregory, Beth, Nell, Toby, Tom, Amy, Terrence, Robin, Alane, Joe, Nina ...

Und ohne die unergründliche Gnade des Herrn der Heerscharen
  Wir danken euch allen

INHALT

Weiße Magie 11
Schwarze Geisterbeschwörung 43
Heilige Wissenschaft 131
Alte Dämonologie 203
Alte Götter, neue Dämonen 283
Dank 301